MISE AU BAN ET ABUS DE POUVOIR

ESSAI SUR TROIS PIÈCES TRAGIQUES DE SHAKESPEARE

mondes anglophones

série « Britannia »
dirigée par Marie-Madeleine Martinet

Londres 1700-1900.
Naissance d'une capitale culturelle
Jacques Carré (dir.)

Le Siècle britannique.
Variations sur une suprématie globale au XIXe *siècle*
Fabrice Bensimon & Armelle Enders (dir.)

Esthétique de la ville britannique (XVIIIe-XIXe *siècles)*
Pierre Dubois & Alexis Tadié (dir.)

PASCALE DROUET

5 mars 2019,

Pour Liah,

Ce livre en remerciement pour le magnifique Mind, Modernity and Madness, et pour ce moment de liberté partagée au Pavement à Boston.

Mise au ban et abus de pouvoir

Essai sur trois pièces tragiques de Shakespeare

Ce sont des moments de se parler librement. Pour votre confiance et

Préface par Emmanuel Housset

votre générosité, merci infiniment,

Pascale

PUPS

Ouvrage publié avec le concours
de l'université Paris-Sorbonne

ISBN : 978-2-84050-852-6

Maquette et réalisation :
Compo-Méca s.a.r.l. (64990 Mouguerre)

PUPS
Maison de la Recherche
Université Paris-Sorbonne
28, rue Serpente
75006 Paris

pups@paris-sorbonne.fr
<htp//pups.paris-sorbonne.fr>
Tél. (33) 01 53 10 57 60
Fax. (33) 01 53 10 57 66

Remerciements

À Marie-Madeleine Martinet et à Ann Lecercle, pour leur soutien indéfectible ;

à Emmanuel Housset, pour sa préface ;

à Édouard Lekston, pour son illustration ;

à Dominique Biot, Philippe Cauvet, Suzy Drouet et Philippe Grosos, pour leurs conseils amicaux.

Qu'ils soient tous assurés ici de l'expression sincère de ma gratitude.

Préface

L'endurance de l'exil

Selon le mot d'Eschyle l'homme est un être que l'épreuve enseigne, et il faut reconnaître que la souffrance de l'exil subi, qui chasse de l'espace du chez soi, qui fait être en terre étrangère, est l'une des épreuves humaines les plus radicales, car elle atteint l'identité même de la personne. L'importance de cette expérience de l'exil fait que la réflexion sur l'exil comme relégation, produisant l'isolement, la discontinuité et l'étrangeté n'est pas nouvelle, et les juristes de l'Antiquité faisaient déjà la différence entre la *relegatio*, qui est un éloignement sans dégradation civique, et la *deportatio*, qui est en outre une suppression du lien civique[1]. En effet, l'exil, qu'il soit une mise aux confins de l'espace commun ou une expulsion, n'est pas un simple accident de l'existence, mais il porte atteinte au noyau le plus intime de la personnalité. L'exil est une possibilité de l'existence humaine présente dans la comparaison traditionnelle de la vie de la personne avec un chemin : ce chemin peut se vivre dans la quiétude de celui qui est certain d'être à sa place, d'être chez lui, cependant il peut se vivre également dans la profonde inquiétude de celui qui n'est plus dans sa patrie ou qui se demande où est véritablement sa patrie. La violence, la folie, mais également l'amour de la vérité, peuvent faire passer la personne d'un statut de dignitaire à un état d'étranger sans fonction. Se dessinent alors deux styles de vie, deux possibilités de l'existence,

---

1. Voir Philippe Bleaudau, *Exil et relégation. Les tribulations du sage et du saint durant l'Antiquité romaine et chrétienne* (*I*^er^*-VI*^e^ *s. ap. J.-C.)*, Paris, De Boccard, coll. « De l'archéologie l'histoire », 2008.

qu'il n'y a pas nécessairement à opposer, car ces deux façons de cheminer peuvent se retrouver dans la même personne à des degrés divers : il y a la vie installée dans la sécurité d'une place bien définie dans l'espace social et il y a la vie aventurière, nomade, de celui qui ne sait pas bien quelle est sa place, qui se cherche, et pour lequel son lieu où être est un avenir. La littérature a très largement décrit ces deux possibilités d'être qui, encore une fois, ne doivent sans doute pas être rigidifiées dans une opposition stricte : la quiétude du chez soi ne peut jamais être totale et l'être-au-monde n'est pas en lui-même un exil. Le chez soi et l'exil sont deux structures de l'existence historique, et c'est pourquoi ce n'est pas seulement sa place dans la vie sociale qui est en cause, mais plus douloureusement sa capacité à se tenir debout à travers le monde avec ses mains faites pour contempler et pour agir.

Pascale Drouet met en lumière cette endurance de l'exil telle qu'elle est donnée d'une façon extrêmement riche à penser dans les tragédies de Shakespeare. Elle montre quelles sont pour Shakespeare les différentes réponses possibles à l'exil politique : la mise au ban, le statut d'étranger, cela peut conduire à l'effondrement, à la folie, comme cela peut conduire à la révolte et à la guerre. Cette mise au ban est le plus souvent décrite dans des situations où elle est totalement injuste : Cordélia et Kent dans *Le Roi Lear* sont exilés à cause de leur refus de la flatterie et de leur exigence d'intégrité et de vérité. Coriolan lui aussi refuse de se plier aux circonstances et manifeste un idéal de vérité peu compatible avec la flexibilité et la patience nécessaires à la vie politique. Plus précisément Coriolan ne possède pas cette patience souple qui permet de s'ajuster à un monde mouvant, mais il possède la patience ferme et dure de celui qui refusant tout compromis ne vit que pour l'exigence absolue de la Rome idéale. Pascale Drouet souligne cette « rugosité radicale » de Coriolan qui manifeste cette noblesse surhumaine de celui qui n'est que la pure affirmation de sa volonté : « His nature is too noble for the world » (III, 1, 257). La figure de Kent dans *Le Roi Lear* ne met pas en lumière exactement la même tension puisque Kent réactive à la fois la situation de Socrate et celle du Christ, qui sont tous les deux mis à mort uniquement à cause de leur souci de dire le vrai tant qu'ils pourront parler. En effet, ici c'est le fait même de vouloir dire la vérité qui fait de lui un traître à son roi : il refuse le principe de la vanité selon lequel un roi veut qu'on lui mente.

Comme le montre Pascale Drouet, le ressort tragique du *Roi Lear* et de *Coriolan* consiste à déterminer qui est le traître, qui est véritablement l'étranger à son roi et à sa patrie, et cela engage une réflexion sur l'exil dans la mesure où les exilés qui paraissent des traîtres sont en fait les seuls vrais fidèles au roi ou à Rome. Cela dit, dans les tragédies de Shakespeare, l'exil politique est d'abord une rupture de la temporalité, une discontinuité de l'existence, et donc une vraie souffrance dans laquelle l'homme perd sa capacité à s'unifier, à se tenir. Autrement dit, la dépossession sociale et matérielle n'est pas anecdotique, et il ne s'agit en aucun cas de minimiser la dimension de perte propre à l'exil : Shakespeare ne décrit pas un héros plus fort que le monde et ses vicissitudes et du jour où Cordélia se retrouve privée de dot, elle perd non seulement une bonne part de sa valeur sociale, mais également une partie de son être. Or la force des tragédies de Shakespeare est de ne pas relativiser cette épreuve de la perte pour montrer qu'une telle privation subie est ce qui en retour fait apparaître le lien vital au natal. Mowbray dans *Richard II* parle de « My native English » (I, 3, 160) et cela signifie que l'exil permet de prendre conscience du lien essentiel entre l'être et la langue. Dans un autre registre, Cordélia, en rompant avec les attentes de son père, laisse se manifester la vraie fidélité à son père, celle qui est fondée sur le véritable amour filial : elle répond à l'exil par l'amour et cet amour manifeste une spatialité plus forte que tout exil puisqu'elle sait demeurer là où elle aime.

Cela souligne combien il est important de ne pas s'en tenir à une représentation géographique de l'exil : le chemin d'exil n'est rien d'extérieur, il n'est rien de séparable de la personne, et il faut bien reconnaître que l'homme existe à travers son exil. Dès lors, comme l'explique Pascale Drouet en lisant Shakespeare, il y a des formes très différentes de l'exil. Il est tout à fait possible d'être exilé sans quitter son pays et dans cette situation c'est son propre sol qui se dérobe, sa propre terre qui devient étrangère. Lear lui-même se trouve mis en exil en étant privé de sa suite, car en perdant ce symbole de sa dignité, il perd cet ultime chez soi et devient tel un escargot sans sa coquille. Sa réponse à cet exil est alors l'exil sans issue de la folie, dernier ressac de la personnalité. Chaque personne possède sa façon propre de suivre le chemin de l'exil, et c'est pourquoi il est indissociable de la façon dont on y avance. Lear lui-même implore de Cordélia cette façon propre de cheminer qu'est la patience de l'amour : « You must bear with me. Pray you now, forget / And forgive. I am old and foolish » (IV, 6, 76-77).

À côté de la folie et de l'amour, une troisième façon de vivre l'exil est possible : puisque l'intention qui anime la mise au ban d'une personne est la volonté de la priver de tout moyen d'action, l'épreuve de cette privation peut conduire l'exilé à un retour sur lui-même qui le conduit à l'action. Bolingbroke dans *Richard II* revient d'exil et réclame ses droits légitimes pour retrouver son chez soi, et ce retour est possible car l'annonce de l'exil fut pour lui l'occasion de prendre conscience de son identité : il peut affirmer avant son départ qu'il demeurera « a true-born Englishman » (I, 3, 309). De façon assez différente Coriolan chassé de Rome et voulant se venger pourra aider Rome à prendre conscience d'elle-même et à s'unifier. Volumnia exprime la tension tragique de la pièce : « Alack, or we must lose / The country, our dear nurse, or else thy person, / Our comfort in the country » (V, 3, 110-112). Rome n'est pas un lieu géographique à prendre, et la prendre, c'est la perdre, car Rome est un lieu spirituel dans lequel chaque citoyen doit pouvoir être en paix. La compassion de Coriolan n'est pas la faiblesse d'un homme de guerre un moment ému par sa mère, mais la prise de conscience que Rome est un *ethos*, celui de la paix, et que l'amour de cet *ethos* doit être plus fort que le désir de vengeance lié à la blessure de l'exil. Dans la façon de cheminer qui est la sienne, Coriolan ne peut pas revenir à Rome, mais il peut rendre Rome possible en abandonnant son désir de vengeance et en rendant la réconciliation possible, au prix de sa vie. Le chemin d'exil qui était un chemin de violence se transfigure en chemin de paix : Coriolan et Cordélia, tout en vivant de façon très différente l'exil, renoncent à demander des comptes et consentent à donner leur vie, l'un par amour de la paix et l'autre pour l'amour d'un père. Ainsi la souffrance de l'exil n'exclut pas le pardon qui rend un avenir à la communauté en donnant à voir une vérité supérieure aux arrangements du monde et la parole s'y trouve elle-même lestée d'un poids nouveau comme le dit Shakespeare dans *Richard II* : « Where words are scarce, they are seldom spent in vain, / For they breathe truth that breathe their words in pain » (II, 1, 7-8).

On est ici très éloigné de la conception stoïcienne de l'exil, qui pourtant recevait un nouveau développement à l'époque de Shakespeare, selon laquelle le sage est partout chez lui. Certes, pour le stoïcisme l'exil est également un moment de prise de conscience de soi, mais au sens où il s'agit de prendre possession de soi en se détachant du monde, qui est nécessairement un lieu d'exil, pour porter avec soi ses vertus. En effet, Shakespeare ne suit pas cette conception d'une liberté hors du monde pour laquelle aucune terre n'est étrangère, puisque l'exil est la maison même du sage. Avec l'infinie richesse de ses descriptions, Shakespeare montre qu'il ne saurait y avoir d'indifférence des lieux et que nier la différence entre l'ici et l'ailleurs n'est qu'une patience forcée qui conduit à vivre partout et nulle part. Comme le met en lumière Pascale Drouet à partir des situations concrètes développées par Shakespeare, il est insensé de vouloir déspatialiser l'existence : toute existence est un acte de spatialisation qui peut inclure un moment de déspatialisation, mais sur l'horizon du lieu recherché où il est possible d'être. Encore une fois, l'exil politique subi ne consiste pas simplement à perdre sa place au soleil, une place qui demeurerait extérieure et qui ne serait pas liée au plus intime de la personnalité. Il est essentiel de différencier l'indifférence des places de l'espace géométrique de la spatialité qualitative du tragique de l'existence. Pour l'homme perdre son identité politique de roi, de fille, de patricien, et pas simplement sa fonction dans l'espace social à un moment donné, cela revient à perdre quelque chose de sa verticalité, de sa capacité à se tenir entre ciel et terre. Dans cette mise en cause de son identité, qui n'est pas ce que l'on fut mais plus profondément ce que l'on a à être, l'exil peut devenir le prélude à une véritable instauration, tel Edgar dans *Le Roi Lear* qui finit par trouver ce qu'il lui revient de faire. L'exil n'est donc pas nécessairement un état qui conduit à vivre selon le mode de l'atopie, soit par faiblesse soit par force, et il peut devenir la possibilité de prendre conscience de sa tâche propre dans un monde qui est toujours particulier. L'endurance de l'exil n'enferme pas alors dans une recherche abstraite hors du monde, dans la poursuite d'un idéal désincarné, mais il est ce qui pousse à agir en vérité en ce monde que l'on ne choisit pas. Shakespeare le dit plusieurs fois, l'épreuve de l'exil est l'épreuve même du temps qui ne passe pas assez vite : la volonté doit accepter ce temps de l'impuissance, de l'inaction et de la finitude. Cependant, dans ce rapport de la volonté au temps, il ne s'agit pas simplement de distinguer une patience pour le bien et une patience pour le mal, mais de montrer également que la patience pour le mal est une mauvaise patience et la patience pour le bien une bonne patience. Autrement dit, seul celui qui aime sait véritablement prendre patience, sait attendre que la situation se dénoue, sait oublier et pardonner et sait prendre en pitié sans humilier. Même Lear fait le choix de l'endurance, « I will endure » (III, 4, 18), néanmoins le sage est celui qui demeure fidèle à lui-même, même si c'est une souffrance, même si cela augmente sa souffrance, et c'est pourquoi cette patience, telle celle de Job, n'est pas tant une façon de s'attacher désespérément à des valeurs qu'une façon de cheminer, une façon de répondre du monde en dépit de la violence du monde sur soi. C'est parce que l'identité personnelle est une manière de cheminer et non un état que la nouveauté est possible, et Coriolan n'est jamais plus lui-même qu'au moment où il cède, contre tout ce qu'il fut, à la compassion. Un tel renoncement à la domination passe pour une folie aux yeux des hommes du commun et pourtant il est le moment où se manifeste l'humanité même de l'homme.

Le sage ne répond donc pas à l'exil subi par la patience forcée de la posture stoïcienne, qui est une fuite du monde, ni par la vengeance, qui est une destruction du monde, ni encore par la folie, qui est un oubli du monde, mais en prenant conscience de ce qu'il a à faire en propre pour ce monde qui pourtant le rejette. L'épreuve de l'exil enseigne à l'homme à faire face au tragique de l'existence et les tragédies de Shakespeare nous donnent à comprendre que l'oubli de ce tragique est peut-être le plus grand danger pour l'homme. L'épreuve de l'exil, qui veut réduire l'exilé à la pure passivité, est l'épreuve même de la volonté, car elle reconduit à l'exigence de bien vouloir. Ainsi la communauté humaine ne s'explique pas uniquement par la continuité du temps historique, mais également par le secret d'une résolution intérieure à partir de la discontinuité de l'exil. Cette résolution peut conserver sa dimension d'indétermination, puisqu'encore une fois la question n'est pas de savoir quoi aimer dans le monde, mais de savoir aimer dans le monde, et c'est ce que signifie ce vers de *w* : « Love loving not itself none other can » (V, 3, 87).

Emmanuel Housset

Université de Caen-Basse-Normandie (UCBN)

Penser, c'est voyager[1].

L'homme est là où il aime[2].

Car mon enfance a été marquée – structurée –
par une dualité de lieux, dont un seul,
longtemps, me parut valoir[3].

1. Gilles Deleuze et Félix Guattari, *Mille plateaux. Capitalisme et schizophrénie 2*, Paris, Éditions de Minuit, 1980, p. 602.
2. Emmanuel Housset, *L'Intériorité d'exil. Le soi au risque de l'altérité*, Paris, Éditions du Cerf, coll. « La nuit surveillée », 2008, p. 195.
3. Yves Bonnefoy, *L'Arrière-pays* (1972), Paris, Gallimard, coll. « Poésie », 2005, p. 100.

Introduction

Chasser, exclure, proscrire, exiler, déporter, expatrier, frapper d'ostracisme, interdire de séjour, expulser hors des frontières, proclamer hors la loi, mettre au ban ou « condamner à sortir d'un lieu »[4] qui est, en général, sa terre natale[5]. Contraindre à quitter son pays d'origine et, simultanément, « détruire le foyer, effacer le lieu de naissance, confisquer les biens et les propriétés »[6], c'est-à-dire déraciner jusqu'au plus profond de ce qui fait l'être et l'avoir qui le constitue socialement. Il s'agit là, à l'évidence, d'un type de châtiment radical, et ce n'est pas un hasard si Michel Foucault considère le bannissement comme l'une des quatre grandes formes de tactique punitive – les trois autres étant l'enfermement, le marquage et le rachat[7]. Il s'agit également d'une déclaration à valeur performative : si cette déclaration n'est pas suivie d'effet dans les délais impartis, le proscrit, proclamé *persona non grata*, n'encourt rien de moins que la peine de mort. Mettre au ban, c'est donc initier une dynamique de départ, un processus non seulement de déspatialisation, mais aussi de « déterritorialisation » au sens où l'entendent Gilles Deleuze et Félix Guattari, dans la mesure où il faut renoncer à tous les marquages relationnels, émotionnels, imaginaires qui faisaient d'un lieu neutre un territoire particulier, *le sien*, celui dans lequel s'ancrait une expérience de vie per-

---

4. Alain Rey, *Dictionnaire historique de la langue française* (1992), Paris, Dictionnaires Le Robert, 3 vol., 1998, art. « bannir », p. 320.
5. « *To condemn (a person) by public edict or sentence to leave the country* », *Oxford English Dictionary Online*, Oxford, Oxford University Press, 2009, art. « banish, *v.* », 2.
6. Michel Foucault, *Dits et Écrits, 1954-1988*, tome II, *1970-1975*, Paris, Gallimard, coll. « Bibliothèque des sciences humaines », 1994, p. 456.
7. *Id.*

sonnelle. « C'est la marque qui fait le territoire »[8], soulignent les auteurs de *Mille Plateaux*, et ce territoire a une valeur existentielle[9]. La radicalité de ce processus semble exclure toute possibilité de « reterritorialisation »... du moins dans l'immédiat. En effet, la dynamique induite par la mise au ban n'est pas toujours celle d'un aller simple : elle suscite, à son insu, des stratégies de détour et de retour, elle participe d'un engrenage plus large, celui de la loi du talion.

Qui bannit-on hors du royaume d'Angleterre à l'époque de Shakespeare si ce n'est l'ensemble des indésirables ? Dans *Shakespeare's Drama of Exile*, Jane Kingsley-Smith se penche sur la législation élisabéthaine et jacobéene et remarque que nombreux étaient les crimes punis par la mise au ban[10]. La liste de ceux qu'on somme de quitter le territoire comprend l'infinie cohorte des vagabonds (bohémiens, colporteurs, faux mendiants, comédiens itinérants, traîne-savates sans maître ou sans laissez-passer, etc.)[11], les religieux d'obédience catholique (jésuites, prêtres, séminaristes) dits « recusants » (réfractaires), sans oublier l'étonnante disparité des individus stigmatisés dans les proclamations royales qui venaient renforcer les textes de loi. Jane Kingsley-Smith précise :

> Sous Élisabeth 1re, il y avait des proclamations pour bannir les Anabaptistes, les Irlandais, les Nègres, et aussi ceux qui portaient une épée dont la longueur excédait la longueur requise par les lois somptuaires. Jacques 1er étendit l'application de ce châtiment aux braconniers, à ceux qui éditaient et favorisaient la circulation des écrits promouvant le duel (hors la présence du roi), aux rebelles dans les comtés (déportés en Virginie) et à d'autres individus[12].

---

8. Gilles Deleuze et Félix Guattari, *Mille plateaux. Capitalisme et schizophrénie 2*, *op. cit.*, p. 388.
9. Voir aussi François Zourabichvili, *Le Vocabulaire de Deleuze*, Paris, Ellipses, coll. « Vocabulaire de... », 2003, entrée « Déterritorialisation (et territoire) », p. 27-29.
10. Voir Jane Kingsley-Smith, *Shakespeare's Drama of Exile*, Hampshire, Palgrave Macmillan, 2003, p. 11.
11. Au sujet de « l'infinie cohorte des vagabonds », voir Pascale Drouet, *Le Vagabond dans l'Angleterre de Shakespeare, ou l'Art de contrefaire à la ville et à la scène*, Paris, L'Harmattan, coll. « L'Aire anglophone », 2003.
12. Jane Kingsley-Smith, *Shakespeare's Drama of Exile*, *op. cit.*, p. 11 (ma traduction).

Le souverain se réserve le droit et le pouvoir de faire exclure toute personne qui, à ses yeux, ne file pas doux, c'est-à-dire toute personne qui s'écarte de la norme, qui ne se plie pas aux règles sociopolitiques du royaume, qui ne suit pas la ligne de conduite moralement attendue ; toute personne dont l'altérité est suspecte et qui, avant même d'être mise au ban, représente déjà, selon les termes de Richard Marienstras, un être « éloigné » plutôt que « proche », ayant perdu cette « proximité » qui se définit par « la coutume, les lois, l'allégeance au souverain »[13]. Car l'individu sans respect pour les délimitations géographique et idéologique se perçoit comme élément transgressif, menaçant de réintroduire des zones « lisses », des espaces nomades dans la cartographie « striée » du pouvoir[14] – il est intéressant de constater, à cet égard, que le mot « transgression » désigne dans le langage géologique « l'envahissement par la mer d'une région qui subit un affaissement »[15] et que c'est précisément la mer qui, pour Gilles Deleuze et Félix Guattari, constitue l'espace « lisse » par excellence[16]. La notion de transgression implique à la fois infraction, franchissement et reflux du « lisse » vers le « strié ». Or, dans l'Angleterre de la Renaissance, mettre au ban le transgresseur, c'est le contraindre à prendre la mer et l'on sait, comme le souligne Michel Foucault, que « la navigation livre l'homme à l'incertitude du sort ; là, chacun est confié à son propre destin, tout embarquement est en puissance le dernier »[17]. L'élément nomade est comme rejeté à la mer, le « lisse », renvoyé vers le « lisse ».

---

13. Richard Marienstras, *Le Proche et le Lointain. Sur Shakespeare, le drame élisabéthain et l'idéologie anglaise aux* XVI*e et* XVII*e siècles*, Paris, Éditions de Minuit, 1981, p. 9.
14. La distinction entre espace « lisse » et espace « strié » est reprise de Gilles Deleuze et Félix Guattari, *Mille plateaux. Capitalisme et schizophrénie 2*, *op. cit.*, « 14. 1440. Le lisse et le strié », p. 592-625. On y reviendra dans le deuxième chapitre.
15. Alain Rey, *Dictionnaire historique de la langue française*, *op. cit.*, art. « transgression », p. 3892.
16. Gilles Deleuze et Félix Guattari, *Mille plateaux. Capitalisme et schizophrénie 2*, *op. cit.*, p. 598.
17. Michel Foucault, *Histoire de la folie à l'âge classique*, Paris, Gallimard, coll. « Tel », 1972, p. 25-26.

Peut-être comprend-on mieux ce recours fréquent à la mise au ban en le replaçant brièvement dans une perspective contextuelle qui rend à la notion de territorialité toute son importance. Il semble que trois aspects soient à relier en cette fin de XVIe siècle : une forme anticipée de nationalisme ou de patriotisme (le sujet est dévoué à son souverain, donc à son pays), l'expansion territoriale vers le Nouveau Monde (l'exploration se double, en général, d'une tentative de colonisation), le développement de la cartographie. L'aptitude à contrôler le territoire anglais et à en conquérir de nouveaux dit, de même que la possibilité d'exclure les indésirables quand bon lui semble, la toute-puissance du monarque : la pratique de la mise au ban s'inscrit donc dans une dialectique plus large d'inclusion et d'exclusion, de « territorialisation » et de « déterritorialisation » – comme le fait remarquer Edward W. Said, le nationalisme et l'exil sont l'avers et l'envers d'une même médaille[18]. Banni, le « mauvais » sujet se voit attribué le statut d'étranger, sans autre forme de procès. Dans *Le Proche et le Lointain*, Richard Marienstras se penche sur la méfiance que l'on nourrissait à l'égard des étrangers – méfiance essentiellement alimentée par la menace des puissances catholiques et la découverte de complots. Il montre que l'Angleterre, tout en se fermant à l'autre en son sein propre, cherche à se déployer et à découvrir des terres inconnues, et il résume ainsi la mentalité commune de l'époque : « on voulait bien conquérir des peuples lointains, s'ouvrir de nouveaux marchés, assurer la paix extérieure et domestique, mais on ne voulait pas s'ouvrir à autrui »[19]. Il s'agit de « territorialiser » *par le haut* : non de comprendre de l'intérieur un nouveau territoire, mais de l'appréhender en gardant le point de vue « supérieur » de son propre pays, d'en faire ce qu'Yves Bonnefoy appelle « une

---

18. Edward W. Said, *Réflexions sur l'exil, et autres essais* (2000), traduit de l'anglais par Charlotte Woillez, Arles, Actes Sud, 2008, voir p. 244-246.
19. Richard Marienstras, *Le Proche et le Lointain*, *op. cit.*, p. 153. Voir également l'ensemble du chapitre V, « L'affaire Calvin et le statut des étrangers sous Jacques Ier d'Angleterre », p. 147-185.

lecture par le dehors »[20] ou d'avoir, selon Michel Onfray, « la position du missionnaire », c'est-à-dire « cette fâcheuse tendance à voir le réel avec le filtre de sa culture »[21]. Ce goût de la maîtrise territoriale s'exprime aussi bien dans la classification qu'Edward Coke fait des différents types d'étrangers que dans l'intérêt accru pour la cartographie dont témoigne, dès 1579, la publication des trente-quatre cartes de Christopher Saxton. David Ducros fait, à ce sujet, une remarque intéressante :

> Chacune des cartes de Saxton revendique le territoire comme la possession du monarque ; chacune rappelle à l'observateur que l'autorité de la reine s'exerce sur toutes les parties du royaume, sans exception. Ce message semble être autant destiné aux autres nations européennes, auxquelles on cherche à imposer l'image d'une Angleterre puissante, unifiée et souveraine, qu'aux sujets d'Élisabeth, auxquels on rappelle que l'attachement à la patrie est indissociable du devoir d'allégeance[22].

Tout se passe comme si le souverain formait une équation parfaite avec le territoire sur lequel il règne. Selon cette logique, porter atteinte au pouvoir royal, manquer au devoir d'allégeance, mettre en danger le territoire national, c'est s'exposer à une expulsion géopolitique.

Le recours à cette pratique d'exclusion et la variété des individus qu'elle touche sont reflétés dans le théâtre de Shakespeare. Qu'il s'agisse des comédies ou des tragédies, des pièces historiques et romaines ou des pièces dont l'identité générique demeure problématique, les personnages mis au ban ne manquent pas. On pense à Bolingbroke et à Mowbray (*King Richard II*), mais aussi à Falstaff (*King Henry IV, Part One*) ou à Eleanor et à Suffolk (*King Henry VI, Part Two*), aux hors-la-loi de *The Two Gentlemen of Verona* et au vieux duc de *As You*

---

20. Yves Bonnefoy, *Théâtre et Poésie : Shakespeare et Yeats*, Paris, Mercure de France, 1998, p. 108.
21. Michel Onfray, *Théorie du voyage. Poétique de la géographie*, Paris, Le Livre de Poche, coll. « Biblio Essais », 2007, p. 60.
22. David Ducros, « "Mapping the kingdom" : les cartographes élisabéthains et l'image de la nation », dans Ronald Shusterman (dir.), *Cartes, Paysages, Territoires*, Pessac, Presses universitaires de Bordeaux, 2000, p. 132.

Like It, à Perdita (*The Winter's Tale*), à Posthumus (*Cymbeline*) et à Prospero (*The Tempest*), à Roméo (*Romeo and Juliet*), à Cordelia et à Kent (*King Lear*), à Timon (*Timon of Athens*), à Coriolan (*Coriolanus*) – la liste n'est pas exhaustive.

Trois pièces tragiques se détachent qui associent étroitement à la notion de mise au ban celle d'abus de pouvoir et qui donnent à voir la mise au ban *à l'œuvre* : *King Richard II* (1595), *King Lear* (1605) et *Coriolanus* (1606)[23]. On y assiste aussi bien à la proclamation (qui se veut) en bonne et due forme qu'à ses conséquences et contre-conséquences ; on y traite de la dynamique même de l'exclusion, laquelle peut prendre le rythme implacable de la loi du talion (avec rupture de ban et « machine de guerre »), engendrer d'habiles stratégies transgressives (travestissement, changement d'identité) ou des subterfuges mentaux (projections utopiques, fantasmes et folie), ou encore conduire à l'entropie (épuisement, lâcher-prise, mort). Chacune à sa façon, ces trois pièces invitent à réfléchir sur l'articulation entre mise au ban et abus de pouvoir, sur les stratégies de déplacement qui en résultent et qui s'éprouvent sur le mode de la « déterritorialisation » : dialectiques de l'allégeance et de la désobéissance, du franc-parler et du faire-taire, de l'endurance et de l'épuisement ; questionnement sur la légitimité du pouvoir et les limites de l'humain.

Dans le sillage méthodologique de ce qu'on a appelé « Cultural Studies », « Cultural Criticism » ou encore « French Theory »[24], on prendra en compte l'apport des post-structuralistes sensibles à la notion de décentrement et à la pluralité du sens, et on privilégiera une approche critique plurielle. Il semble que, comme Racine, Shakespeare ait réussi « à faire converger

---

23. Chaque date correspond à la première mise en scène de la pièce et provient du tableau chronologique figurant dans A. R. Braunmuller et Michael Hattaway (dir.), *The Cambridge Companion to English Renaissance Drama*, Cambridge, Cambridge University Press, 1990.

24. On peut citer, par exemple, Sylvère Lotringer et Sande Cohen (dir.), *French Theory in America*, London/New York, Routledge, 2001 ; Richard Wilson, *Shakespeare in French Theory: King of Shadows*, London/New York, Routledge, 2007 ; Catherine Belsey, *Shakespeare in Theory and Practice* (2008), Edinburgh, Edinburgh University Press, 2010.

sur lui tous les langages nouveaux du siècle », que son œuvre dramatique ait « été mêlée à toutes les tentatives critiques de quelque importance »[25]. En se nourrissant de la réflexion de penseurs d'horizons variés, en convoquant une partie de la critique universitaire spécialiste du théâtre de Shakespeare ainsi que les travaux d'essayistes comme Edward W. Said, de théoriciens comme Roland Barthes, de psychanalystes comme Daniel Sibony et Boris Cyrulnik, de philosophes comme Michel Foucault, Gilles Deleuze et Félix Guattari, et Emmanuel Housset, on proposera, en quatre parties, une étude du bannissement qui résulte de l'abus de pouvoir. Cette étude tentera de cerner les motifs de la sentence abusive et d'analyser la variété des réactions que cette sentence engendre, ses répercussions diverses (transgressives et agressives, patientes et passives, autodestructrices) ; elle tentera d'appréhender, dans sa continuité et dans sa logique, la dynamique tragique de la « déterritorialisation » à l'œuvre dans *King Richard II*, *King Lear* et *Coriolanus*.

Dans le premier chapitre, on s'intéressera à la question cruciale du devoir d'allégeance (que cette dernière soit absolue ou contractuelle) et à l'émergence d'une éthique personnelle y faisant contrepoint, soit à la dialectique forcée de la loyauté et de la déloyauté. En amont, l'accent sera mis sur les dérives du pouvoir que le sujet refuse de cautionner (doctrine du droit divin qui rend intouchable, absolutisme, « théâtrocratie »[26]) et qui font de lui un parrèsiaste, c'est-à-dire « celui qui dit la vérité et qui, par conséquent se démarquera de tout ce qui peut-être mensonge et flatterie »[27]. En aval, l'analyse portera sur l'abus de pouvoir (motifs de la sourde oreille et de l'oreille empoisonnée ; surgissement de l'affect ; vengeance personnelle) dont ce parrèsiaste est victime en raison de son franc-parler (més)interprété comme une manifestation d'*hubris*, (mé)jugé comme intempestif et

---

25. Roland Barthes, « Avant-propos », *Sur Racine*, Paris, Éditions du Seuil, coll. « Points Essais », 1979, p. 6.
26. Le terme est de Georges Balandier dans *Le Détour. Pouvoir et modernité*, Paris, Fayard, coll. « L'espace du politique », 1985. On y reviendra.
27. Michel Foucault, *Le Gouvernement de soi et des autres. Cours au Collège de France, 1982-1983*, Paris, Éditions du Seuil/Gallimard, coll. « Hautes Études », 2008, p. 51.

félon car mettant en péril la toute-puissance du performatif du souverain. Il se dégagera que la mise au ban résulte, en effet, d'un abus de pouvoir, attestant que « la sauvagerie peut surgir au cœur même de la civilité »[28] et que le contre-nature peut faire retour (mettre au ban le même, réduire le banni à une métonymie, le démembrer symboliquement). On comprendra que le bannissement s'inscrit dans une dynamique qui pourrait être sans fin, puisqu'elle contribue à l'alimenter, celle de la *lex talionis* : « déterritorialisation » pour « déterritorialisation ». C'est parce qu'ils ont, par leur verbe intrépide et leur force éthique, un potentiel « déterritorialisant » que les parrèsiastes sont envoyés hors du territoire. Or, c'est parce qu'on subit une mise au ban qu'on estime injuste de répondre par une autre forme de « déterritorialisation » ; on parlera à ce sujet de l'effet talion de la « déterritorialisation ». Face à un banissement abusif, trois grands types de réponse semblent se dégager : la riposte par la force, le détour par la ruse, l'échappée par l'imaginaire ou le lâcher-prise qui dit l'épuisement.

On s'attachera donc à étudier, dans le deuxième chapitre, la dynamique de la riposte. Soulignant au préalable l'ironie qui sous-tend la rupture de ban (la mise au ban visait à éviter l'éventualité d'une guerre civile), on se demandera si ce retour illégal est motivé par un désir d'autoréattribution ou par une volonté de « rétribution » au sens anglais du terme, autrement dit s'il s'agit de reprise ou de représailles, et l'on penchera sur l'importance du nom et du renom dans ce qui motive cette rupture de ban. Analyses de Gilles Deleuze et de Félix Guattari à l'appui, on verra que le banni peut privilégier l'alliance au détriment de la filiation, recourir à des pratiques mercenaires ou se faire mercenaire lui-même, laisser libre cours à son « devenir-animal » ou à son « devenir-machine », réintroduire du « lisse » au sein du « strié ». Plus généralement, on montrera qu'il n'y a pas de rupture de ban possible sans, d'une part, un appareil d'État affaibli, d'autre part, la mise sur pied d'une « machine de guerre », que cette dernière soit purement dissuasive ou qu'elle se mette pleinement

---

28. Richard Marienstras, *Le Proche et le Lointain*, *op. cit.*, p. 15.

en branle. On s'interrogera, pour finir, sur l'alternative possible à la machine de guerre : se mettre au service d'un autre appareil d'État ? Devenir soldat de Dieu pour lutter contre les infidèles ? Préférer l'affrontement en combat singulier, un affrontement codé mais qui a aussi des avantages nomadiques ? Opter pour une « capture magique » en lieu de « machine de guerre »[29] ?

Dans le troisième chapitre, on délaissera les rapports de force pour se pencher sur la ruse, sur la *mètis* grecque[30], sur ceux qui mettent en place une dynamique de l'esquive : désobéir à l'ordre de mise au ban, s'inventer une *persona*, accepter de travailler son identité pour rester dans l'ici mais en se faisant passer pour autre. Seront examinées l'idée du « devenir-imperceptible », les stratégies de substitution, la dialectique de l'ostentation et de la dissimulation (passer inaperçu en exhibant un corps lisiblement cartographié ou en assourdissant l'autre par sa logorrhée). Il apparaîtra que ce détour par l'altérité engendre une dynamique de déclassement et d'humiliation (chute dans l'échelle sociale et dans la Grande Chaîne du Vivant, détour par des instruments punitifs inappropriés, dégradation alimentaire, absence de secours charitable) et que se ressent quelque chose de l'ordre de l'inquiétante étrangeté : le banni se retrouve « en étrange pays dans [son] pays lui-même »[31]. Contre toute attente, l'ici se vit comme un ailleurs, un hors-carte, s'éprouve comme un exil (perte des repères, émergence du « lisse », espace « haptique »[32]).

On s'intéressera, dans le quatrième chapitre, à une forme de résistance qui ne passe ni par la force, ni par l'esquive, mais qui relève de la capacité à endurer, qui s'inscrit dans une dialectique d'endurance et d'épuisement, et qui peut ouvrir sur des phénomènes de lâcher-prise, de décrochage (folie, pulsion de

---

29. Les termes deleuziens de « machine de guerre », de « devenir-machine », de « devenir-animal » et de « capture magique » seront définis dans le deuxième chapitre.

30. Marcel Dètienne et Jean-Pierre Vernant, *Les Ruses de l'intelligence. La mètis des Grecs*, Paris, Flammarion, coll. « Champs », 1974.

31. D'après le titre de Louis Aragon, *En étrange pays dans mon pays lui-même* (*La Diane française*, suivi de *En étrange pays lui-même*, Paris, Seghers, 1946).

32. La notion deleuzienne de « devenir-imperceptible » et la distinction entre espace optique et espace « haptique » seront précisées dans le troisième chapitre.

mort, cœur qui s'arrête). L'espace mental est appelé à la rescousse par des personnages qui reçoivent le « réel » de plein fouet. Or, cet espace mental semble ambivalent : participe-t-il d'une stratégie de résistance (on repense le réel pour le rendre supportable) ou trahit-il un repli sur soi, indice d'un « non-vouloir-saisir »[33] comme dirait Roland Barthes ? À moins qu'il ne se rapproche du « mode limite de la folie »[34]. Puis on tentera de voir comment se disent les limites de l'endurance, comment se manifeste physiquement et psychiquement l'épuisement, en abordant les notions de durée et de supplice, en soulignant la défaillance des « tuteurs de résilience »[35], en prenant en compte tentatives de suicide liées à l'expérience de la crise du sens et arrêts cardiaques résultant d'une intensité insoutenable. Enfin, on associera la dialectique de l'endurance et de l'épuisement à la dialectique du lien et du lieu pour se demander si, finalement, le lien, l'attachement à un être, n'est pas plus significatif que le lieu, l'appartenance à un territoire, si ce qui importe, ce n'est pas le monde à deux, quel que soit le monde.

---

33. Roland Barthes, *Fragments d'un discours amoureux*, Paris, Éditions du Seuil, coll. « Tel quel », 1977, p. 275.

34. L'expression est d'Emmanuel Housset, dans *L'Intériorité d'exil. Le soi au risque de l'altérité*, Paris, Éditions du Cerf, coll. « La nuit surveillée », 2008, p. 181.

35. L'expression est de Boris Cyrulnik qui l'a rendue célèbre dans ses écrits, notamment dans Boris Cyrulnik et Claude Seron (dir.), *La Résilience ou Comment renaître de sa souffrance ?* (2006), Paris, Éditions Fabert, 2003, et *De chair et d'âme*, Paris, Odile Jacob, coll. « Poches », 2008.

Chapitre I

Refus d'allégeance et mise au ban : l'abus de pouvoir et l'effet talion de la « déterritorialisation »

Though well we may not pass upon his life
Without the form of justice, yet our power
Shall do a curtsy to our wrath, which men
May blame but not control.
King Lear (III, 7, 23-26)

Bien que nous ne puissions le condamner à mort
Sans observer les formes de la justice, pourtant notre pouvoir
Laissera le champ libre à notre courroux,
Que l'on pourra blâmer mais non point contenir[1].

Pour saisir la dynamique de la mise au ban, il est nécessaire de remonter en amont et de chercher l'origine de la discorde, la source de ce que David Scott Kastan appelle « la turbulence de l'histoire » et qu'il explicite ainsi :

> Chaque pièce, l'une après l'autre, nous force à ressentir la turbulence de l'histoire. Nous nous trouvons confrontés non à l'ordre mais au changement, à l'instabilité des règlements et des rapports humains. Loyautés et sympathies s'inversent

1. Traduction de Jean-Michel Déprats dans William Shakespeare, *Tragédies II*, dans *Œuvres complètes, II*, éd. Jean-Michel Déprats et Gisèle Venet, Paris, Gallimard, coll. « Bibliothèque de La Pléiade », 2002. Toutes les traductions d'extraits de *King Lear* seront tirées de cette édition. Pour l'anglais : *The Tragedy of King Lear* (1605) dans *The Norton Shakespeare, Based on the Oxford Edition, Tragedies*, seconde édition, éd. Stephen Greenblatt, Walter Cohen, Jean E. Howard et Katharine Eisaman Maus, New York, London, Norton & Company, 2008.

> radicalement avec les fluctuations de la fortune et l'écoulement du temps. L'histoire n'offre pas la trace rassurante d'une intentionnalité divine, mais le rappel implacable de la mutabilité et de l'instabilité[2].

L'histoire est conduite par des hommes qui s'intéressent au pouvoir politique et veulent le prendre, qu'ils aillent dans le sens des lois déjà en vigueur ou qu'ils les combattent s'ils en perçoivent les détournements abusifs. Dans *King Richard II* et dans *King Lear*, la mise au ban résulte de la prise de parole audacieuse – la *parrêsia* ou franc-parler – d'un sujet qui attire l'attention sur un choix ou sur une action problématique du souverain, qui remet en cause la façon dont il agit ou a agi. Dans *Coriolanus*, c'est celui qui est pressenti comme consul qui refuse de taire ce qu'il considère comme un dysfonctionnement de la tradition patricienne et de la nouvelle République, qui refuse de cautionner la « théâtrocratie », ce pouvoir de la mise en scène, cette « ruse du spectaculaire »[3]. Le point de départ semble, donc, se trouver dans certaines dérives du pouvoir, qu'elles soient humaines ou institutionnelles. Elles vont mettre en difficulté l'esprit d'allégeance et sa pratique, et entraîner des réactions en chaîne.

I. Le pouvoir en question et la question de l'allégeance

1. Les dérives du pouvoir

a. La doctrine du droit divin et l'impunité de Richard II

Les propos de Richard II, sur lesquels s'ouvre la tragédie historique, comportent une parenthèse significative, un commentaire empreint tout à la fois de lucidité et de désinvolture :

> Old John of Gaunt, time-honoured Lancaster,
> Hast thou according to thy oath and band
> Brought hither Henry Hereford, thy bold son,

---

2. David Scott Kastan, « "To Set a Form upon that Indigest": Shakespeare's Fictions of History », dans Stephen Orgel et Sean Keilen (dir.), *Shakespeare and History*, New York, Garland, 1999, p. 3 (ma traduction).
3. Georges Balandier, *Le Détour. Pouvoir et modernité*, *op. cit.*, p. 117.

Here to make good the boist'rous late appeal –
Which then our leisure would not let us hear –
Against the Duke of Norfolk, Thomas Mowbray? (I, 1, 1-6)

Vieux Jean de Gand, vénérable Lancastre,
As-tu conformément au serment qui te lie
Fait venir ici ton intrépide fils Henry Hereford
Pour qu'il justifie la récente accusation tumultueuse
Qu'alors notre loisir ne nous permit pas d'entendre
Contre le duc de Norfolk, Thomas Mowbray[4] ?

Le motif de la sourde oreille, essentiellement développé par John of Gaunt au début du deuxième acte, est introduit d'emblée, suggérant une inversion des priorités. Le bon plaisir du roi passe avant la justice qu'il lui incombe de rendre à ses sujets. Son inclination à l'hédonisme, ce que John of Gaunt, plus tard, appelle sans complaisance « [l]a rage et l'impétueux brasier de ses débordements » / « His rash fierce blaze of riot » (II, 1, 33), éclipse les questions d'ordre éthique. Comme le souligne Harry Levin, « d'une indulgence excessive surtout envers lui-même, douillettement installé dans ce siège de grandeur pour lequel Richard III se battra avec une telle férocité, il [Richard II] néglige ses devoirs et ses obligations tout en jouissant de ses privilèges et en jouant de ses prérogatives »[5]. La justice, après s'être fait attendre, ne sera pas rendue – du moins pas sous la forme traditionnellement attendue de l'ordalie. La question n'est pas tant que le roi incarne une justice discutable, mais que lui-même décide *in extremis* de ne pas la rendre, car on sait que l'accusation de haute trahison portée par Bolingbroke à l'encontre de Mowbray vise en réalité Richard II qui « a tramé la mort du duc de Gloucester » / « he did plot the Duke of Gloucester's death » (I, 1, 100). L'abus de pouvoir prend ici la

4. Toutes les citations de *King Richard II* (1595) proviennent de l'édition de Charles R. Forker, London, Thomson Learning, coll. « The Arden Shakespeare », 2002. Les italiques sont les miennes. La traduction est celle de Jean-Michel Déprats dans William Shakespeare, *Richard II*, édition bilingue présentée par Margaret Jones-Davies, Paris, Gallimard, coll. « Folio Théâtre », 1998. Les extraits traduits de *Richard II* proviendront toujours de cette édition.

5. Harry Levin, « Sitting upon the Ground (*Richard II*, IV, i) », dans John M. Mucciolo (dir.), *Shakespeare's Universe: Renaissance Ideas and Conventions. Essays in honour of W.R. Elton*, Hants, Scolar Press, 1996, p. 4 (ma traduction).

forme d'un meurtre, d'un homicide qui s'apparente symboliquement à un fratricide, Gloucester, fils d'Edward III, étant l'un des oncles de Richard II – la fable biblique des frères ennemis parcourt en filigrane l'ensemble de la pièce. Enfin, même si cela n'entre pas directement en ligne de compte dans la double mise au ban de Bolingbroke et de Mowbray, on ne peut taire la dilapidation des coffres royaux à des fins personnelles, la pratique de taxations et de ponctions excessives qui s'ensuit et s'effectue grâce à « des ordres en blanc » / « blank charters » (I, 4, 48), ainsi que la mise en fermage abusive du territoire et que l'appropriation des biens de John of Gaunt. Après la mort de John of Gaunt, York fait une synthèse de ces dérives alors qu'il s'interroge sur les limites de l'allégeance :

> How long shall I be patient? Ah, how long
> Shall tender duty make me suffer wrong?
> Not Gloucester's death, nor Hereford's banishment,
> Nor Gaunt's rebukes, nor England's private wrongs,
> Nor the prevention of poor Bolingbroke
> About his marriage, nor my own disgrace
> Have ever made me sour my patient cheek,
> Or bend one wrinkle on my sovereign's face. (II, 1, 163-170)

> Combien de temps resterai-je patient ? Ah, combien de temps
> Mon loyal attachement me fera-t-il souffrir l'injustice ?
> Ni la mort de Gloucester, ni l'exil de Hereford,
> Ni les affronts infligés à Gand, ni les torts subis par le peuple
> d'Angleterre,
> Ni l'obstacle opposé au mariage
> Du pauvre Bolingbroke, ni ma propre disgrâce
> N'ont aigri ma joue patiente,
> Ou plissé d'une ride le front que je tournais vers mon souverain.

Ces dérives, qu'on pourrait dire individuelles, sont à replacer dans le contexte idéologique de l'époque où dominaient la théorie des deux corps du roi (corps naturel, faillible et mortel, et corps politique, inattaquable et immortel) et la doctrine du droit divin (*rex imago Dei* par opposition à *rex in parliamento*), ce qui rendait la personne du souverain intouchable[6]. Comme le souligne William C. Carroll : « il n'est pas difficile de voir les avantages qu'une telle théorie apportait à la position monarchique, puisque aucune action *personnelle* du monarque ne pouvait être invalidée et que, pour incompétent ou malade qu'il pût être, le roi n'en demeurait pas moins parfait »[7]. On pense à la réponse rassurante, quoique déjà erronée, de Carlisle à Richard II : « That Power that made you king / Hath power to keep you king in spite of all » (III, 2, 27-28) / « Ce pouvoir qui vous a fait roi / A le pouvoir de vous garder roi en dépit de tout ». Mais on pense aussi à l'impuissance de John of Gaunt qui ne peut que constater l'impunité dont jouit par essence celui qui est « le substitut de Dieu, / Son représentant consacré sous Ses yeux » / « God's substitute, / His deputy anointed in His sight » (I, 2, 37-38) :

> But since correction lieth in those hands
> Which made the fault that we cannot correct,
> Put we our quarrel to the will of heaven, (I, 2, 4-6)
>
> Mais comme le châtiment réside dans les mains
> Qui commirent le crime que nous ne pouvons châtier,
> Confions notre querelle aux volontés du ciel ;

Les abus de pouvoir de Richard II sont donc symptomatiques d'un dysfonctionnement supérieur et structurel, de failles institutionnelles qui lui permettent d'imposer sa « conception autocratique du pouvoir royal »[8]. Peut-être y a-t-il quelque chose de pourri dans la monarchie de droit divin et dans les nombreuses homélies qui lui servaient de propagande.

---

6. Voir Ernst H. Kantorowicz, *The King's Two Bodies: A Study in Medieval Political Theology*, Princeton, Princeton University Press, 1957 ; voir Johann P. Sommerville, *Politics and Ideology in England, 1603-164*, London, Longman, 1986 ; voir Glenn Burgess, *Absolute Monarchy and the Stuart Constitution*, New Haven, Yale University Press, 1996 ; voir William C. Carroll, « Theories of Kingship in Shakespeare's England », dans Richard Dutton et Jean E. Howard (dir.), *A Companion to Shakespeare's Works*, t. II, *The Histories* (2003), Oxford, Blackwell Publishing, 2006, p. 125-145.

7. William C. Carroll, « Theories of Kingship in Shakespeare's England », dans *A Companion to Shakespeare's Works, Volume II: The Histories*, *op. cit.*, p. 128 (ma traduction). Les italiques sont de l'auteur.

8. Stéphane Lebecq, Fabrice Bensimon, Frédérique Lachaud, François-Joseph Ruggiu, *Histoire des îles Britanniques*, Paris, PUF, coll. « Quadrige Manuels », 2007, p. 250.

b. *King Lear* et la dérive vers l'absolutisme

King Lear, de façon plus condensée, suggère aussi ce type de dérive personnelle vers l'absolutisme. L'analyse sémantique de William C. Carroll propose un point de départ intéressant :

> Le droit du roi au trône était, affirmait-on, absolu, de même que son pouvoir. Ce terme, qui à l'origine était un concept tout à fait positif – *absolu* signifiant parfait, accompli, sans restriction, imperfectible –, finit par exprimer un jugement négatif, suggérant une forme d'excès et devenant synonyme de tyrannie. D'où le terme d'« absolutisme » désignant (négativement) une manière de gouverner sans limites, arbitraire, sans contre-pouvoir[9].

L'évolution radicale de la connotation qui s'attache à l'adjectif est en soi éloquente – tout se passe comme si « absolu » se rétrécissait éthiquement en « abus ». La notion d'arbitraire alliée à celle d'omnipotence (« sans contre-pouvoir ») peut se lire comme programmatique de l'abus de pouvoir qu'autorise l'absolutisme. Comment agit le roi Lear au commencement de la pièce ? Non sans évoquer Richard II, il fait parler son bon plaisir en premier ; il laisse le corps privé (le père) prendre le pas sur le corps public (le roi) ; il tend avec complaisance l'oreille à la flatterie ; il exhibe ce qui revient au monarque et qu'Harry Levin nomme « l'égocentrisme autorisé »[10]. En divisant son royaume en trois parties, Lear passe outre la loi de la primogéniture et déconsidère la doctrine de droit divin. Leonard Tennenhouse précise : « il semble nier la métaphysique du corps politique et le statut privilégié du sang royal. En démantelant son corps iconique, Lear éparpille les pouvoirs d'une façon qui ne peut que les dresser les uns contre les autres »[11]. On pourrait penser que la décision de Lear est mue par un souhait tout personnel de legs

9. William C. Carroll, « Theories of Kingship in Shakespeare's England », dans *A Companion to Shakespeare's Works, Volume II: The Histories*, *op. cit.*, p. 130 (ma traduction). Les italiques sont l'auteur.

10. Harry Levin, « Sitting upon the Ground (*Richard II*, IV, i) », dans *Shakespeare's Universe: Renaissance Ideas and Conventions. Essays in honour of W.R. Elton*, *op. cit.*, p. 4 (ma traduction).

11. Leonard Tennenhouse, « The Theatre of Punishment », dans Kiernan Ryan (dir.), *King Lear*, Basingstoke/New York, Palgrave, coll. « New Casebooks », 1993, p. 63 (ma traduction).

plus équitable entre ses trois filles. Il n'en est rien. Le partage se fait selon des règles arbitraires : la superficie léguée sera proportionnelle non pas à la valeur intrinsèque de la personne, mais à un discours de surface, à la surenchère d'une rhétorique de l'amour inconditionnel. Des règles arbitraires destinées, en réalité, à dissimuler la base sur laquelle Lear envisage de faire ce partage : le favoritisme – envers la plus jeune. Le petit théâtre de Lear, où la flatterie tient le devant de la scène, dévoile en arrière-plan un pouvoir politique pris dans les plis d'un égocentrisme capricieux, ce que la mise au ban arbitraire et brutale de Cordelia, puis de Kent, confirme.

Dans la scène du Forum, quand Coriolan doit gagner l'assentiment des citoyens pour devenir consul, il se joue quelque chose du même ordre que le petit théâtre de Lear, quelque chose qui relève de la « théâtrocratie » – à plus grande échelle.

c. *Coriolanus* : vers la « théâtrocratie »

Dans « Shakespeare's ancient Rome: difference and identity », Robert S. Miola met en regard les pièces romaines et les pièces historiques, sans oublier la tragédie de Lear présentée dans le Quarto de 1608 comme *The True Chronicle History of the Life and Death of King Lear*. Il fait les rapprochements suivants :

> Toutes deux dépeignent des assemblées, des batailles, des révoltes, des invasions et des crises au sein du gouvernement. Toutes deux interrogent la nature de la souveraineté, de la tyrannie, du patriotisme, de l'impérialisme et de l'honneur. Toutes deux explorent les rapports changeants entre l'être publique et l'être privé, entre la rhétorique et la réalité, entre la guerre et la paix[12].

Quelle est l'origine de la crise dans la jeune République romaine telle que Shakespeare la dépeint dans *Coriolanus* ? Après l'expulsion des Tarquin, on aurait pu s'attendre à ce que le nouveau pouvoir politique, celui des patriciens, ne connût plus de dérives

---

12. Robert S. Miola, « Shakespeare's ancient Rome: difference and identity », dans Michael Hattaway (dir.), *The Cambridge Companion to Shakespeare's History Plays* (2002), Cambridge, Cambridge University Press, 2004, p. 193 (ma traduction).

tyranniques. Or, les patriciens qui siègent au Capitole, lieu toujours symbolique de l'« *imperium sin fine* »[13], se soucient peu du peuple et le laissent s'appauvrir au point que celui-ci se révolte. En armes, l'un des plébéiens explique :

> They [the patricians] ne'er cared for us yet: suffer us to famish, and their storehouses crammed with grain; make edicts for usury, to support usurers; repeal daily any wholesome act established against the rich, and provide more piercing statutes daily to chain up and restrain the poor. If the wars eat us not up, they will; and there's all the love they bear us. (I, 1, 76-83)[14]

> Ils ne nous ont jamais aimés. Ils nous laissent mourir de faim quand leurs greniers regorgent de blé ; font des édits contre l'usure pour soutenir les usuriers ; abrogent chaque jour des lois salutaires établies contre les riches, et chaque jour promulguent des décrets plus durs pour enchaîner et opprimer les pauvres. Si les guerres ne nous dévorent pas, ils s'en chargeront ; et voilà tout l'amour qu'ils nous portent.

Dans la Rome de 494 avant J.-C. où nous transporte *Coriolanus*, ce désintérêt fait le lit de la rébellion populaire qui, finalement, obtient la mise en place d'un système de représentation démocratique : le tribunat. Le Forum aura son mot à dire au Capitole. Ce qui semble se rejouer en arrière-plan quand la tragédie romaine est mise en scène dans l'Angleterre jacobéenne de 1608, c'est la tension entre le droit des sujets et les prérogatives royales, les rapports conflictuels que la Chambre des Communes entretenait avec Jacques Ier dont la vision absolutiste de la monarchie était connue depuis la publication, en 1598, de son ouvrage intitulé *The Trew Law of Free Monarchies*[15]. Or, si Coriolan est élu consul, il est à craindre, en dépit de la vigilance

---

13. *Ibid.*, p. 205.

14. Toutes les citations de *Coriolanus* (1608) proviennent de l'édition de R. B. Parker, Oxford, Oxford University Press, coll. « The World's Classics », 1994. La traduction sera toujours celle de Jean-Michel Déprats dans William Shakespeare, *Tragédies II* (*Œuvres complètes, II*), *op. cit.*

15. Voir à ce sujet William C. Carroll, « Theories of Kingship in Shakespeare's England », dans *A Companion to Shakespeare's Works, Volume II: The Histories*, *op. cit.*, p. 125-145. Pour *Coriolanus* et la révolte des Middlands de 1607, voir Annabel Patterson,

du tribunat, que la négligence patricienne envers les plébéiens ne se répète, voire ne s'amplifie par des sentiments non dissimulés de mépris et de haine. N'est-il pas significatif que Volumnia reproche à son fils d'être « trop entier » / « too absolute » (III, 2, 41) ? Mais l'adjectif « absolute » est aussi celui que Coriolan lui-même emploie pour dénoncer l'ambition, à ses yeux démesurée, des tribuns et, en particulier, de Sicinius : « Mark you / His absolute 'shall'? » (III, 1, 91-92) / « Remarquez-vous / Cet impérieux "il faut"? ». Et, comme pour souligner l'intensité de la connotation péjorative dont il investit cet adjectif, il fait de l'absolu du relatif : « there the people had more absolute power » (III, 1, 118) / « Où le peuple d'ailleurs avait un pouvoir absolu ». Le seul qui rende à cet adjectif son lustre initial, son sens premier de « parfait, accompli, sans restriction, imperfectible », c'est Aufidius quand il donne à Coriolan du « gentilhomme accompli » / « most absolute sir » (IV, 5, 137). Dans la bouche d'Aufidius, « absolute » reste néanmoins l'indice d'une dérive excessive, non plus politique mais émotionnelle, et cette fois centrée sur le locuteur.

Pourtant, dans *Coriolanus*, contrairement à ce qui se passe dans *King Richard II* et dans *King Lear*, il est aussi question de l'équilibre des pouvoirs, ce qui n'empêche pas, de part et d'autre, des dérives qui conduisent à l'excès. Celles-ci sont désormais duelles et s'inscrivent dans un rapport de polarités qu'Aufidius perçoit comme une dialectique cyclique : « One fire drives out one fire, one nail one nail; / Rights by rights falter, strengths by strengths do fail » (IV, 7, 54-55) / « Le feu chasse le feu, un clou chasse l'autre ; / Le droit fait vaciller le droit, la force fait échec à la force ». Pour Coriolan, seul le désordre peut résulter de cet équilibre structurellement impossible :

> [...] when two authorities are up,
> Neither supreme, how soon confusion
> May enter 'twixt the gap of both and take
> The one by th'other. (III, 1, 111-114)
>
> [...] quand deux pouvoirs sont face à face,

« *'Speak, speak !'* The Popular Voice and the Jacobean State », dans *Shakespeare and the Popular Voice*, Oxford, Basil Blackwell, 1989, p. 120-153.

> Et qu'aucun n'est souverain, comme le chaos
> Se glisse vite dans l'interstice
> Et détruit l'un par l'autre.

Plus inquiétant est le fait que cet équilibre porte en germe une atteinte à l'honneur – et l'on sait l'importance de cette valeur dans la Rome aristocratique – en invitant aux débordements démagogiques, en impliquant le recours à la « théâtrocratie », notion que Georges Balandier reprend de l'essayiste russe Nicolas Evreinov et définit comme « dramatisation en tant que ruse spectaculaire »[16]. C'est ce que Volumnia tente d'enseigner à son fils :

> Go to them with this bonnet in thy hand,
> And thus far having stretched it – here be with them –
> Thy knee bussing the stones – for in such business
> Action is eloquence, and the eyes of th'ignorant
> More learned than the ears – waving thy head,
> Which offer thus, correcting thy stout heart,
> Now humble as the ripest mulberry
> That will not hold the handling; (III, 2, 75-82)
>
> Va les trouver, le bonnet à la main,
> Tends-le bien ainsi, flatte-les,
> Ton genou embrassant le pavé – car en pareil cas
> Le geste c'est l'éloquence, et les yeux de l'ignorant
> Sont plus vite instruits que ses oreilles –, incline la tête
> Plusieurs fois, ainsi, corrige ton cœur fier,
> Sois humble comme la mûre épanouie
> Qui cède au moindre attouchement ;

Par le biais de la ruse spectaculaire, précise Georges Balandier,

> [l]e pouvoir se donne à voir comme mis au service de tous, mais il est le gardien des inégalités et de leur ordre ; comme issu de la raison ou de la volonté collective, mais il est aussi fils d'événement ; comme émanant du droit, mais il est en même temps générateur d'un droit qui assure sa propre défense et se différencie dans l'application selon les catégories et les classes sociales. Il n'est jamais entièrement et nulle part ce qu'il dit être ; il est d'ailleurs dans l'impossibilité de montrer

16. Georges Balandier, *Le Détour. Pouvoir et modernité*, *op. cit.*, p. 117.

> et d'exprimer toute sa vérité, puisqu'il est destiné à *produire des effets*[17].

De même, peu importe l'authenticité des sentiments des filles de Lear : ce qui compte, c'est que leur rhétorique de la flatterie, leur maîtrise de la *copia*, produise un effet. Coriolan, tout comme Cordelia, n'a aucune envie de se prendre – et de se perdre – à ce jeu-là ; il veut rester entier, intègre ; il est en faveur d'une politique « pure » au sens où elle serait au-dessus, ou plutôt au-delà, de la rhétorique et de la « théâtrocratie ».

Dans *King Richard II*, dans *King Lear* et dans *Coriolanus*, le pouvoir, quelle que soit la forme qu'il prenne, n'est pas exempt de dérives. Un déséquilibre y est à l'œuvre, un glissement vers l'excès, comme une impossibilité d'atteindre la *mètrios*, cet idéal grec de la juste mesure. C'est, en premier lieu, la dialectique de l'abondance obscène et de la négligence coupable qui parcourt les trois pièces sur le plan rhétorique et sociopolitique – l'abondance obscène étant, en général, du côté du pouvoir. Lear vante les vertus du royaume qu'il s'apprête à léguer en utilisant ce que Richard Halpern qualifie de « rhétorique de la corne d'abondance »[18] et en taisant le sort des pauvres hères dont il n'a cure. Richard II et les patriciens sont étroitement associés aux notions de dilapidation et de gabegie – « surfeit » (*Coriolanus*, I, 1, 15-16 ; *King Richard II*, II, 2, 84) –, alors que la terre d'Angleterre est saignée à blanc et que les plébéiens crient famine. Les patriciens et la pompe royale incarnent ce qui relève du superflu – « superfluity » (*Coriolanus*, I, 1, 16) ou « superflux » (*King Lear*, III, 4, 35). Cette indécente abondance va de pair avec le pouvoir absolu. Dans chacune des pièces tragiques, on constate, en second lieu, un glissement de l'intégrité vers l'hypocrisie, que cette dernière se manifeste par un excès soit de dissimulation (meurtre commandité dans *Richard II*), soit de monstration (petit théâtre de

17. *Ibid.*, p. 117. Les italiques sont de l'auteur.
18. Richard Halpern, *The Poetics of Primitive Accumulation: English Renaissance Culture and the Genealogy of Capital*, New York, Cornell University Press, 1991, p. 252 (ma traduction).

la flatterie dans *King Lear* ; « théâtrocratie » dans *Coriolanus*). Or, ces excès sont rendus possibles par les institutions et par l'« idéologie dominante »[19], dans la mesure où ils peuvent être commis en toute impunité, ou réclamés et validés par elles. Coriolan dénonce un système, une coutume, des pratiques qui n'ont pas su évoluer :

> [...] Custom calls me to't.
> What custom wills, in all things should we do't,
> The dust on antique time would lie unswept,
> And mountainous error be too highly heaped
> For truth to o'erpeer. (II, 3, 113-117)
>
> [...] La coutume m'y oblige.
> Ce que coutume veut, doit-on toujours le faire ?
> La poussière du temps pourrait s'amonceler
> Et l'erreur montagneuse si haut s'accumuler
> Que jamais ne pourrait poindre la vérité.

À travers Lear et Richard II sont présentés des comportements absolutistes qui s'autorisent bon vouloir et caprices personnels (on crée un nouveau type d'épreuve fondé sur des règles arbitraires, sur l'habileté rhétorique et sur l'art de flatter ; on décide d'interrompre l'épreuve traditionnelle du tournoi qui permettrait de rendre la justice), et que l'on voit soit exacerbés par l'immaturité, soit cristallisés par la vieillesse. Dans le premier cas, c'est

19. Par « idéologie », on entend la « doctrine qui inspire ou paraît inspirer un gouvernement ou un parti » (André Lalande, *Vocabulaire technique et critique de la philosophie* [1926], Paris, PUF, coll. « Quadrige », 2006, art. « idéologie », C., p. 459) ; par « dominante », le fait que ce gouvernement ou parti soit au pouvoir et impose cette doctrine comme étant majoritaire et incontestable. L'idéologie dominante intègre également ce qui s'est enraciné dans les us et coutumes, dont elle ne maîtrise pas l'origine mais dont elle revendique l'héritage. Dans son chapitre « Des sociétés plurielles (XVIe-XVIIIe siècles) », François-Joseph Ruggiu rappelle l'importance de la coutume : « Les Britanniques estimaient que la coutume *(custom)* avait été établie par les générations précédentes pour assurer le bien commun et qu'elle devait être respectée aussi bien par les dépendants que par les maîtres. Elle réglait les relations ordinaires entre les hommes et fixait par exemple les avantages que les petits paysans tiraient des communaux, le juste prix du grain ou la taille des pièces de tissus que le tisserand devait livrer au marchand. Elle était une partie essentielle de l'ordre social naturel au sein duquel chacun avait sa place et devait être assuré de sa subsistance » (François-Joseph Ruggiu, dans Stéphane Lebecq, Fabrice Bensimon, Frédérique Lachaud, François-Joseph Ruggiu, *Histoire des îles Britanniques*, *op. cit.*, p. 564).

York mettant en garde John of Gaunt contre Richard II : « Deal mildly with his youth, / For young hot colts, being raged, do rage the more » (II, 1, 69-70) / « Ménagez sa jeunesse, / Car les jeunes poulains fougueux qu'on réfrène enragent de plus belle ». Dans le second, c'est Goneril concluant sans ambages :

> The best and soundest of his [Lear's] time hath been but rash; then must we look from his age to receive not alone the imperfections of long-engrafted condition, but therewithal the unruly waywardness that infirm and choleric years bring with them. (I, 1, 290-294)
>
> Les meilleures et les plus saines années de sa vie ne furent qu'emportement ; il nous faut donc nous attendre, vu son âge, à subir non seulement les défauts d'un tempérament depuis longtemps greffé en lui, mais encore l'imprévisible entêtement que les années infirmes et coléreuses apportent avec elles.

Enfin, cet absolutisme, s'il menace, voire éradique, des existences individuelles, met surtout en péril le territoire lui-même, royaume ou république, en faisant à son insu le lit de dissensions internes susceptibles de déclencher une guerre civile – sœurs rivales (*King Lear*), figures de frères ennemis (*King Richard II*), plébéiens contre patriciens (*Coriolanus*). La question délicate qui se pose alors est la suivante : comment réagir à ces dérives quand on évolue dans la proche sphère du pouvoir ?

2. Quelle allégeance ?

Dire ce qu'on pense au sens de contredire, de produire un contre-discours, de mettre en doute « les relations verticales fondées sur les notions complémentaires de déférence et de protection »[20], de remettre en cause l'autorité suprême et, donc, de malmener la puissance performative de cette voix pour laquelle tout ordre doit être suivi d'effet, c'est prendre un risque dont la portée ne se mesure qu'en rappelant l'importance de la notion d'allégeance en jeu dans ces pièces tragiques. L'allégeance s'y

20. François-Joseph Ruggiu, « Chapitre 16 – Des sociétés plurielles (XVIe-XVIIIe siècles) », dans Stéphane Lebecq, Fabrice Bensimon, Frédérique Lachaud, François-Joseph Ruggiu, *Histoire des îles Britanniques*, *op. cit.*, p. 564.

décline essentiellement selon trois modes : le mode absolu (l'obéissance est inconditionnelle), le mode contractuel (l'obéissance ne vaut que dans le respect d'une réciprocité établie par un contrat) et le mode conflictuel (l'obéissance est prise dans une dialectique avec la désobéissance) qui annonce, en général, une rupture en faveur d'une éthique personnelle.

a. L'allégeance absolue

Faire allégeance implique de se plier à ce que Jonas A. Barish et Marshall Waingrow appellent « la doctrine de la hiérarchie » : « un individu obéit à celui qui lui est supérieur dans l'échelle sociale, et ce supérieur obéit à son tour à celui qui lui est supérieur »[21]. Ce devoir d'obéissance inconditionnelle, signe d'une indéfectible loyauté, ne se comprend pleinement que dans la perspective du droit divin qui le porte à son apogée, comme l'explique Richard Marienstras, lecteur attentif des rapports qu'Edward Coke écrivit en 1608 : « L'allégeance est l'obéissance que le sujet doit au souverain. Elle est, dit Coke, plus forte que le lien unissant le seigneur et le vassal qui a rendu hommage. C'est une forme d'hommage lige exalté jusqu'à l'absolu »[22]. Les homélies élisabéthaines, souligne William C. Carroll, servaient ainsi d'outils de propagande pour la doctrine de droit divin ; on y répétait qu'il fallait faire allégeance même en cas de tyrannie, car si le roi se comportait en tyran, c'était sans doute que ses sujets l'avaient mérité et que Dieu Lui-même leur envoyait une épreuve[23]. Le personnage de Mowbray, dans *King Richard II*, représente cette fidélité absolue. Il devient, certes, l'homme de main de Richard II, mais il est avant tout son homme lige ; il se sacrifie, ou plutôt il accepte

21. Jonas A. Barish et Marshall Waingrow, « Service in *King Lear* », *Shakespeare Quarterly*, vol. 9, n°3 (été 1958), p. 348 (ma traduction).

22. Richard Marienstras, *Le Proche et le Lointain*, *op. cit.*, p. 156. Pour l'analyse des quatre sortes d'allégeance (naturelle, acquise, locale et légale) que distingue le droit commun et que souligne Coke, voir p. 157-159.

23. Voir William C. Carroll, « Theories of Kingship », dans *A Companion to Shakespeare's Works, Volume II: The Histories*, *op. cit.*, p. 132. Carroll se réfère plus particulièrement à « An Homily Against Disobedience and Willful Rebellion ».

d'être sacrifié, sur l'autel de l'allégeance – ce que refusera Bolingbroke.

Dans ses écrits politiques, notamment dans *The Trew Law of Free Monarchies* publié une première fois en 1598, le roi Jacques 1er prend position en faveur de l'allégeance absolue et de l'absolutisme. Il réaffirme l'impossibilité éthique pour les sujets de se rebeller contre le mauvais souverain qui, tout mauvais qu'il soit, reste l'élu de Dieu : « La cruauté [...] du Roi ne peut en aucun cas amener des sujets, dont il reste par décret divin le seul juge, à devenir ses juges »[24]. Or, ce faisant, il met également l'accent sur les devoirs du souverain envers ses sujets et sur les limites de son pouvoir : « s'il est impossible au Prince de recouvrer les privilèges, accordés par lui-même ou par ses prédécesseurs, qu'il possède sur ses sujets quel que soit leur statut ou leur rang, on mesure l'impossibilité encore plus grande qu'il y aurait pour des sujets à retirer aux Princes cette supériorité que lui-même et ses prédécesseurs ont eu sur eux depuis tant d'années »[25]. Et il prend soin de ne pas cautionner les agissements du mauvais roi :

> Par l'ensemble de mes développements précédents et par mon apologie des rois, je ne signifie pas qu'un prince souverain, quelles que soient les erreurs et les abominations intolérables qu'il ait commises, doive échapper à tout châtiment, comme si, par ce moyen, le monde n'était décrété que pour les rois et qu'ils pouvaient à leur guise, sans contrôle aucun, le mettre sens dessus dessous. Au contraire, en les remettant à Dieu (qui seul a le pouvoir de les juger), je les remets au maître d'école le plus exigeant et le plus tranchant qui puisse exister pour eux ; car plus un roi a la préférence de Dieu sur tous les autres hommes, et plus son trône s'élève haut au-dessus de leurs sièges, plus grande est son obligation envers son créateur. S'il en vient à s'oublier (son ingratitude se mesurant à l'aune de

24. King James VI et I, *The Trew Law of Free Monarchies: Or The Reciprock and mutuall duetie betwixt a free King and his naturall Subiects*, dans *Political Writings*, éd. Johann P. Sommerville, Cambridge, Cambridge University Press, 2006, p. 78 (ma traduction).

25. *Ibid.*, p. 80.

> sa hauteur), sa correction doit en conséquence être des plus dures qui soit[26].

C'est dans cet esprit que John of Gaunt répond à la duchesse de Gloucester en quête de vengeance personnelle :

> God's is the quarrel, for God's substitute,
> His deputy anointed in His sight,
> Hath caused his death, the which if wrongfully,
> Let heaven revenge, for I may never lift
> And angry arm against His minister. (I, 2, 37-41)
>
> C'est l'affaire de Dieu – car c'est le substitut de Dieu,
> Son représentant consacré sous Ses yeux,
> Qui a causé sa mort ; si c'est un crime,
> Que le ciel le venge, car je ne pourrais jamais lever
> Un bras furieux contre son ministre.

Mais l'histoire et la tragédie qui s'en inspire témoignent que ni les écrits rhétoriques, pamphlets ou homélies, ni les propos mesurés de ceux dont l'allégeance demeure indéfectible, ne parviennent à se montrer convaincants quand le sentiment d'injustice s'exacerbe.

b. L'allégeance contractuelle

Revenant sur l'interprétation d'Edward Coke (une allégeance sujet/souverain plus absolue encore qu'une allégeance seigneur/vassal), Richard Marienstras précise :

> La relation de vassalité était, à l'origine, contractuelle. Le vassal devait sa « foi » au suzerain plutôt que son obéissance. L'hommage impliquait tacitement le droit à la désobéissance si le suzerain manquait à ses obligations. La modification intervient vers le milieu du XIIIe siècle : toute désobéissance risque dès lors de devenir trahison et le roi tend à se considérer comme le souverain « naturel »[27].

Des traces de cette relation féodale, plus particulièrement de la réciprocité que suppose la notion de contrat, subsistent dans *King Richard II* et dans *King Lear* à travers l'emploi récurrent du

26. *Ibid.*, p. 83.
27. Richard Marienstras, *Le Proche et le Lointain*, *op. cit.*, p. 156, n. 22.

terme « lige » / « liege ». C'est la marque de déférence usuelle qu'utilisent John of Gaunt, York et Kent quand ils s'adressent à leur souverain respectif. Bolingroke, lui, opte pour l'emphase en appelant Richard II « mon gracieux souverain, mon très tendre suzerain » / « My gracious sovereign, my most loving liege » (I, 1, 21). Il semble significatif que ce terme soit notamment employé lorsque les sujets s'apprêtent à manifester un désaccord, que Kent tente d'intervenir après la répudiation de Cordelia (I, 1, 118) ou que York essaye de dire à Richard II son erreur en s'appropriant l'héritage de Gaunt (II, 1, 186). Cette adresse s'inscrit, certes, dans une pratique de précaution oratoire, mais ne rappelle-t-elle pas aussi, par les deux sens du mot « liege », « liege-man » et « liege-lord »[28], l'idée de contrat à respecter ? Les propos de Pierre Legouis sont, à ce sujet, éclairants : « "Lige" par ce double sens [vassal et suzerain] exprime parfaitement la réciprocité des obligations féodales, aussi inséparables que l'avers et le revers d'une même médaille »[29]. D'où la quasi-équation qu'établit Jonas A. Barish : « Un mauvais service est étroitement associé à une mauvaise gouvernance »[30]. Quant à la notion de contrat elle-même, elle résonne explicitement dans *King Lear* avec, d'un côté, Cordelia qui répond à son père : « I love your majesty / According to my *bond*, no more no less » (I, 1, 90-91) / « j'aime Votre Majesté / Conformément à mon lien, ni plus ni moins », et, de l'autre, Kent qui justifie son recours au franc-parler : « To plainness honour'*s bound* / When majesty falls to folly » (I, 1, 146-147) / « À la franchise l'honneur est tenu, / Lorsque la majesté tombe dans la folie »[31]. Kent ne conçoit la loyauté que pour autant qu'elle intègre aussi cette dimension : user de *parrêsia*, avoir le courage de dire son fait au souverain pour le ramener à lui-même, pour l'aider à recouvrer ses esprits

28. *Oxford English Dictionary Online*, Oxford University Press, 2009 : art. « liege, *a.* and *n.* » : « The superior to whom one owes feudal allegiance and service; = *liege lord* », B. *n.* 1; « A vassal bound to serve his superior, a liege man. Hence in a wider sense: A loyal subject of the king », B. *n.* 2.

29. Pierre Legouis, « Shakespeare et la féodalité », *Études Anglaises*, « Shakespeare, 1564-1964 », n°4, oct.-déc. 1964, p. 471.

30. Jonas A. Barish et Marshall Waingrow, art. cit., p. 353 (ma traduction).

31. Mes italiques.

et à tenir sa position. Il n'y a rupture de contrat, remise en jeu d'allégeance, ni aux yeux de Kent, ni aux yeux de Cordelia – ils resteront, d'ailleurs, fidèles à Lear jusqu'à la fin de la tragédie.

Dans la jeune République romaine, le contrat social se passe entre le consul et les citoyens. Ces derniers ont conscience de la réciprocité tacite que l'on attend d'eux : « if he tell us his noble deeds we must also tell him our noble acceptance of them » (II, 3, 7-9) / « s'il nous dit ses nobles exploits, nous devons aussi, nous, lui dire notre noble reconnaissance ». Il semble que Coriolan n'ait d'autre choix que de se plier aux traditions, fût-ce de mauvaise grâce. Or, rien ne sied moins à Coriolan que l'allégeance, envers les plébéiens comme envers les patriciens. Le seul terrain sur lequel il se dise prêt à rendre service, c'est le champ de bataille – où il est son propre maître. C'est ce que signifie son « j'aime mieux les servir à ma guise / Que commander avec eux à la leur » / « I had rather be their servant in my way / Than sway with them in theirs » (II, 1, 199-200), qui dit déjà le mercenaire en puissance. Ainsi que l'analyse Denis Lagae-Devoldère, « Coriolan, tout à son déni de la réciprocité, a cru pouvoir se passer du contrat social fondant tout le système de la réciprocité communale romaine »[32]. En ce sens, *Coriolanus* se distingue de *King Richard II* et de *King Lear* : le refus de se plier à une exigence plus haute, qui déclenche la mise au ban, y est à lire, effectivement, comme un rejet virulent du contrat ; dans les deux autres pièces, en revanche, ce refus, aussi ferme soit-il, ne semble pas sortir du cadre de l'allégeance. Entre les « deux pôles de la souveraineté » que distinguent Gilles Deleuze et Félix Guattari, tout se passe comme si Coriolan choisissait l'« *imperium* du penser-vrai, opérant par capture magique, saisie ou lien, constituant l'efficacité d'une fondation (*muthos*) », et non « une république des esprits libres, procédant par pacte ou contrat, constituant une organisation législative et juridique, apportant la sanction d'un fondement (*logos*) »[33].

32. Denis Lagae-Devoldère, *The Tragedy of Coriolanus. William Shakespeare*, Armand Colin-CNED, 2006, p. 98.

33. Gilles Deleuze et Félix Guattari, *Mille plateaux. Capitalisme et schizophrénie 2*, *op. cit.*, p. 464. Les italiques sont de l'auteur.

c. Devoir d'allégeance ou/et éthique personnelle

Directement ou indirectement confronté aux dérives du pouvoir, l'homme lige doit-il continuer de faire allégeance à son souverain lige ? La loyauté veut-elle que le service se change en servilité pour devenir synonyme de soumission et de bassesse ? Que le serviteur se fasse « mielleux » / « super-serviceable » (*King Lear*, II, 2, 16) et ne soit plus qu'« un lascar prêt pour tout loyal service à faire le maquereau » / « one that wouldst be a bawd in a way of good service » (II, 2, 17) ? C'est la problématique que pose York dans *King Richard II* lorsqu'il fait part au roi de son dilemme intime : « How long shall I be patient? Ah, how long / Shall tender duty make me suffer wrong? » (II, 1, 163-164) / « Combien de temps resterai-je patient ? Ah, combien de temps / Mon loyal attachement me fera-t-il souffrir l'injustice ? ». C'est le drame du devoir d'allégeance qui ne coïncide plus avec le sens de l'honneur et la ligne éthique du sujet. On y entend l'émergence d'une loyauté divisée qui pose un cas de conscience, d'autant que la *diffidatio* de l'époque médiévale, qui permettait de rendre son allégeance et d'en changer sans pénalité, n'est plus au goût du jour[34]. York pose la question mais se garde d'y répondre – la pièce montre, par la suite, qu'il échoue à trancher, d'abord entre devoir d'allégeance et éthique personnelle, puis entre loyauté ancienne envers Richard II et loyauté nouvelle envers Bolingbroke. Dans *King Lear*, Kent apparaît comme le double inversé de York puisqu'il parvient, lui, à faire coïncider sa propre éthique avec son dévouement envers le roi, au lieu de s'en trouver écartelé, condamné à l'entre-deux. Comme l'explique Jonas A. Barish :

34. Voir Karen Cunningham, *Imaginary Betrayals: Subjectivity and the Discourses of Treason in Early Modern England*, Philadelphia, University of Pennsylvania Press, 2002 : « Dans les années 1250, les barons considéraient que le choix de ne plus faire allégeance, dans le cadre de ce qu'on appelait la *diffidatio*, permettait d'éviter des trahisons à venir. Les règles féodales acceptaient l'idée qu'un serviteur puisse changer d'allégeance et, grâce à la *diffidatio*, il pouvait le faire sans encourir de peine. À la fin du quatorzième siècle, une tendance s'était mise en place qui incriminait la *diffidatio* ; Richard II décida que tout refus d'hommage lige serait désormais un acte de trahison », p. 83 (ma traduction).

> Son code [celui de Kent] peut pratiquement se ramener à deux incontournables lignes de conduite : une loyauté absolue envers son maître et une loyauté absolue envers la vérité. Son dévouement à Lear est empreint d'une intensité émotionnelle qui dépasse de très loin n'importe quels rapports dans lesquels les liens de sang n'entrent pas, et la plupart de ceux dans lesquels ils entrent. Il n'en demeure pas moins que ce dévouement présuppose un dévouement encore plus fondamental à la vérité et que, par conséquent, il ne sert que la vérité de Lear – du « Lear royal » – et non les caprices dus à la vanité et à la sénilité[35].

N'y aurait-t-il pas pourtant chez York une tentative pour trouver une troisième voie, notamment lorsqu'il semble prendre Dieu à témoin pour mettre en garde Richard II contre les conséquences désastreuses que pourrait avoir son abus de pouvoir (II, 1, 200-208) ?

S'en remettre directement à Dieu, dont le roi tient son autorité dans le cadre de la doctrine du droit divin, et suggérer qu'Il pourrait être en désaccord avec son représentant, cela pourrait être une façon habile de dépasser la polarité devoir d'allégeance/éthique personnelle. Ainsi, lorsque Bolingbroke oppose un refus à Richard II qui vient de lui ordonner d'enterrer la querelle et de ramasser son gant le premier, il s'écrit : « O, God defend my soul from such deep sin! » (I, 1, 187) / « Ô Dieu, garde mon âme d'un si profond péché ! ». Plus tard, c'est au tour de Gaunt de rétorquer au roi désinvolte qu'il voit malade de tant d'excès : « Now He that made me knows I see thee ill – » (II, 1, 93) / « Ah, celui qui m'a créé le sait, c'est moi qui te vois au plus mal ». En suggérant une division entre la volonté divine et l'attitude royale, le fils puis le père disent à mots couverts que l'équation ne fonctionne plus, que le roi n'est plus à l'image de Dieu. Et lorsque York prend Dieu à témoin, ne tente-t-il pas de dépasser deux positions irréconciliables pour aller vers une allégeance transcendante qui serait fédératrice ? À moins que cet appel à la transcendance ne soit qu'un leurre ? York, on le sait, se gardera par la suite de prises de position tranchées. Car faire passer Dieu avant son

35. Jonas A. Barish et Marshall Waingrow, art. cit., p. 349 (ma traduction).

souverain n'exemptait pas du châtiment encouru pour désobéissance au souverain. Johann P. Sommerville rappelle l'une des idées majeures des écrits politiques de Jacques Ier :

> Il [Jacques 1er] soutenait que les rois avaient le monopole du pouvoir politique, monopole qu'ils tenaient de Dieu seul. Montrer une forme de résistance active au monarque ne pouvait être qu'une marque de péché. Si notre roi nous ordonnait de faire quelque chose allant à l'encontre de la loi de Dieu, nous devions lui désobéir, car notre devoir est toujours d'obéir à Dieu plutôt qu'à l'homme. Mais si le monarque nous faisait sommer pour rendre compte de notre désobéissance, nous devions humblement accepter le châtiment qu'il jugeait bon de nous infliger[36].

La foi n'empêche pas le fer/faire[37]. Quand le sens de l'honneur l'emporte sur le devoir d'allégeance, l'éthique se porte à la pointe de l'épée : « Que ma juste épée [prouve] ce que ma langue a dit » / « What my tongue speaks my right-drawn sword may prove » (I, 1, 46), déclare Bolingbroke. Mais, comme il ne pourra rien prouver faute de combat, il reviendra avec une « machine de guerre ». Perdre son honneur ou renoncer à le laver quand il a été entaché, ce que préconise Richard II, c'est ne plus être digne de son nom et du renom qui s'y attache, c'est se vouer au « noir déshonneur » / « dark dishonour » (I, 1, 169). Mowbray, pas plus que Bolingbroke, ne peut l'envisager : « Mine honour is my life; both grow in one. / Take honour from me, and my life is done » (I, 1, 182-183) / « Mon honneur est ma vie, tous deux ne font qu'un. / Enlevez-moi l'honneur, c'en est fait de ma vie ». Lorsque son honneur se trouve en jeu, Coriolan est, à son tour, prompt à dégainer littéralement et verbalement. On sait l'importance de la notion d'honneur dans la Rome Antique. Or, elle n'est pas mise à mal dans *Coriolanus* comme elle l'est, de façon explicite, dans *Julius Caesar* ou dans *1 Henry IV*[38]. Coriolan n'entend que

36. Johann P. Sommerville (éd.), « Introduction », dans King James VI et I, *Political Writings*, *op. cit.*, p. xvii (ma traduction).
37. Cette homonymie revient à Nathalie Vienne-Guerrin.
38. On pense à la célèbre tirade de Falstaff : « What is honour? A word. What is in that word honour? What is that honour? Air » (V, 1, 134-135) / « Qu'est-ce que l'honneur ? Un mot. Qu'y a-t-il dans ce mot d'honneur ? Qu'est-ce que cet honneur ?

la *virtù*, se croit au-dessus de la *fortuna*. Il n'écoute ni sa mère, ni les principes de Machiavel ; il ne sait ni doser sa réaction, ni s'adapter aux circonstances. Il en arrive au résultat annoncé par Machiavel dans son chapitre sur « Pouvoir de la fortune dans les choses humaines et comment lui résister » : « Je conclus donc que la nature change et que les hommes sont entêtés ; quand leur comportement s'accorde avec les nécessités du moment, ils sont heureux en affaires ; sinon, c'est le désastre »[39]. Pour reprendre la distinction établie plus récemment par Max Weber, c'est l'éthique de conviction qui semble intéresser Coriolan et non l'éthique de responsabilité[40]. Cette dernière impliquerait de faire allégeance au peuple, ce qui demeure de l'ordre de l'impensable pour le guerrier romain et appelle la métaphore des corbeaux venant piquer les aigles à coups de bec. Faire allégeance au peuple, ce serait cautionner un monde à l'envers, donner du poids à ce qui n'en a pas. « [V]otre peuple, / Je l'aime selon ce qu'il pèse… » / « your people, / I love them as they weigh – » (II, 2,

Du vent » (*King Henry IV, Part One* [1597], éd. A. R. Humphreys, London, Routledge, coll. « The Arden Shakespeare », 1992 [1960]). La traduction est de Michel Grivelet dans William Shakespeare, *La première partie de l'histoire d'Henry IV*, texte présenté, traduit et annoté par Michel Grivelet, Paris, Aubier, coll. « Bilingue », 1983. Pour une analyse de la notion dans *Julius Caesar*, voir Henri Suhamy, « La dialectique de l'honneur », dans Michel Bitot (dir.), *Shakespeare, Julius Caesar : Texte et représentation*, actes du colloque de Tours, Tours, Université François Rabelais, 1995, p. 153-165.

39. Machiavel, *Le Prince* suivi de *Choix de lettres* [*Il Principe*, 1513], préface de Raymond Aron, traduction, commentaires et notes de Jean Anglade, Paris, Le Livre de Poche, 1983, p. 134.

40. Ces termes sont de Max Weber dans *Le Savant et le Politique* [*Wissenschaft als Beruf, Politik als Beruf*, 1919], traduit de l'allemand par Julien Freund, révisé par E. Fleischmann et Eric de Dampierre, préface de Raymond Aron, Paris, Éditions 10/18, 1963 [1959], p. 206. « Nous en arrivons au problème décisif. Il est indispensable que nous nous rendions clairement compte du fait suivant : toute activité orientée selon l'éthique peut être subordonnée à deux maximes totalement différentes et irréductiblement opposées. Elle peut s'orienter selon l'éthique de la responsabilité [*verantwortungsethisch*] ou selon l'éthique de la conviction [*gesinnungsethisch*]. Cela ne veut pas dire que l'éthique de conviction est identique à l'absence de responsabilité et l'éthique de responsabilité à l'absence de conviction. Il n'en est évidemment pas question. Toutefois il y a une opposition abyssale entre l'attitude de celui qui agit selon les maximes de l'éthique de conviction – dans un langage religieux nous dirions : "Le chrétien fait son devoir et en ce qui concerne le résultat de l'action il s'en remet à Dieu" –, et l'attitude de celui qui agit selon l'éthique de responsabilité et qui dit: "Nous devons répondre des conséquences prévisibles de nos actes" », p. 206.

71-72), lance Coriolan aux tribuns , et l'on serait tenté d'ajouter le « ni plus ni moins » / « no more no less » (I, 1, 91) de Cordelia. En revenant sur ce qu'il a dit, Coriolan trahirait sa pensée profonde, son intime conviction, les valeurs avec lesquelles il a été éduqué et qui ont fait de lui ce qu'il est devenu. Ni déni, ni dédit : il sera fidèle à lui-même et non « [t]raître à [sa] nature » / « False to [his] nature » (III, 2, 15). Il affirmera avec force son éthique de conviction, dût-il en périr, dût-il se voir banni et voué à un mode de vie mercenaire. Adaptée à notre époque, la pensée de Coriolan pourrait se dire en faveur d'une « politique libertaire » visant à

> soumettre l'économique au politique, mais aussi mettre la politique au service de l'éthique, faire primer l'éthique de conviction sur l'éthique de responsabilité, puis réduire les structures au seul rôle de machines au service des individus, et non l'inverse. [...] une politique libertaire veut la société ouverte, les flux de circulation libres pour les individualités susceptibles d'aller et venir, de s'associer, puis de se séparer, de ne pas être retenues et contenues par un argument d'autorité qui les mettrait en péril, entamerait leur identité, voire la rendrait impossible, la supprimerait[41].

Il serait tentant de voir derrière les personnages shakespeariens qui affirment leur éthique face au tyran l'influence du traité de 1579, *Vindiciae contra Tyrannos*, traité qui remet en question l'allégeance inconditionnelle[42]. Ces personnages défendent leur éthique sur le mode d'un parler-franc qui s'oppose aux détours, aux perversités, aux excès langagiers du discours dominant.

3. Le franc-parler, ou parrêsia

Le franc-parler, c'est d'abord celui de l'homme libre, libre de faire passer à l'arrière-plan son statut de vassal, de sujet, de citoyen, c'est-à-dire « moralement libre »[43]. Le *Dictionnaire historique de la langue française* précise : « De l'idée de "liberté",

---

41. Michel Onfray, *Politique du rebelle. Traité de résistance et d'insoumission*, Paris, Le Livre de Poche, coll. « Biblio Essais », 1997, p. 42-43.
42. Voir à ce sujet William C. Carroll, « Theories of Kingship », dans *A Companion to Shakespeare's Works, Volume II: The Histories*, *op. cit.*, p. 135-137.
43. Alain Rey, *Dictionnaire historique de la langue française* (1992), vol. 3, Paris, Dictionnaires Le Robert, 1998, art. « franc, franche », tome 2, p. 1482.

on est passé à celles de “sincérité”, “droiture”, “absence d’artifice” ; l’homme *franc* est celui qui parle ouvertement (1611 ; antérieurement, on disait surtout *vrai*) »[44]. Parler franc revient donc à dire la vérité toute nue, à enlever le gras pour ne laisser que le maigre, à pourfendre l’hypocrisie et à tenir à distance la flatterie considérée par Shakespeare sonnettiste comme « ce poison des rois » / « the monarch’s plague »[45]. Le franc-parler renvoie à la notion grecque de *parrêsia* à laquelle Michel Foucault a consacré un cycle de cours au Collège de France et dont on peut donner ici une première définition : « [L]a *parrêsia* consiste à dire, sans dissimulation ni réserve ni clause de style ni ornement rhétorique qui pourrait la chiffrer ou la masquer, la vérité. Le “tout dire” est à ce moment-là : dire la vérité sans rien en cacher, sans la cacher par quoi que ce soit »[46]. On peut d’emblée préciser que la notion de liberté y est indissociable de la notion de risque : « la *parrêsia*, c’est l’éthique du dire-vrai, dans son acte risqué et libre »[47]. Parmi les quatre « modes de véridiction » que Michel Foucault met en regard, ces « modes fondamentaux du dire vrai » que sont la prophétie, la sagesse, l’enseignement et la *parrêsia*, c’est celui de la *parrêsia* qui retiendra notre attention[48].

---

44. *Id.*
45. William Shakespeare, *Shakespeare’s Sonnets* (1609), éd. Katherine Duncan-Jones, London, Thomson, coll. « The Arden Shakespeare », 2005 [1997], « Sonnet 114 », p. 339. Pour la traduction : William Shakespeare, *Les Sonnets*, précédés de *Vénus et Adonis* et du *Viol de Lucrèce*, Présentation et traduction d’Yves Bonnefoy, Gallimard, coll. « Poésie », 2007, p. 272.
46. Michel Foucault, *Le Courage de la vérité. Le Gouvernement de soi et des autres II. Cours au Collège de France. 1984*, Paris, Éditions du Seuil/Gallimard, coll. « Hautes Études », 2009, p. 11.
47. Michel Foucault, *Le Gouvernement de soi et des autres. Cours au Collège de France. 1982-1983*, Paris, Éditions du Seuil/Gallimard, coll. « Hautes Études », 2008, p. 64.
48. Michel Foucault, *Le Courage de la vérité. Le Gouvernement de soi et des autres II. Cours au Collège de France. 1984*, *op. cit.*, p. 25, 27. « Prophétie, sagesse, enseignement, *parrêsia*, ce sont là, je crois, quatre modes de véridictions qui, [premièrement], impliquent des personnages différents, deuxièmement appellent des modes de parole différents, et troisièmement se réfèrent à des domaines différents (destin, être, *tekchnê*, *êthos*) », p. 25.

a. Contre la « rhétorique du gras »

Dans *La Rhétorique des passions*, Gisèle Mathieu-Castellani rappelle la connotation négative que le terme « rhétorique » est susceptible de prendre : « Les sens péjoratifs qui s'attachent dans le langage ordinaire au mot *rhétorique*, substantif ou adjectif, sont pris dans un double réseau d'oppositions codifiées, avec *la vérité*, puisque « rhétorique » signifie *faux, mensonger, trompeur, illusoire*, et avec *la nature*, puisque le mot signifie *artificiel, anti-naturel* »[49]. Il reste une trace de ce langage ordinaire dans ce qu'on pourrait appeler la « rhétorique du gras », c'est-à-dire un discours qui met en œuvre hypocrisie et artifice, flatterie et mensonge, surenchère et obséquiosité, et qui vire à la *loquacitas*, envers de la *copia* ou « prolixité vide »[50] ; un discours qui, ajouterait Michel Onfray, donne à voir « l'embonpoint éthique, la fin de toute élégance morale, l'obésité conceptuelle et la réflexion adipeuse »[51]. *King Lear, King Richard II* et *Coriolanus* sont des pièces parcourues par cette dialectique du manque et de l'abondance, ainsi que par des métaphores alimentaires évoquant aussi bien la famine que la gloutonnerie, la hantise de l'empoisonnement que le cannibalisme.

La scène de la division du royaume et de la passation de pouvoir sur laquelle s'ouvre *King Lear* pourrait se lire comme une scène de banquet dans laquelle les mots seraient des mets dont Lear voudrait se repaître. Or, pour que le banquet soit une réussite, deux exigences sont à remplir : d'abord, que Lear soit l'unique invité d'honneur et ait l'exclusivité, ensuite, que ses filles lui servent des « mots-mets »[52] à la hauteur de la corne d'abondance qu'est le royaume qu'il s'apprête à leur léguer. Lear n'attend donc pas du maigre, mais du gras, du juteux. Il y a dans

---

49. Gisèle Mathieu-Castellani, *La Rhétorique des passions*, Paris, PUF, coll. « Écritures », 2000, p. 15. Les italiques sont de l'auteur.
50. Laetitia Coussement-Boillot, *Copia et Cornucopia : la poétique shakespearienne de l'abondance*, Bern, Peter Lang, 2008, p. 83.
51. Michel Onfray, *Politique du rebelle. Traité de résistance et d'insoumission*, *op. cit.*, p. 223.
52. L'expression est de Michel Jeanneret dans *Des Mets et des Mots. Banquets et propos de table à la Renaissance*, Paris, José Corti, 1987.

son appétit quelque chose d'ogresque qui annonce son rapprochement avec le Scythe anthropophage ; il pense en termes d'opulence, d'appétence et de digestion. Les métonymies avec lesquelles il désigne les prétendants de Cordelia – « The vines of France and milk of Burgundy » (I, 1, 82) / « Les vins de France et le lait de Bourgogne » – disent qu'il s'adresse à eux non pas en tant que personnes, mais en fonction de la richesse de leur terre, signe de la magnificence des banquets à venir. Le « [r]ien » / « Nothing » (I, 1, 85, 87) de Cordelia évoque les plats de Timon qui ne contiennent que de l'eau tiède[53] et fait ressortir l'aversion que Lear a pour le maigre – comme il le reconnaît plus tard, il ne s'est guère soucié des pauvres hères faméliques du temps de son règne. Par sa réponse laconique, Cordelia remet implicitement en cause la « rhétorique du gras », la surenchère verbale dont ses sœurs ont (ab)usé et qui n'est à son oreille qu'éloquence creuse, *loquacitas*, ce qu'elle appelle par la suite « cet art volubile et mielleux / De parler sans avoir le dessein d'agir » / « that glib and oily art / To speak and purpose not » (I, 1, 222-223) et qui nécessite « [u]n œil toujours à quémander, et une langue / [Qu'elle est] heureuse de n'avoir pas » / « A still solliciting eye, and such a tongue / That [she] [is] glad [she] [has] not » (I, 1, 229-230). Cette réponse entre en résonance avec la réplique de Coriolan à Menenius : « I cannot bring / My tongue to such a pace » (II, 3, 48-49) / « Je ne peux forcer / Ma langue à marcher ce train-là ».

Dans *Coriolanus*, la « rhétorique du gras », se manifeste d'abord sous le signe de la *copia* : c'est l'interminable fable du ventre que Menenius oppose, dans la première scène, aux plébéiens affamés. On a l'impression que se rejoue, sur un plan métaphorique, le combat de Carême et de Carnaval, sans la minutie des détails de Bruegel car les oppositions sont binaires et dépourvues d'ornement – « maigreur » / « leanness », « misère » / « misery » et « faim » / « hunger » (I, 1, 18, 19, 23) *versus* « se gorge[r] de ripailles » / « surfeit[ing] on », « excédent »

---

53. Voir William Shakespeare, *Timon of Athens* (1605), éd. H. J. Oliver, London, Thomson, coll. « The Arden Shakespeare », 2006 [1959], III, 6.

/ « superfluity » et « abondance » / « abundance » (I, 1, 15, 16, 20). Or, comme les plébéiens, Coriolan se méfie de la « rhétorique du gras », surtout quand elle prend la forme de la *copia* épidictique[54] et s'entend comme des « vociférations hyperboliques » / « acclamations hyperbolical » (I, 10, 51). Incapable de s'entendre loué à bon escient, il ne peut cautionner ni flatterie ni démagogie. Il ne mettra pas d'huile dans les rouages de la jeune République ; il ne sera jamais, comme le souhaiterait tant sa mère en cette occasion précise, « humble comme la mûre épanouie / Qui cède au moindre attouchement » / « humble as the ripest mulberry / That will not hold the handling » (III, 2, 81-82).

Quant au maigre que John of Gaunt lance à la figure du « roi dépensier » / « the wasteful King » (III, 4, 55), associé à la notion de « gabegie » / « surfeit » (II, 2, 84) et dont la couronne ne désemplit pas de vils flatteurs, ce n'est presque plus que du décharné, résultat du jeûne forcé que lui a imposé Richard II en le privant de son fils :

> The pleasure that some fathers feed upon
> Is my strict fast – I mean my children's looks,
> And therein fasting hast thou made me gaunt.
> Gaunt am I for the grave, gaunt as a grave,
> Whose hollow womb inherits naught but bones. (II, 1, 79-83)
>
> Le plaisir dont certains pères se nourrissent
> Je veux dire la vue de mes enfants, j'en fais stricte abstinence,
> Et ce jeûne m'a décharné comme un gant.
> Décharné pour la tombe, décharné comme une tombe,
> Dont la matrice creuse ne reçoit que des os.

L'excès de maigre renvoie, en creux, à l'excès de gras, aux débordements d'un roi qui a transformé son royaume en terre de désolation, soit « wasteland » en anglais, terme dans lequel se combinent les notions de prodigalité et de stérilité, et dont François Laroque propose l'interprétation suivante :

---

54. Voir *Le Combat de Carnaval et Carême*, Huile sur bois (118 × 164 cm), 1559, de Pieter Bruegel l'Ancien. Exposé au Kunsthistorisches Museum à Vienne. Pour une mise en relation entre *King Henry V* et *Coriolanus* à ce sujet, voir Laetitia Coussement-Boillot, *Copia et Cornucopia : la poétique shakespearienne de l'abondance*, *op. cit.*, p. 18-24.

> Dans le contexte d'une couronne anthropomorphisée, on peut sans doute lire *waste* comme *waist*, en sorte que l'image de la taille épousant les contours de la carte constituerait une forme d'obésité monstrueuse (faut-il voir là une préfiguration de Sir John Falstaff ?) donnant à voir, en relief en quelque sorte, le gâchis immense, à l'échelle du royaume tout entier, perpétré par le roi prodigue[55].

Or, dans les trois pièces tragiques, la voix qui s'élève contre la « rhétorique du gras » n'emploie pas véritablement ce qu'on pourrait nommer, par contraste, une « rhétorique du maigre » : elle prend la forme de la *parrêsia* grecque.

b. Les parrèsiastes

Le parrèsiaste est, écrit Michel Foucault, « celui qui prend le risque de mettre en question sa relation à l'autre, et même sa propre existence, en disant la vérité, toute la vérité envers et contre tout »[56]. En cela, il s'oppose clairement au rhéteur :

> Le bon rhétoricien, le bon rhéteur est l'homme qui peut parfaitement et est capable de dire tout autre chose que ce qu'il sait, tout autre chose que ce qu'il croit, tout autre chose que ce qu'il pense, mais de le dire de telle manière que, au bout du compte, ce qu'il aura dit, et qui n'est ni ce qu'il croit ni ce qu'il pense ni ce qu'il sait, sera, deviendra ce que pensent, ce que croient et ce que croient savoir ceux auxquels il l'a adressé. Dans la rhétorique, le lien est dénoué entre celui qui parle et ce qu'il dit, mais la rhétorique a pour effet d'établir un lien contraignant entre la chose dite et celui ou ceux auxquels elle est adressée. Vous voyez que, de ce point de vue là, la rhétorique est exactement à l'opposé de la *parrêsia*, [qui implique au contraire une] instauration forte, manifeste, évidente entre celui qui parle et ce qu'il dit, puisqu'il doit manifester sa pensée, et qu'il n'est pas question, dans la *parrêsia*, que l'on dise autre chose que ce qu'on pense. La *parrêsia* établit donc entre celui qui parle et ce qu'il dit un lien fort, nécessaire, constitutif, mais ouvre sous

---

55. François Laroque, « *Richard II* : le corps et la carte », dans Henri Suhamy (dir.), *Richard II. William Shakespeare*, Paris, Ellipses, 2004, p. 77.
56. Michel Foucault, *Le Courage de la vérité. Le Gouvernement de soi et des autres II. Cours au Collège de France. 1984*, *op. cit.*, p. 13.

> la forme du risque le lien entre celui qui parle et celui auquel il s'adresse[57].

Dans *King Lear*, dans *Coriolanus* et dans *King Richard II*, plusieurs figures de parrèsiastes se détachent : Cordelia suivie de Kent, Coriolan, John of Gaunt puis York.

Le « rien » de Cordelia s'entend comme « le degré zéro de la rhétorique, là où la figure de pensée consiste à n'utiliser aucune figure »[58] – si tant est que « le degré zéro de la rhétorique » ne soit pas, à son insu, une forme de rhétorique, la plus subtile peut-être. Cordelia dit le vrai quitte à contrarier les attentes de son père ; contrairement à ce qui lui est demandé, elle n'amende pas sa réponse et la clôt significativement par l'adjectif « vraie » / « true » (I, 1, 105). Avec Kent, la *parrêsia* prend une tournure plus agonistique : l'enjeu reste de dire le vrai – « plainness » (I, 1, 146) / « franchise » –, mais de le dire avec plus de véhémence afin de se faire entendre : « Be Kent unmannerly / When Lear is mad » (I, 1, 143-144) / « Kent peut être irrespectueux / Quand Lear est fou ». Lorsqu'il s'agit de Coriolan, la *parrêsia* devient franchement agonistique : Coriolan entre en lutte contre les tribuns et le peuple, son franc-parler acquiert une force de frappe qui n'est pas sans rappeler son *êthos* militaire, son parcours de guerrier. Tout se passe comme si ce qui se jouait à ce moment-là, c'était l'équivalent langagier de la prise de Corioles. Coriolan est celui qui dit vrai et dont le parler vrai s'associe à une rugosité radicale, « trop brusque » / « too rough » (III, 2, 24-25), et non à la douceur diplomatique toute de prudence et de « douceur » / « mildly » (III, 2, 141, 147) que lui recommandent Cominius et Menenius. Dans *King Richard II*, la mise en garde contre la *parrêsia* se dit de la même façon, avec le même conseil de douceur : « Ménagez sa jeunesse » / « Deal mildly with his youth » (II, 1, 69), conseille York à John of Gaunt. Coriolan fait ressortir le côté abrupt, risqué, de la *parrêsia* – que Michel Foucault oppose alors à la procédure pédagogique[59]. Risque d'autant plus grand

57. *Ibid.*, p. 14-15.
58. Michel Foucault, *Le Gouvernement de soi et des autres*, *op. cit.*, p. 53.
59. Voir *ibid.*, p. 54.

que le contexte est celui de la jeune République qui vient de se pourvoir d'un tribunat. Michel Foucault précise :

> la *parrêsia* apparaît comme dangereuse dans la mesure où elle appelle, de la part de celui qui veut en faire usage, un certain courage qui risque, dans une démocratie de n'être pas honoré. [...] [Q]uels sont ceux qui seront écoutés, quels sont ceux qui seront approuvés, suivis et aimés ? Ceux qui plaisent, ceux qui disent ce que le peuple désire, ceux qui le flattent. Et les autres, au contraire, ceux qui disent ou essaient de dire ce qui est vrai et bien, et non ce qui leur plaît, ceux-là ne seront pas écoutés. Pire, ils susciteront des réactions négatives, ils irriteront, mettront en colère. Et leur discours les exposera à la vengeance ou à la punition[60].

Coriolan, on le sait, est exposé à la mise au ban. Il présente, néanmoins, un cas particulier dans la mesure où sa colère s'adjoint involontairement à son courage. On pense au portrait brossé par Menenius :

> His nature is too noble for the world.
> He would not flatter Neptune for his trident
> Or Jove for's power to thunder. His heart's his mouth.
> What his breast forges, that his tongue must vent,
> And, being angry, does forget that ever
> He heard the name of death. (III, 1, 257-262)
>
> Sa nature est trop noble pour ce monde.
> Il ne flatterait pas Neptune pour son trident,
> Ni Jupiter pour la puissance de son tonnerre. Son cœur, c'est sa bouche.
> Ce que forge sa poitrine, il faut que sa langue l'exhale ;
> Et dans sa colère, il oublie
> Jusqu'au nom de la mort.

Sous le coup de la colère, le parler franc s'oriente vers le débordement, vers ce qui échappe. Emporté par son discours, le parrèsiaste devient alors une figure d'*athuroglossos*, étymologiquement une langue (« *glossos* ») sans (« *a-* ») porte (« *thuro* »), c'est-à-dire « quelqu'un qui a une langue mais pas de porte. D'où

60. Michel Foucault, *Le Courage de la vérité*, *op. cit.*, p. 36-37.

l'idée de quelqu'un qui ne peut pas fermer sa bouche »[61]. Tout à son emportement, Coriolan perd de vue l'amélioration de l'*êthos* de ses locuteurs que la *parrêsia* est censée viser.

La situation dans laquelle se trouve John of Gaunt incite à nuancer son recours à la *parrêsia* : le père de Bolingbroke a le courage de dire vrai parce qu'il se sait mourant. La mort que pourrait lui coûter sa trop grande franchise lui importe donc peu. Si John of Gaunt se sent tel « un prophète nouvellement inspiré » / « a prophet new inspired » (II, 1, 31) – autre figure de véridicité –, il parle cependant à Richard II en son nom propre : c'est sa pensée et sa conviction à lui qu'il formule, et en cela il demeure davantage parrèsiaste que prophète[62]. Plus significatif est le fait qu'il soit à bout de forces, presque à l'article de la mort. Ainsi se trouve-t-il dans la position du faible qui se dresse face au fort et produit un discours agonistique : « Et dans ce discours de l'injustice proclamée par le faible contre le puissant, il y a à la fois une certaine manière de faire valoir son propre droit, une manière aussi de défier le tout-puissant et de le mettre en quelque sorte en joute avec la vérité de son injustice »[63]. L'enjeu pour Gaunt parrèsiaste est de rendre Richard II à lui-même, de « dessourdir son oreille » / « undeaf his ear » (II, 1, 16). Or, Richard II n'a pas l'*êthos* nécessaire pour l'entendre – *êthos* signifiant ici « la manière dont il se constitue, lui individu, comme sujet moral » et représentant « le point d'articulation entre le dire-vrai et le bien-gouverner »[64]. En revanche, Richard II a un sens aigu de la *parrêsia* à l'œuvre et cette dernière, associée à l'irrévérence, n'éveille en lui qu'une réaction tranchante qui confirme le risque de mort pris par le locuteur :

61. Michel Foucault, *Fearless Speech*, éd. Joseph Pearson, Los Angeles, Semiotex(e), 2001, p. 62 (ma traduction) ; cet ouvrage propose une retranscription des cours que Michel Foucault donna à l'université de Berkeley en Californie, à l'automne 1983. Voir aussi à ce sujet Nathalie Vienne-Guerrin, « *Coriolanus*, or "The Arraignment of an Unruly Tongue" », dans Richard Hillman (dir.), *Coriolan de William Shakespeare. Langages, Interprétations, Politique(s)*, Tours, Presses Universitaires François-Rabelais, 2007, p. 133-153.

62. Pour la distinction entre le parrèsiaste et le prophète, voir Michel Foucault, *Le Courage de la vérité*, *op. cit.*, p. 16-17.

63. Michel Foucault, *Le Gouvernement de soi et des autres*, *op. cit.*, p. 124.

64. Michel Foucault, *Le Courage de la vérité*, *op. cit.*, p. 60, 61.

Wert thou not brother to great Edward's son,
This tongue that runs so roundly in thy head
Should run thy head from thy unreverent shoulders! (II, 1, 121-123)

Si tu n'étais pas le frère du fils du grand Édouard,
Cette langue qui roule si agilement dans ta tête
Ferait rouler ta tête loin de tes irrespectueuses épaules.

Car ces parrèsiastes, en disant ce qu'ils ont à dire envers et contre tout, mettent publiquement à mal le pouvoir performatif de leurs interlocuteurs respectifs.

c. La faillite du performatif[65]

Michel Foucault oppose énoncés parrèsiastiques et énoncés performatifs, soit « un dire-vrai irruptif, un dire-vrai qui fait fracture et qui ouvre le risque » et « l'énonciation de quelque chose [qui] provoque et suscite, en fonction même du code général et du champ institutionnel où l'énoncé performatif est prononcé, un événement tout à fait déterminé »[66]. Or, la force de la *parrêsia* est de mettre à mal le pouvoir performatif et de le tenir momentanément en échec.

Dans *King Lear*, dans *Coriolanus* et dans *King Richard II*, la puissance performative de la parole censée faire autorité est, à plusieurs reprises, remise en question par le franc-parler. Lear n'obtient pas satisfaction malgré ses injonctions répétées à Cordelia : « Speak » (I, 1, 84) / « Parlez », « Speak again » (88) / « Parlez encore », « Mend your speech a little » (92) / « Amendez un peu votre discours ». De même avec Kent qui n'obéit ni à « [n]e t'interpose pas entre le dragon et son courroux » / « Come not between the dragon and his wrath » (I, 1, 120), ni à « Kent, sur ta vie, assez » / « Kent, on thy life, no more! » (153). Pire, Kent affirme l'immuabilité de son *êthos* en répondant à Lear :

Revoke thy gift,
Or whilst I can vent clamour from my throat
I'll tell thee thou dost evil. (I, 1, 161-163)

---

65. L'expression est de Denis Lagae-Devoldère, *The Tragedy of Coriolanus. William Shakespeare*, *op. cit.*, p. 96.

66. Michel Foucault, *Le Gouvernement de soi et des autres*, *op. cit.*, p. 61.

> Révoque ta donation,
> Sinon, tant que je pourrai exhaler des cris de ma gorge,
> Je te dirai que tu fais mal.

Dans un contexte différent, l'attitude de Coriolan évoque celle de Kent : il n'écoute pas les appels au calme des patriciens et sénateurs, leur « [a]llons, plus un mot » / « Well, no more » (III, 1, 77), leur « [p]lus un mot, de grâce » / « No more words, we beseech you » (III, 1, 78), et il continue à tenir tête aux tribuns et au peuple : « This was my speech, and I will speak't again – » (III, 1, 64) / « Voici ce que j'ai dit, et je vais le redire ». Il exprime, plus tard, sa fidélité inaltérable à son mode de pensée en ces termes :

> Let them pull all about mine ears, present me
> Death on the wheel or at wild horses' heels,
> Or pile ten hills on the Tarpeian rock,
> That the precipitation might down stretch
> Below the beam of sight, yet will I still
> Be thus to them. (III, 2, 1-6)
>
> Ils peuvent bien me tirer par les oreilles, me menacer
> De la mort sur la roue ou sous les sabots des chevaux sauvages,
> Entasser dix collines sur la roche Tarpéienne,
> Pour que le précipice s'étende
> Au-delà du rayon de la vue : je resterai toujours
> Le même à leur égard.

En parlant franc, Coriolan dit la vérité à deux niveaux : un premier niveau « qui est celui de l'énoncé de la vérité elle-même (à ce moment-là comme dans le performatif, on dit la chose, un point c'est tout) », et un second « qui est l'affirmation que ce vrai que l'on dit, on le pense, on l'estime, et on le considère effectivement soi-même authentiquement comme authentiquement vrai »[67].

---

67. Michel Foucault, *Le Gouvernement de soi et des autres*, *op. cit.*, p. 61-62.

C'est *Richard II* qui offre le plus bel exemple de performatifs réduits à des « insuccès »[68], pour reprendre le terme de J. L. Austin, à des actes prétendus qui s'avèrent vide. L'audace et la ténacité que Richard II perçoit chez Bolingbroke dès l'ouverture de la pièce peuvent, d'emblée, se lire comme l'indice d'une aptitude à désobéir. Le double refus d'obéissance (celui de Bolingbroke et celui de Mowbray) auquel Richard II se heurte pour des raisons éthiques est d'autant plus frappant qu'il succède à une succession d'injonctions, comme si le nombre pouvait garantir l'intensité et l'efficacité : « Forget, forgive, conclude and be agreed » (I, 1, 156) / « Oubliez, pardonnez, traitez et pactisez ». La faillite du performatif se dit dans le constat d'impuissance (répétition de « cannot ») que Richard II finit par faire :

> We were not born to sue but to command;
> Which since we cannot to do make you friends,
> Be ready as your lives shall answer it
> At Coventry upon Saint Lambert's Day.
> [...]
> Since we cannot atone you, we shall see
> Justice design the victor's chivalry. (I, 1, 196-203)
>
> Nous ne sommes pas nés pour supplier mais pour commander.
> Et puisque nous ne pouvons pas faire de vous des amis,
> Soyez prêts, vos vies en répondront,
> À Coventry le jour de la Saint Lambert.
> [...]
> Puisque nous ne pouvons vous réconcilier, nous verrons
> La justice indiquer le vainqueur de la joute.

Comme le souligne Charles R. Forker : « Alors qu'il vient d'affirmer avec force son autorité royale [...], Richard révèle presque instantanément sa faiblesse en cédant aux circonstances – cet exemple précoce est révélateur de l'écart qui se creuse, dans la

---

68. J. L. Austin, *Quand dire, c'est faire*, introduction, traduction et commentaire par Gilles Lane, postface de François Récanati, Paris, Éditions du Seuil, coll. « Points Essais », 1970, p. 50.

pièce, entre les poses majestueuses que prend le roi et son réel pouvoir de commander l'allégeance »[69].

Shakespeare invite à penser « qu'il ne peut y avoir de roi exemplaire ou de conception parfaite de la royauté, pas plus que n'existent de doctrines univoques de l'allégeance sociale »[70]. La notion de contrat, quand elle existe, est remplacée par celle de pacte. Fidèle à son *êthos*, le sujet rompt le contrat d'allégeance – déjà implicitement brisé par le souverain qui ne l'a pas respecté – pour librement créer un pacte avec lui-même, « le pacte parrèsiastique du sujet à lui-même, par lequel il se lie et au contenu de l'énoncé et à l'acte même de l'énoncé »[71]. Son statut de sujet passe ainsi à l'arrière-plan : seul importe le courage de dire le vrai et d'assumer ce dire quand l'autorité gouvernante dysfonctionne.

Michel Foucault insiste sur la violence des réactions que la *parrêsia* a le pouvoir de déclencher. L'interlocuteur, dit-il, « est en présence d'une vérité qu'il ne peut pas accepter, qu'il ne peut pas ne pas rejeter et qui le conduit à ce qui est l'injustice, la démesure, la folie, l'aveuglement... »[72]. Dans les trois pièces tragiques de Shakespeare, cela le conduit à l'abus de pouvoir qui prend la forme d'une mise au ban.

II. Abus de pouvoir et mise au ban : de l'« effet retour » au contre-nature

Cette mise au ban peut s'interpréter comme une conséquence directe de la *parrêsia*, comme un de ses « effets retour »[73]. Il va de soi que cet abus de pouvoir n'est pas présenté comme tel,

69. Note de Charles R. Forker dans William Shakespeare, *King Richard II*, éd. Charles R. Forker, London, Thomson, coll. « The Arden Shakespeare », 2002, p. 198-199 (ma traduction). Pour une analyse des performatifs dans l'ensemble de la pièce et pour une mise en relation entre déclin performatif et montée du nominalisme, voir Charlotte Coffin, « *Richard II* and Speech Act Theory: Performatives in Performance », dans *Lectures d'une œuvre : Richard II, William Shakespeare*, éd. Gilles Bertheau et Laetitia Coussement-Boillot, Nantes, Éditions du Temps, 2004, p. 121-137.

70. *Ibid.*, p. 50.

71. Michel Foucault, *Le Gouvernement de soi et des autres*, *op. cit.*, p. 62.

72. *Ibid.*, p. 54.

73. *Ibid.*, p. 64.

c'est-à-dire comme un usage du pouvoir qui serait « mauvais, excessif ou injuste »[74]. Il se justifie, en apparence, par une interprétation particulière du parler franc : celui-ci devient synonyme de trahison (mésinterprétation politique) et d'*hubris* (mésinterprétation morale). Cela s'accompagne d'un recours à un tiers pour en invoquer le témoignage en sa faveur ou en réclamer la caution éthique : les dieux païens dans *King Lear*, le Conseil royal dans *King Richard II*, le peuple dans *Coriolanus*. Pourtant, l'abus de pouvoir se perçoit dans le glissement d'une justice institutionnelle à une vengeance personnelle. Le motif de la sourde oreille, la décision arbitraire et la « force de catapulte »[75] de l'affect (en l'occurrence « wrath », ou le courroux) en sont symptomatiques.

1. Mésinterprétation de la parrêsia *et caution contestable du tiers*

a. La question de la trahison

Les textes statuant sur la trahison et les lois la condamnant se sont multipliés tout au long du XVIe siècle. Le « treason act » de 1534 (26 Hen. VIII c. 13) reste particulièrement signicatif. Andrew Hadfield rappelle que cette loi considérait comme criminel le simple fait d'*imaginer* que l'on pouvait physiquement nuire au monarque[76]. L'idée selon laquelle la trahison doit être punie, que cette dernière s'effectue dans les actes ou qu'elle reste embryonnaire, à l'état de souhait ou de pensée, remonte à l'époque médiévale, au règne d'Édouard III[77]. Karen Cunningham précise : « En 1532, Édouard III avait donné une nouvelle définition de la trahison (25 Edw. III st.5 c.2) : la trahison pouvait

---

74. Alain Rey, *Dictionnaire historique de la langue française*, *op. cit.*, art. « abus », tome 1, p. 13.
75. Gilles Deleuze et Félix Guattari, *Mille plateaux. Capitalisme et schizophrénie 2*, *op. cit.*, p. 440.
76. Voir Andrew Hadfield, « Treason and Rebellion », dans Donna B. Hamilton (dir.), *A Concise Companion to English Renaissance Literature*, Oxford, Blackwell, 2006, p. 180.
77. L'approche qui fait autorité sur la question de la trahison est celle de l'historien du droit, John Bellamy, *The Law of Treason in England in the Later Middle Ages*, Cambridge, Cambridge University Press, 1970.

se découvrir dans le comportement mais aussi dans la pensée, dans l'action physique mais aussi mentale, dans toute tentative de porter atteinte aux prérogatives royales qu'elle fût manifeste ou clandestine »[78]. Mettant en relief l'acte de « territorialisation » mentale à l'œuvre lors des procès pour trahison, elle ajoute : « la loi revendiquait, pour champ d'investigation, le territoire de l'imaginaire ; elle prétendait percer à jour l'intention de l'accusé »[79]. Parce qu'aux yeux de la loi « les mots prononcés devenaient un acte véritable de trahison »[80], penser contre et parler franc, se révéler parrèsiaste, c'était offrir un support idéal à toute projection et, donc, courir le risque de passer pour traître.

Pourtant, ce que Shakespeare nous permet de comprendre, à la lecture de ces pièces tragiques, c'est que la notion de trahison absolue, intrinsèque, n'existe pas, qu'elle est, au contraire, relative, dépendante d'une subjectivité, d'un point de vue, d'une interprétation susceptible de se retourner en mésinterprétation, pouvant montrer à la fois, selon les termes d'Ernest B. Gilman, « the right view » (la perspective frontale, attendue, conformiste ; la vision majoritaire) et « the wry view » (la perspective de biais, ironique, subversive ; la vision minoritaire)[81].

Lorsque, dans *King Lear*, le roi traite Kent de « rebelle » / « recreant » (I, 1, 164) parce que ce dernier, en véritable parrèsiaste, affirme qu'il continuera à clamer le vrai tant qu'il sera doué de parole, ce n'est rien de moins que l'accusation de trahison qui sous-tend son insulte. Le terme anglais « recreant » signifie : « a person who breaks allegiance or faith, or neglects a duty » ; « Recreancy » prend le sens de « treachery »[82]. Kent

78. Karen Cunningham, *Imaginary Betrayals: Subjectivity and the Discourses of Treason in Early Modern England*, *op. cit.*, p. 7-8 (ma traduction).
79. *Ibid.*, p. 11.
80. *Ibid.*, p. 9.
81. Ernest B. Gilman, « *Richard II*: Perspectives of History », *Renaissance Drama*, New Series VII, « Drama and the Other Arts », dir. Joel H. Kaplan, Evanston, Northwestern University Press, 1976, p. 112-115.
82. *Oxford English Dictionary Online*, Oxford University Press, 2009, art. « recreant, *adj.* and *n.* », B. *n.* 2. a. [Draft Revision Mar. 2010]; « recreancy, *n.* » [Draft Revision Sept. 2009]. Les termes sont étroitement associés, dans *King Richard II*, quand

est considéré comme traître parce que son sens de l'allégeance s'écarte de celui de Lear. Comme le souligne Karen Cunningham, « catalogués dans la classe variée de ceux qui résistent [...] à la politique royale, les traîtres remettent en question les types conventionnels d'allégeance »[83]. Elle précise : « [Les traîtres] s'attachent sans cesse à questionner un discours nationaliste prétendument univoque, en s'attaquant de différentes façons aux oppositions conceptuelles – masculin/féminin, ami/ennemi, compatriote/exilé – sur lesquelles ce discours repose pour faire sens »[84]. Kent, en effet, remet en cause la vision binaire que produit Lear quand ce dernier oppose ami et ennemi, sujet et étranger, proche et lointain, quand il inverse les priorités entre sa propre fille et le Scythe cannibale.

Ce n'est pourtant que dans la scène « paroxismique »[85] de l'énucléation de Gloucester que le terme « traitor » devient explicite et récurrent, qu'il s'entend comme le point d'articulation de deux conceptions qui s'opposent. D'un côté, celle de Cornwall qui considère que c'est à lui que Gloucester doit, désormais, faire allégeance et qui interprète, donc, le ralliement de Gloucester à Lear et aux forces françaises comme une trahison – de son point de vue, Gloucester est effectivement « d'intelligence avec le roi de France et à son service » / « an intelligent party to the advantages of France » (III, 5, 9). De l'autre, celle de Gloucester qui demeure loyal envers Lear et agit en son âme et conscience en accomplissant ce qu'il estime être son devoir – « My duty cannot suffer / T'obey in all your daughters' hard commands » (III, 4, 131-132) / « Mon devoir ne peut souffrir / D'obéir en tout point aux ordres cruels de vos filles ». L'erreur de Gloucester, dans

Bolingbroke qualifie Mowbray de « traître » et de « scélérat » / « a traitor and a miscreant » (I, 1, 39), et que, *vice versa*, Mowbray lui renvoie comme en chiasme les accusations de « renégat » et de « traître dégénéré » / « A recreant and most degenerate traitor » (I, 1, 144).

83. Karen Cunningham, *Imaginary Betrayals: Subjectivity and the Discourses of Treason in Early Modern England*, *op. cit.*, p. 6 (ma traduction).

84. *Ibid.*, p. 6.

85. Ce mot valise semble intéressant dans la mesure où il permet de dire à la fois le paroxisme de l'horreur et la secousse sismique que cela provoque chez le spectateur.

l'économie de la tragédie, est de ne pas avoir opéré le transfert d'allégeance attendu et exigé. Sa « trahison » réside, par son action secrète, dans la remise en cause des oppositions binaires « ami/ennemi » et « compatriote/exilé » qui structurent le discours de Cornwall.

Dans un contexte autre, Coriolan, lui aussi, se voit accusé de trahison : « vous êtes traître envers le peuple » / « you are a traitor to the people » (III, 3, 66), lui lance Sicinius. Et Coriolan rétorque : « How, traitor! » (III, 3, 67) / « Comment traître ? ». S'il ne voit pas en quoi il peut être perçu comme traître, c'est qu'il n'a jamais eu le sentiment de trahir quoi que ce soit ; il a toujours suivi sa ligne de conduite, sa pensée, son *êthos*. Il n'a pas trahi au sens où il n'a pas agi contre un idéal auquel il était fidèle[86]. Pourtant, il y a effectivement trahison dans la mesure où il ne respecte pas le processus démocratique de l'élection des tribuns. On se souvient de sa requête radicale envers le Sénat d' « arrache[r] tout de suite / La langue de la multitude » / « at once pluck out / The multitudinous tongue » (III, 1, 157-158). L'« effet retour » de la *parrêsia*, devenue *athuroglossos*, ne se fait pas attendre : « He's spoken like a traitor, and shall answer / As traitors do » (III, 1, 164-165) / « Il a parlé comme un traître, et répondra de ses paroles / Comme un traître ». Pour Coriolan, le terme « traitor » produit, pour reprendre l'expression d'Évelyne Larguèche, un « effet injure »[87] qui le met hors de lui. Pour Daniel Sibony : « il [Coriolan] éclate dès qu'il s'entend appeler "traître" ! C'est l'insulte absolue, à la fois fausse et véridique. Coriolan est incapable de "trahir" sa "vérité", incapable de semblant ; c'est un phobique de la trahison ; donc il y est précisément très exposé »[88]. On le constate à deux reprises : à Rome avec les tribuns, puis à Antium lorsque le terme injurieux est publiquement lancé à la tête de Coriolan par Aufidius. Dans les deux cas, la trahison est associée à l'abus de pouvoir. « [D]ites au

86. Alain Rey, *Dictionnaire historique de la langue française*, *op. cit.*, art. « trahir », tome 3, p. 3876.
87. Voir Évelyne Larguèche, *L'Effet Injure. De la pragmatique à la psychanalyse*, Paris, PUF, 1983.
88. Daniel Sibony, *Avec Shakespeare. Éclats et passions en douze pièces*, Paris, Éditions du Seuil, 2003, p. 118.

traître qu'il a au plus haut degré / Abusé de vos pouvoirs » / « tell the traitor in the highest degree / He hath abused your powers » (V, 6, 85-86) fait écho à : « Nous vous accusons d'avoir intrigué / Pour abolir à Rome toutes les magistratures instituées, / Et d'avoir tenté de vous investir d'un pouvoir tyrannique : / En cela vous êtes traître envers le peuple » / « We charge you that you have contrived [...] / [...] to wind / Yourself into a power tyrannical, / For which you are a traitor to the people » (III, 3, 63-66). Or, pour Coriolan, ce sont les tribuns qui abusent de leur nouveau statut, qui « se pavanent dans leur pouvoir, / Défiant la patience des nobles » / « do prank them in authority / Against all noble sufferance » (III, 1, 24-25), qui se montrent « impérieux » / « absolute » (III, 1, 92). Le traître, c'est toujours l'autre – comme le suggère aussi l'ouverture de *King Richard II* avec l'affrontement verbal qui oppose Mowbray et Bolingbroke.

Dans *King Lear* et dans *Coriolanus*, les accusations respectives de traître au roi et au peuple romain sont sous-tendues par l'idée de traître au royaume et à la patrie romaine. Ce qui est trahi, c'est l'*êthos* collectif, le nationalisme dont Edward W. Said a montré le lien dialectique qu'il entretenait avec l'exil[89]. Le traître est à même de semer les germes dévastateurs d'une querelle intestine sur le territoire puisqu'il remet en cause la vision géopolitique des instances dirigeantes et, donc, leur compétence, voire leur légitimité. C'est cette justification qu'avance Richard II au moment de bannir Bolingbroke et Mowbray : il les condamne à l'exil pour parer à toute éventualité de guerre civile. Pourtant, il met en avant la notion d'orgueil, orgueil démesuré et susceptible, donc, d'incidence sur la géopolitique. Comment, en effet, la trahison pourrait-elle être motif d'exclusion quand Bolingbroke et Mowbray rendent service au souverain en exposant une trahison qui n'est pas de l'ordre de « low treason » (ou trahison faible, contre un sujet) mais de « high treason » (trahison haute, contre le roi) ? On sait que Richard II les met au ban précisément pour éviter le sujet, car la trahison dont il est question par-delà celle de Mowbray, c'est la sienne.

---

89. Voir Edward W. Said, *Réflexions sur l'exil, et autres essais*, *op. cit.*, p. 241-257.

b. Qui dit *hubris* dit *nemesis*

La même accusation se décline dans les trois pièces : le franc-parler y est interprété comme une manifestation d'*hubris*. Après avoir fait avorter le combat et pris l'avis de son Conseil, Richard II avance deux arguments que l'on pourrait qualifier de « patriotiques » : il serait contre-nature que ses sujets fissent couler leur sang sur le territoire et qu'une querelle personnelle engendrât un conflit civil. Autrement dit, il fait à Bolingbroke et à Mowbray un procès d'intention qu'il fonde sur leur orgueil :

For that our kindgom's earth should not be soiled
With that dear blood which it hath fostered;
And for our eyes do hate the dire aspect
Of civil wounds ploughed up with neighbours' sword;
And for we think the eagle-winged pride
Of sky-aspiring and ambitious thoughts,
With rival-hating envy, set on you
To wake our peace, which in our country's craddle
Draws the sweet infant breath of gentle sleep,
Which so roused up with boist'rous untuned drums,
With harsh-resounding trumpets' dreadful bray
And grating shock of wrathful iron arms,
Might from our quiet confines fright fair peace,
And make us wade even in our kindred's blood:
Therefore, we banish you our territories. (I, 3, 125-139)

Afin que la terre de notre royaume ne soit pas souillée
Par ce sang précieux qu'elle a nourri ;
Et parce que nos yeux haïssent la vision atroce
Des blessures civiles labourées par des épées concitoyennes,
Et parce que nous pensons que c'est l'orgueil au vol d'aigle
De pensées ambitieuses qui aspirent à s'élever jusqu'au ciel,
Ainsi que la rancœur d'une haine rivale, qui vous incitent
À réveiller notre paix, cette paix qui dans le berceau de notre pays
Respire calmement d'un doux sommeil d'enfant ;
Et parce que ainsi réveillée par les tambours bruyants et désaccordés,
Par le braiment horrible des trompettes au son rauque,
Et par le choc grinçant du fer des armes courroucées,
Cette belle paix pourrait fuir de frayeur nos paisibles contrées,

Et nous faire patauger dans le sang de nos frères…
Nous vous bannissons de nos territoires.

Il semble que l'imminence du combat singulier produise chez Richard II des images mentales de guerres intestines, synonymes de discordance, de cacophonie au sens strict de « consonance blessant l'oreille »[90]. Cette violence sonore qui assourdirait l'ensemble du territoire peut se lire comme une expansion imaginaire de l'oreille de Richard II blessée par la *parrêsia*[91], comme une transposition belliqueuse de l'impétueuse détermination des combattants qu'il présente (et sans doute qu'il ressent) comme une forme d'*hubris*. Bolingbroke n'a-t-il pas préparé cette transposition en associant la véridicité de ses dires à l'efficacité de son épée ? À plusieurs reprises, l'attitude de Bolingbroke est perçue comme orgueilleuse, non seulement parce qu'il clame haut et fort la vérité (une vérité voilée parce que le véritable coupable est le roi et non son homme de main), mais aussi parce que son aptitude à la démagogie pourrait lui permettre de prendre la place du roi. Richard II le dit explicitement :

Ourself and Bushy, Bagot here and Green
Observed his courtship to the common people –
How he did seem to dive into their hearts
With humble and familiar courtesy,
What reverence he did throw away on slaves,
Wooing poor craftsmen with the craft of smiles
And patient underbearing of his fortune,
As 't were to banish their affects with him.
[…]
As were our England in reversion his,
And he our subjects' next degree in hope. (I, 4, 23-36)

Nous-même et Bushy, Bagot et Greene,
Avons observé comme il faisait la cour aux gens du peuple,
Comme il donnait l'impression de plonger dans leurs cœurs
Avec une humble et familière courtoisie ;

90. Alain Rey, *Dictionnaire historique de la langue française*, *op. cit.*, art. « caco- », tome 1, p. 570.
91. *Parrêsia* qu'il a lui-même feint d'autoriser : « ourselves will hear / The accuser and the accused freely speak » (I, 1, 16-17) / « nous-même voulons entendre / L'accusateur et l'accusé parler librement ».

> Quel respect il jetait à des esclaves,
> Enjôlant de pauvres artisans par son art des sourires
> Et la patience mise à endurer son sort,
> Comme pour emporter leur affection dans son exil.
> [...]
> Comme si notre Angleterre devait lui revenir de droit,
> Et qu'il fût le prochain espoir de nos sujets.

Pour Richard II, l'*hubris* de Bolingbroke se perçoit dans cette potentielle remise en question de la doctrine du droit divin, dans le fait qu'il puisse se comporter comme si c'était à lui d'être l'élu, « le substitut de Dieu » / « God's substitute » (I, 2, 37). Quelle *nemesis* plus adéquate que celle de mettre au ban celui qui a l'outrecuidance de « territorialiser » affectivement et idéologiquement son propre royaume à son insu ?

N'y aurait-il pas, dans *Coriolanus*, semblable processus à l'œuvre ? Brutus rapporte à Sicinius le retour triomphal de Coriolan après sa victoire à Corioles :

> All tongues speak of him, and the bleared sights
> Are spectacled to see him. Your prattling nurse
> Into a rapture lets her bay cry
> While she chats him; the kitchen malkin pins
> Her richest lockram 'bout her reechy neck,
> Clamb'ring the walls to eye him. Stalls, bulks, windows
> Are smothered up, leads filled and ridges horsed
> With variable complexions, all agreeing
> In earnestness to see him. (II, 1, 201-209)
>
> Toutes les langues parlent de lui, et les yeux chassieux
> Mettent leurs besicles pour le voir. La nourrice bavarde
> Babille à son sujet et laisse pleurer son bébé,
> Dans les transes ; la goton de cuisine épingle
> Son beau fichu autour de son cou graisseux,
> Escaladant les murs pour le voir. Étals, comptoirs, fenêtres
> Suffoquent, les toits de plomb sont surchargés, les pignons chevauchés
> De gens de toutes sortes, qu'anime
> Un seul désir : le voir.

Parce qu'elle laisse présager son élection au consulat, cette « territorialisation » affective – que Coriolan effectue malgré lui – menace d'éclipser le pouvoir nouvellement acquis des tribuns. Comme le souligne Brutus : « Then our office may / During his power go sleep » (II, 1, 218-219) / « Alors notre fonction, / Tant qu'il aura le pouvoir, pourra aller dormir ». Afin d'évincer Coriolan, les tribuns projettent de faire éclater sa colère et de révéler son *hubris*, « l'essor de son insolence » / « his soaring insolence » (II, 1, 250). Il faut que sa *parrêsia* dégénère en *athuroglossos* et que Coriolan lui-même se montre « insolent, / Bouffi d'orgueil, ambitieux au-delà du concevable, / N'aimant que lui-même » / « insolent, / O'ercome with pride, ambitious past all thinking, / Self-loving – » (IV, 6, 32-34). Son *hubris*, tel que Brutus et Sicinius l'interprètent, c'est de ne vouloir prendre en compte ni les voix populaires et leurs demandes, ni leurs tribuns. Révélé au grand jour, et avec éclat, l'*hubris* justifiera la *nemesis* : son expulsion définitive sous peine d'être précipité de la roche Tarpéienne.

Dans *King Lear*, ce rapport de cause à effet est clairement mis en avant par Lear qui mésinterprète le franc-parler comme un refus d'allégeance, une forme de résistance, un contre-discours déplacé. Il va de soi que ce n'est pas lui-même qu'il présente comme l'interprète fautif mais l'*autre*, en l'occurrence Cordelia : « l'orgueil, qu'elle appelle franchise » / « pride, which she calls plainness » (I, 1, 127), affirme-t-il, alors qu'il faudrait sans doute lire : « la franchise, qu'il appelle orgueil » / « plainness, which he calls pride ». C'est le terme de « pride » que Lear renvoie, rageur, aussi bien à Cordelia (I, 1, 127) qu'à Kent (I, 1, 166). Or, accuser d'*hubris*, c'est déjà justifier la *nemesis*. Lear inscrit sa double mise au ban dans un schéma de ce que l'anglais appelle « retribution », en jouant sur les deux sens du mot : « récompense » (ironique) et « châtiment »[92]. Cordelia se voit ainsi asséner un « que ta vérité soit donc ta dot » / « Thy truth then be thy dower »

92. « Retribution, *n.* » : 1. a. « Repayment or recompense for a service, good deed, etc. », 3. « Punishment for bad conduct, criminal actions, etc., typically considered in terms of redress or repaying a debt to society; the avenging of wrong deeds, etc.; vengeance », [Draft Revision Mar. 2010], *Oxford English Dictionary Online*, Oxford University Press, 2009.

(I, 1, 106), tandis que Kent s'entend dire au moment où il est banni : « Take thy reward » (I, 1, 169) / « reçois ta récompense ».

La mise au ban est ainsi justifiée par la mésinterprétation de la trahison et de l'orgueil, mais aussi par la caution d'une tierce personne qui semble avoir valeur de médiation alors qu'elle fait, en réalité, office de trompe-l'œil.

c. La caution trompe-l'œil du tiers

La caution trompe-l'œil du tiers pourrait se définir comme une tentative de légitimer publiquement l'illégitime, ou du moins le suspect. Lear prend les dieux païens à témoin ; les tribuns ont le soutien du peuple ; Richard II consulte son Conseil.

Au moment de bannir Cordelia, Lear convoque les dieux et le cosmos, ces puissances supérieures qui ont l'avantage de rester muettes – ou sourdes. Il drape son abus de pouvoir dans une invocation cosmique, toute de grandiloquence et de mégalomanie ; il en appelle au sacré et au mystère de l'existence qui apparaissent comme des entités irréfutables :

> For by the sacred radiance of the sun,
> The mysteries of Hecate and the night,
> By all the operation of the orbs
> From whom we do exist and cease to be,
> Here I disclaim all my paternal care. (I, 1, 107-111)
>
> Car, par les rayons sacrés du soleil,
> Les mystères d'Hécate, et la nuit,
> Par toute l'influence de ces astres,
> Qui nous font exister et cesser d'être,
> J'abjure ici toute ma tendresse paternelle.

Un peu plus tard, lorsqu'il bannit Kent, c'est par Jupiter qu'il jure pour affirmer le caractère irrévocable de sa sentence. Une fois la tragédie achevée, ces invocations sonnent d'autant plus faux que l'on a pris conscience de l'absence des dieux. Ce glissement du théocentrique à l'anthropocentrique qu'opère Shakespeare à partir du matériau biblique a été souligné par Steven Marx et par Arthur Kirsch pour qui « *King Lear* est plus proche de l'Ecclésiaste, ce livre de l'Ancien Testament dont la perspective est quasiment païenne et qui traite de la vie humaine presque exclusivement dans l'optique de l'immanence de sa fin »[93].

Lorsque, dans *Coriolanus*, les tribuns prennent le peuple pour caution, ils savent que ce dernier n'est ni absent, ni muet comme les dieux de Lear, mais qu'il n'invalidera pas leurs propos, voire qu'il les approuvera et les amplifiera. Ils peuvent donc s'y référer en toute sécurité ; ils maîtrisent l'illusion de la caution populaire. Les tribuns ont su manipuler et instrumentaliser la *vox populi* en lui soufflant des répliques prédictées : ceux qui ont été élus comme porte-parole des plébéiens ont fait de ces mêmes plébéiens leurs porte-voix. Dépourvu de discours intelligible, le peuple est réduit à une fonction amplificatrice de mauvaise qualité : il ne produit que du bruit, qu'une sorte de cacophonie, ce que Brutus qualifie de « confuses clameurs » / « din confused » (III, 3, 20). On connaît, par ailleurs, le *topos* de l'instabilité de la voix populaire qu'Elias Canetti rend par la métaphore du champ de blé parcouru par le vent : « Il est aussi flexible que l'herbe et sujet à l'influence de tous les vents. Les pousses se meuvent d'un seul mouvement au gré du vent ; c'est le champ tout entier qui se courbe simultanément. [...]. Les épis bien fournis sont comme de lourdes têtes ; ils acquiescent ou se détournent selon la provenance du vent »[94]. Aussi, quand les tribuns prétendent parler au nom du peuple, on entend qu'ils prennent la parole en leur nom propre, que le processus démocratique s'apparente à un simulacre. La foule donne une profondeur de champ légitime à des tribuns pour lesquels l'enjeu réside essentiellement dans la préservation d'un pouvoir nouvellement acquis et fragile : le leur.

Richard II, lui, ne trouve sa caution trompe-l'œil ni chez les dieux païens, ni chez les plébéiens, mais dans un pouvoir

93. Arthur Kirsch, « The Emotional Landscape of *King Lear* », *Shakespeare Quarterly*, vol. 39, n° 2, été 1988, p. 156 (ma traduction). Voir aussi Steven Marx, *Shakespeare and the Bible*, Oxford, Oxford University Press, 2000.

94. Elias Canetti, *Crowds and Power* [*Masse und Macht*, 1960], traduction allemande de Carol Stewart, New York/Farrar, Straus and Giroux Editions, 1984, p. 85 (ma traduction).

intermédiaire : son Conseil. Comme l'explicite Pierre Legouis : « Bien qu'il invoque clairement une décision prise "en son Conseil" tout le monde comprend qu'il agit de façon arbitraire, et probablement parce qu'il craint de voir révéler sa propre culpabilité dans l'assassinat de l'un de ses oncles, le duc de Gloucester »[95]. La consultation et la délibération se font hors de l'écoute du spectateur : [*King Richard confers apart with Gaunt and other Nobles*] (I, 3, didascalie entre 122 et 123) / [*Le Roi Richard s'entretient à l'écart avec Gaunt et les autres nobles*][96]. On ignore qui, à part John of Gaunt, compose le Conseil royal, mais on sait que Richard II aime à s'entourer de flatteurs. Il semble par ailleurs significatif que, dans les chroniques de Holinshed, Bushy soit le secrétaire du roi en son Conseil et celui qui prononce la double mise au ban[97]. Le fonctionnement des cours d'assises à l'époque de Shakespeare rend la façon opaque dont la sentence était rendue d'autant plus suspecte : « le dysfonctionnement le plus grave dans les Cours d'Assise à l'époque de Shakespeare était probablement l'asservissement des juges à l'exécutif. Ils étaient nommés *durante bene placito* – révocables selon le bon plaisir du souverain »[98].

Alors qu'elle semblait avoir valeur de médiation et de légitimation, la caution d'un tiers crée une fausse perspective, un effet de profondeur qui dissimule l'affect et le raccourci qu'emprunte l'abus de pouvoir.

95. Pierre Legouis, « Shakespeare et la féodalité », *Études Anglaises*, « Shakespeare, 1564-1964 », n°4, oct.-déc. 1964, p. 470.

96. Ma traduction. Cette didascalie a été ajoutée par Charles R. Forker.

97. Raphael Holinshed, *The Third Volume of Chronicles*, dans *Narrative and Dramatic Sources of Shakespeare*, éd. Geoffrey Bullough, Volume Three: Earlier History Plays: *Henry VI, Richard III, Richard II*, London, Routledge and Kegan Paul, 1960, p. 393.

98. *Shakespeare's England: An Account of the Life & Manners of his Age* (1916), 2 vol., Oxford, Clarendon Press, 1950, tome I, p. 402 (ma traduction).

2. L'abus de pouvoir : surdité, surgissement de l'affect, vengeance personnelle

a. Motifs de la sourde oreille et de l'oreille empoisonnée

L'abus de pouvoir va de pair avec le motif de la sourde oreille, avec ce refus de l'écoute qui peut soit déclencher la *parrêsia*, soit en être la réaction pour parer à ce qui serait vécu comme une nouvelle blessure auditive – essentiellement narcissique. Bannir l'autre signifie le faire taire pour ne plus avoir à l'entendre.

On connaît la propension à la surdité de Richard II lorsqu'il s'agit de remettre en question la façon dont il gouverne son royaume et dont il se comporte à l'égard de sujets jugés gênants. Il reste sourd aux enjeux essentiels qui animent Bolingbroke et Mowbray, l'honneur et « une réputation sans tache » / « spotless reputation » (I, 1, 178), sourd aux points de vue autres que le sien. « Ne vous tourmentez pas et ne fatiguez pas votre souffle ; / Car c'est en vain que les conseils parviennent à son oreille » / « Vex not yourself, nor strive not with your breath, / For all in vain comes counsel to his ear » (II, 1, 3-4), dit York à John of Gaunt mourant. Richard II est atteint de surdité éthique. Lorsqu'il le comprend et le regrette, il est trop tard, car l'ouïe fine ne sert à rien à un roi déposé et, désormais, simple sujet emprisonné. Il ne peut faire que le constat suivant :

> And here have I the daintiness of ear
> To check time broke in a disordered string,
> But for the concord of my state and time
> Had not an ear to hear my true time broke. (V, 5, 45-48)
>
> Mais moi qui ai l'oreille assez fine
> Pour reprocher à ces cordes désaccordées de fausser la mesure,
> Dans le concert de mon gouvernement et de mon temps,
> Je n'ai pas eu d'oreille pour entendre que ma mesure était faussée.

Dans *King Lear*, le refus d'écouter se double du refus de voir, au sens de tolérer la vue de quelqu'un et de s'ouvrir à une perception plus perspicace – glissement du littéral au symbolique qu'opère Kent quand il répond à Lear : « See better, Lear, and let me still remain / The true blank of thine eye » (I, 1, 156-157) / « Vois plus clair, Lear, et laisse-moi demeurer toujours / La ligne de mire de ton œil ». Le motif de la sourde oreille, chez Lear, se comprend comme le point de départ d'une gradation qui aboutit à l'abus de pouvoir : hors écoute (« Kent, on thy life, no more! », I, 1, 153 / « Kent, sur ta vie, assez »), hors vue (« Out of my sight! », I, 1, 155 / « Hors de ma vue ! »), hors royaume (« turn thy hated back / Upon our kingdom », I, 1, 172-173 / « tourner ton dos exécré / À notre royaume »). L'abus de pouvoir nie l'autre en tant qu'être doué de parole et de pensée, en tant que présence, en tant que sujet. Une fois l'écoute rejetée, la parole impérialiste peut envahir l'intégralité du champ qui s'offre à elle. C'est aussi ce qui se produit dans la scène de l'énucléation de Gloucester. Les accusations martelées de « traître » / « traitor » (III, 7, 3, 22, 26, 30, 35) et de « scélérat » / « villain » (III, 7, 32, 85) disent, en creux, la surdité à la défense de Gloucester et à son point de vue.

Dans *Coriolanus*, deux discours totalitaires s'affrontent et s'assourdissent mutuellement : celui de Coriolan et celui des tribuns. Les tribuns ont compris que pour mettre Coriolan hors jeu, il fallait d'abord le mettre hors de lui afin qu'il s'épanchât sans retenue et fût hors d'état d'écouter quiconque. Même à Menenius et à Cominius, il oppose un « [j]e ne veux plus rien savoir » / « I'll know no further » (III, 3, 88) définitif. L'intransigeance des tribuns, quant à elle, se dit dans leur refus de prêter l'oreille à Cominius qui demande la parole en tant qu'ancien consul, dans une ultime tentative pour sauver Coriolan. Cominius s'entend répondre : « He's sentenced. No more hearing » (III, 3, 109) / « La sentence est tombée. Nous n'écoutons plus ».

Le motif de la sourde oreille s'accompagne, en général, de celui de l'oreille empoisonnée. Dans *Coriolanus*, on pense à l'oreille des plébéiens enflammée par les propos insidieux des tribuns. La métaphore du poison distillé dans le creux de l'oreille, qui parcourt *Hamlet* et *Othello*, s'y lit en filigrane. Le verbe « suggest » est employé de façon tout à fait suggestive : « We must suggest the people in what hatred / He still hath held them » (II, 1, 241-242) / « Nous devons rappeler au peuple en quelle haine / Il l'a toujours tenu » ; « This, as you say, suggested / At time when his soaring insolence / Shall touch the people » (II, 1, 249-251) / « Cela (comme vous dites) insinué / À un moment où l'essor de son insolence / Enflammera le peuple ». Dans *King Lear*, c'est l'oreille de Lear qui est déformée par la surenchère rhétorique de ses filles et l'empoisonnement auriculaire produit un effet d'aveuglement. Dans *King Richard II*, c'est celle de Richard II qui est assourdie par les flatteurs gravitant autour de sa personne royale. York en fait une description précise :

> [...] it is stopped with other, flatt'ring sounds,
> As praises, of whose taste the wise are fond;
> Lascivious metres, to whose venom sound
> The open ear of youth doth always listen;
> [...]
> Where doth the world thrust forth a vanity –
> So it be new, there's no respect how vile –
> That is not quickly buzzed into his ears? (II, 1, 17-26)

> [...] elle est bouchée par d'autres sons flatteurs,
> Par des louanges dont même les sages sont épris,
> Des poèmes lascifs dont l'oreille de la jeunesse
> Est toujours prête à écouter les sons empoisonnés,
> [...]
> Le monde lance-t-il quelque part une seule vanité –
> Pour peu qu'elle soit nouvelle, qu'importe qu'elle soit médiocre –
> Qu'on ne s'empresse de bourdonner à ses oreilles ?

L'oreille dont le conduit auditif est empoisonné, et donc sourd (« stopped » / « bouché ») à ce qui sonne juste, pourrait évoquer cet « instrument sans cordes » / « stringless instrument » (II, 1, 149) qui sert de métaphore à un John of Gaunt que la mort a rendu aphone. Rien ne sert d'avoir l'oreille absolue quand ce sont des flatteurs qui donnent le la, quand les cordes ne peuvent plus être pincées : l'attente est déjouée, le discours faux, la musique muette. L'image du conduit bouché répond à celle de la langue inerte. Et, langue ou oreille, l'organe défectueux (l'instrument amputé) annonce chaque fois, par synecdoque, la mort de son possesseur.

Ces deux motifs (oreille empoisonnée et sourde oreille) fonctionnent comme des polarités contraires : d'un côté, un excès de perméabilité qui, pour ainsi dire, « accueille » l'empoisonnement ; de l'autre, la mise en place d'une paroi implacablement étanche sur laquelle la parole d'autrui se brise, mais que traverse, dans le sens inverse, l'affect du sujet qui l'a mise en place.

b. *King Lear* et la « force de catapulte » [99] de l'affect

Est symptomatique de l'abus de pouvoir le surgissement de l'affect chez le sujet qui s'apprête à le pratiquer. Ce surgissement, Gilles Deleuze et Félix Guattari l'opposent au sentiment et le définissent ainsi : « L'affect est la décharge rapide de l'émotion, la riposte, alors que le sentiment est une émotion toujours déplacée, retardée, résistante. Les affects sont des projectiles autant que des armes, tandis que les sentiments sont introceptifs comme les outils »[100]. C'est ce qui est à l'œuvre dans la scène d'ouverture de *King Lear* : le courroux soudain de Lear – « wrath » – dit l'abus de pouvoir, le processus déloyal, l'effet de riposte que déclenche la *parrêsia*. Le « [r]ien » / « Nothing » (I, 1, 85, 87) de Cordelia opère, à son insu, la transformation radicale de l'amour paternel (sentiment) en haine infanticide (affect). Gilles Deleuze et Félix Guattari expliquent :

> [...] les sentiments sont arrachés à l'intériorité d'un « sujet » pour être violemment projetés dans un milieu de pure extériorité qui leur communique une vitesse invraisemblable, une force de catapulte : amour ou haine, ce ne sont plus du tout des sentiments, mais des affects. [...]. Les affects traversent le corps comme des flèches, ce sont des armes de guerre[101].

99. Gilles Deleuze et Félix Guattari, *Mille plateaux. Capitalisme et schizophrénie 2*, *op. cit.*, p. 440.

100. *Ibid.*, p. 498.

101. *Ibid.*, p. 440.

Le courroux de Lear est une « arme de guerre » qui outrepasse toute forme de justice. Lorsque Lear renie Cordelia sans autre forme de procès, Kent tente de faire entendre la voix jusqu'alors étouffée de la justice et conseille avec fermeté : « Reserve thy state, / And in thy best consideration check / This hideous rashness » (I, 1, 147-149) / « Garde ta souveraineté, / Et, par une sage réflexion, refrène / Ce hideux emportement ». Le terme d'« emportement » / « rashness » suggère la précipitation, le manque de jugement, l'absence de procédure légale – « rash » signifie : « characterized by or proceeding from undue haste, recklessness, or lack of consideration »[102]. Autrement dit, la mise au ban de Cordelia procède d'une initiative et d'un raccourci personnels, effets de la contrariété d'un seul individu, dépourvus de cadre législatif. Jane Kingsley-Smith nous rappelle que le bannissement ne faisait pas partie du droit coutumier anglais, à la différence de l'abjuration et de la mise hors la loi[103]. Étaient déclarés hors la loi *in absentia* les criminels qui échappaient à l'emprise des autorités et prenaient soin de ne pas comparaître lors de leur propre procès. Ils se voyaient, en conséquence, privés non seulement de leurs terres et de leurs biens, mais aussi de tout droit légal, et étaient donc considérés comme *civiliter mortuus*. Quant à l'abjuration, il s'agissait pour les criminels dont la peine était l'exil de déclarer solennellement, en public, qu'ils s'engageaient à quitter leur pays à jamais, renonçant ainsi à leurs biens et à leur famille. Le banissement de Cordelia et de Kent évoque, en partie, la pratique de l'abjuration. Celui d'Edgar se rapproche davantage d'une mise hors la loi. Or, la nature même du crime et la légitimité de la peine n'en restent pas moins suspectes.

La référence ironique de France à la légalité au moment où il décide de faire de Cordelia sa femme et sa reine – « Be it lawful, I take up what's cast away » (I, 1, 251) / « Qu'il me soit permis de prendre ce qui est rejeté » – souligne l'incongruité et l'illégitimité

102. *Oxford English Dictionary Online*, Oxford University Press, 2009, art. « rash, *adj.* and *adv.* », A. *adj.* 1. b. [Draft Revision Mar. 2010].
103. Voir Jane Kingsley-Smith, *Shakespeare's Drama of Exile*, *op. cit.*, p. 8-15.

du châtiment de Cordelia, laissant entendre que la loi de Lear est sens dessus dessous. On comprend mieux, en revanche, les raisons légitimes que Gloucester pourrait avoir de renier son fils et de lui imposer l'exil, puisque le crime qu'on impute à Edgar n'est autre que l'intention d'homicide, pire de parricide. Pourtant, Gloucester n'en est pas moins sur le point de commettre, lui aussi, un abus de pouvoir. Il va faire déclarer son fils légitime hors la loi sans envisager de passer par la phase légale du procès :

> Let him fly far,
> Not in this land shall he remain uncaught,
> And found, dispatch. (II, 1, 55-57)
>
> Qu'il fuie loin :
> Ce n'est pas sur cette terre qu'il restera sans être pris ;
> Et sitôt pris, exécuté.

Pour légitimer cette chasse à l'homme, Gloucester se réclame de l'autorité de Cornwall : « All ports I'll bar. The villain shall not scape. / The Duke must grant me that » (II, 1, 79-80) / « Tous les ports, je les ferai surveiller, le traître ne s'échappera pas ; / Il faut que le duc m'accorde cela ». Or, Cornwall est justement celui qui prend certaines libertés vis-à-vis de la loi et qui, dans le cas présent, autorise Gloucester à laisser libre cours à son sens personnel de la justice :

> If he be taken, he shall never more
> Be feared of doing harm. Make your own purpose
> How in my strength you please. (II, 1, 109-111)
>
> S'il est pris, il n'y aura plus à craindre
> Qu'il fasse du mal. Pour mener votre action,
> Usez de mon pouvoir comme il vous plaira.

L'excès de contrariété indissociable de l'abus de pouvoir, qui « catapulte » presque instantanément l'être indésirable hors d'un territoire déterminé, devient perceptible dans la récurrence du terme « wrath »[104] qui dit quelque chose de l'ordre

104. « Wrath, *n.* » : 1. « Vehement or violent anger; intense exasperation or resentment; deep indignation », 4. « Anger displayed in action; the manifestation of anger and fury, esp. by way of retributory punishment; vengeance », *Oxford English Dictionary Online*, Oxford University Press, 2009.

du courroux individuel, du ressentiment intense, de la soif de vengeance. Lorsque Kent tente de s'interposer en faveur de Cordelia, Lear lui enjoint : « Come not between the dragon and his wrath! » (I, 1, 120) / « Ne t'interpose pas entre le dragon et son courroux ». Parce que Kent ne tient pas compte de cette injonction, Lear le bannit en alléguant : « [...] thou hast sought [...] / [...] / To come bewixt our sentence and our power » (I, 1, 165-167) / « Tu t'interposes entre la sentence et l'exécution ». Ces vers entrent en résonance à la façon d'un chiasme, comme si « power » reprenait « dragon » et « sentence » se substituait à « wrath », suggérant alors une équation imaginaire entre « wrath » et « sentence ». « Sentence » – « judgement or decision of a court in any civil or criminal case »[105] – semble donc donner une coloration légale et incontestable à l'excès de colère personnelle et à la dérive qui en résulte. William Dodd a souligné la connotation tyrannique qui, dans ce cas de figure, s'attache au mot « wrath » :

> On peut imaginer, dans ce contexte, que le dragon est l'emblème des rois britanniques. En tant que tel, il symbolise la colère *justifiée* des monarques offensés, colère généralement représentée par le rugissement du lion. Mais, pour un auditoire élisabéthain et jacobéen, le courroux des souverains ne s'interprétait pas uniquement comme le rugissement « naturel », donc justifié, du roi des animaux. Comme en témoigne l'Hérode fulminant des « mystery plays », ce courroux pouvait aisément exprimer la rage des tyrans. Et quand la rage des tyrans se faisait appeler courroux du dragon, elle évoquait, pour un grand nombre, l'Apocalypse, le dragon courroucé étant l'une des incarnations du diable le jour du Jugement dernier. À cet instant précis et crucial, le comportement de Lear prend donc une connotation diaboliquement tyrannique[106].

Cette connotation se confirme avec l'assertion de Kent à Lear : « whilst I can vent clamour from my throat / I'll tell thee thou dost evil » (I, 1, 162-163) / « tant que je pourrai exhaler des cris

105. *Ibid.*, art. « sentence, *n.* », 3. b.
106. William Dodd, « Impossible Worlds: What happens in *King Lear*, Act I, Scene 1 », *Shakespeare Quarterly*, vol. 50, n°4, hiver 1999, p. 503 (ma traduction). Les italiques sont de l'auteur.

de ma gorge, / Je te dirai que tu fais mal ». De façon significative, lorsque Gloucester prend conscience de son erreur de jugement, il recourt aussi au terme « wrath » : « O dear son Edgar, / The food of thy abusèd father's wrath – » (IV, 1, 21-22) / « Oh ! cher fils Edgar, / Aliment du courroux de ton père abusé ! ». C'est, cependant, l'emploi qu'en fait Cornwall qui associe le plus clairement « wrath » à l'abus de pouvoir, lorsqu'il déclare, avant d'énucléer Gloucester :

> Though well we may not pass upon his life
> Without the form of justice, yet our power
> Shall do a curtsy to our wrath, which men
> May blame but not control. (III, 7, 23-26)
>
> Bien que nous ne puissions le condamner à mort
> Sans observer les formes de la justice, pourtant notre pouvoir
> Laissera le champ libre à notre courroux,
> Que l'on pourra blâmer mais non point contenir.

Cette colère qui rend imperméable à toute forme de pitié, à ce qu'Emmanuel Housset appelle l'« attention à la singularité d'autrui, le lieu où s'abrite notre humanité »[107], c'est aussi celle qui fait oublier à Coriolan qu'il pourrait sauver un honnête homme et lui témoigner ainsi sa gratitude :

> I sometime lay here in Corioles,
> At a poor man's house. He used me kindly.
> He cried to me; I saw him prisoner;
> But then Aufidius was within my view,
> And wrath o'erwhelmed my pity. (I, 10, 82-86)
>
> J'ai quelque temps séjourné ici à Corioles,
> Dans la maison d'un pauvre homme ; il me traita avec bonté.
> Je l'ai vu prisonnier ; il m'implorait.
> Mais alors Aufidius s'offrait à ma vue,
> Et ma fureur submergea ma pitié.

Or, dans *Coriolanus* et dans *King Richard II*, dans une moindre mesure, l'affect est davantage utilisé comme pierre de touche.

107. Emmanuel Housset, *L'Intelligence de la pitié. Phénoménologie de la communauté*, Paris, Éditions du Cerf, coll. « La nuit surveillée », 2003, p. 9.

c. L'affect comme pierre de touche dans *King Richard II* et dans *Coriolanus*

Contrairement à ce qui se passe dans *King Lear*, dans *King Richard II* et dans *Coriolanus*, l'affect, essentiellement le courroux, n'est plus à lire comme symptomatique de l'abus de pouvoir mais comme la faille de celui qui va subir cet abus de pouvoir, son *hamartia*. La fonction catapulte de l'affect fait retour, créant ainsi un effet « boomerang ». L'affect est présenté par le bannisseur comme une forme dangereuse d'excès, une menace pour la paix civile, qui justifie la mise au ban. À plusieurs reprises, Richard II souligne l'affect qui traverse Mowbray et Bolingbroke, qui fait d'eux des « [g]entilshommes enflammés par le courroux » / « Wrath-kindled gentlemen » (I, 1, 152), et qui menace de les transformer en « machine de guerre » : « High-stomached are they both and full of ire, / In rage, deaf as the sea, hasty as fire » (I, 1, 18-19) / « Tous deux sont arrogants, furieux, dans leur colère / Emportés comme feu et sourds comme la mer ». Et l'on sait que l'argument donné par Richard II pour bannir Mowbray et Bolingbroke tient dans la vision de la guerre civile que cet affect (sous-tendu par un sentiment d'*hubris*) pourrait déclencher, vision évoquée métonymiquement par le « fer des armes courroucées » / « wrathful iron arms » (I, 3, 136).

La colère impulsive est le levier par lequel les tribuns entendent agir sur Coriolan, ce que les citoyens n'ont pas su faire, d'où le reproche de Sicinius : « So putting him to rage, / You should have ta'en th'advantage of his choler / And passed him unelected » (II, 3, 193-195) / « L'ayant mis en fureur, / Vous auriez pris avantage de sa colère / Pour ne pas l'élire » . C'est l'ultime conseil de Brutus à Sicinius, avant le second affrontement qui se soldera par le bannissement de Coriolan :

> Put him to choler straight. He hath been used
> Ever to conquer and to have his worth
> Of contradiction. Being once chafed, he cannot
> Be reined again to temperance. Then he speaks
> What's in his heart, and that is there which looks
> With us to break his neck. (III, 3, 25-30).

Mettez-le tout de suite en colère. Il a toujours été habitué
À conquérir et à avoir son content
D'invectives. Une fois échauffé, impossible
De le brider et de le modérer. Il dit
Ce qu'il a dans le cœur, et là est notre espoir
De lui briser la nuque.

Les tribuns, plus encore que Richard II, exploitent à leur avantage ce que Gilles Deleuze et Félix Guatarri nomment la « vitesse de déterritorialisation de l'affect »[108] : ils bannissent Coriolan. Or, n'est-ce pas Coriolan qui a fait le lit de sa « déterritorialisation » en laissant libre cours au flux de sa langue et à son fiel, en voulant empêcher les tribuns de s'approprier une partie du Capitole ? Les tribuns présentent leur « abus de pouvoir » comme une juste conséquence de l'affect « déterritorialisant » de Coriolan qui le fait tirer son épée plutôt que se soumettre à leur ordre d'arrêt :

He hath resisted law,
And therefore law shall scorn him further trial
Than the severity of the public power,
Which he so sets at naught. (III, 1, 269-272)

Il a défié la loi,
Aussi la loi lui refuse avec morgue toute autre forme de procès
Que la sévérité de la puissance publique,
Dont il fait si peu de cas.

L'honneur et l'*hamartia* apparaissent comme l'avers et l'envers d'une même médaille ; la force constituante de l'individu vertueux devient sa faille tragique ; l'éthique de conviction et la *parrêsia* se laissent déborder par l'affect. Dans sa manifestation incontrôlée, dans ce qui, en lui, peut relever de l'affect, l'excès d'honnêteté rejoint paradoxalement l'abus de pouvoir.

3. Abus, amputation, pratique contre-nature

La « force de catapulte »[109] de l'affect projette hors de soi avec une telle violence que le déracinement territorial qu'entraîne la mise au ban s'exprime par des métaphores de

108. Gilles Deleuze et Félix Guatarri, *Mille plateaux. Capitalisme et schizophrénie 2*, *op. cit.*, p. 440.
109. *Id.*

démembrement et d'amputation : le banni s'évoque par métonymie, par des images qui disent la « qualité » contre-nature de l'abus. L'« effet retour » de la *parrêsia* ne se déchiffre pas seulement dans l'abus de pouvoir qui s'autorise la mise au ban de l'indésirable : il transperce, dépèce et dénature. Il convoque l'imaginaire du supplice.

a. Métonymie, démembrement, supplice

Les personnages bannis sont, de façon trop récurrente pour être anodine, désignés par des parties du corps, selon un processus métonymique auquel s'allie généralement la figure de l'hypallage – la partie concentre l'affect qui vise le tout, l'ensemble du corps et surtout la personne. Pour Lear, Kent n'est plus qu'un « dos exécré » / « hated back » (I, 1, 172), qu'un « corps banni » / « banished trunk » (I, 1, 174). Pour Richard II, chaque partie du corps du banni est marquée du sceau du bannissement et, donc, réduite à un corps étranger. Aussi ordonne-t-il à Mowbray et à Bolingbroke : « Lay on our royal sword your banished hands » (I, 3, 179) / « Posez vos mains bannies sur notre épée royale ». Lorsque Bolingbroke rompt le ban et revient en armes dans son pays, York lui demande : « Why have those banished and forbidden legs / Dared once to touch a dust of England's ground ? » (II, 3, 90-91) / « Pourquoi ces jambes bannies, ces pieds proscrits / Ont-ils, ne fût-ce qu'une fois, osé toucher un seul grain de poussière du sol anglais ? ». À l'évidence, ces métonymies sont une énonciation de type polémique et produisent un « effet injure »[110]. Ou, pour reprendre la terminologie de Marc Bonhomme, elles sont une « invective focalisante », c'est-à-dire une invective dont le procédé favori est « la focalisation synecdotique »[111].

---

110. Évelyne Larguèche, *L'Effet Injure. De la pragmatique à la psychanalyse*, *op. cit.*

111. Marc Bonhomme, *Le Discours métonymique*, Berne, Peter Lang, coll. « Sciences pour la communication », 2006, « 1.3 Métonymie et énonciation polémique. Le cas de l'invective », p. 170.

Que signifient ces métonymies au-delà de « l'effet injure » ? Sans doute soulignent-elles la perte d'unité d'un individu que l'on prive de son statut de sujet et qui devient, par la force de la sentence, étranger à son lieu d'origine, à son pays, à son souverain ; sans doute disent-elles la séparation par rapport à un tout qui, pour Edward W. Said, s'exprime en termes de fissure et va vers le discontinu de l'exil[112]. En isolant une partie du corps, un membre parmi d'autres, peut-être suggèrent-elles que le bannissement est sous-tendu par une dimension de supplice, qu'il crée un éclatement psychique, qu'il y a un démembrement mental à l'œuvre chez le banni. Dans le vécu de la mise au ban, dans l'éloignement forcé, dans la rupture imposée, il y aurait quelque chose de l'ordre de l'écartèlement du supplicié. Ce n'est d'ailleurs pas un hasard si, avant de revenir à la sentence du bannissement, les tribuns projettent de précipiter Coriolan depuis la roche Tarpéienne et si Coriolan fait se côtoyer, comme si elles étaient sur un même plan, images d'exil (errance et famine) et images de supplices (précipitation ou écorchement) :

> Let them pronounce the steep Tarpeian death,
> Vagabond exile, flaying, pent to linger
> But with a grain a day, I would not buy
> Their mercy at the price of one fair word. (III, 3, 89-92)
>
> Qu'ils me condamnent aux abîmes de la mort Tarpéienne,
> À l'exil vagabond, à être écorché vif, ou emprisonné
> Avec un grain de blé par jour pour subsistance, je n'achèterai pas
> Leur pitié au prix d'une seule bonne parole.

Dans *King Lear*, le fait qu'Edgar se fasse passer pour un « Bedlam beggar » afin d'échapper à sa mise hors la loi permet aussi de souligner la frontière ténue qui sépare l'exclusion du supplice. Edgar sait que les mendiants de Bedlam « [p]lantent dans leurs bras nus et engourdis, insensibles, / Épingles, échardes, clous, brindilles de romarins » / « Strike in their

---

112. Voir Edward W. Said, *Réflexions sur l'exil, et autres essais*, *op. cit.*, p. 241 – « C'est la fissure à jamais creusée entre l'être humain et sa terre natale, entre l'individu et son vrai foyer » – et p. 246 – « l'exil, à la différence du nationalisme, est une situation fondamentalement discontinue ».

numbed and mortifièd arms / Pins, wooden pricks, nails, sprigs of rosemary » (II, 2, 172-173), pour exhiber un corps mutilé. Il sait que son esprit doit feindre de vivre dans le tourment perpétuel des supplices imaginaires que lui font subir les démons qui le possèdent. Aussi se présente-t-il comme celui « que le noir démon a mené à travers le feu et la flamme, à travers les gués et les tourbillons, par les marécages et les bourbiers, qui a glissé des couteaux sous son oreiller, une corde pour se pendre dans le vide » / « whom the foul fiend hath led through fire and through flame, through ford and whirlpool, o'er bog and quagmire; that hath laid knives under his pillow and halters in his pew » (III, 4, 49-52). La mise au ban serait une peine qui comporterait une dimension de supplice – selon Michel Foucault, « toute peine un peu sérieuse devait emporter avec soi quelque chose du supplice »[113] –, mais de supplice intérieur, sans éclat, et pourtant toujours supplice puisque la mise au ban peut aussi se considérer comme « un art de retenir la vie dans la souffrance »[114], ici psychique. De façon plus générale, la mise au ban s'accompagne d'images d'amputation de parties vitales à l'individu, à son expression, à sa reproduction et à sa transmission.

b. Images d'amputation

Dans *King Lear* et dans *King Richard II*, la mise au ban s'accompagne d'une dépossession matérielle et sociale qui s'interprète comme une amputation de la valeur de l'individu. Cordelia se voit privée de dot, avec pour conséquence immédiate une dévaluation – « her price is fallen » (I, 1, 194) / « son prix a baissé » – et une réduction de la qualité de son être qui, aux yeux de Lear, n'est plus que « ce petit semblant de substance » / « that little seeming substance » (I, 1, 195). La métaphore qu'emploie France, quand il s'interroge sur le revirement soudain de Lear et sur ce qu'a pu commettre Cordelia

113. Michel Foucault, *Surveiller et Punir. Naissance de la prison*, Paris, Gallimard, coll. « Tel », 1975, chapitre II « L'éclat des supplices », p. 42.
114. *Ibid.*, p. 43.

pour « qu'elle se voie dépouillée / De tous les vêtements de [sa] faveur » / « to dismantle / So many folds of favour » (I, 1, 214-215), fait entendre « dismantle » au sens d'enlever plusieurs couches – « strip off or remove ». Or, on ne peut s'empêcher d'y percevoir en filigrane le sens de démanteler – « pull down, take to pieces »[115] –, ce que fait Lear, en effet, d'abord géographiquement, puis familialement. Lorsque Bolingbroke est déshérité à la mort de son père et que Richard II s'approprie « [l]es prérogatives et les droits du banni Hereford » / « The royalties and rights of banished Hereford » (II, 1, 190), la gravité de cette double usurpation est rendue par la métaphore de la castration : aux yeux de Ross, Bolingbroke est « spolié et châtré de son patrimoine » / « Bereft and gelded of his patrimony » (II, 1, 237). François Laroque précise : « Il s'agit ni plus ni moins d'une castration symbolique, dont l'abattage des bois de haute futaie (« *parks* ») constitue par ailleurs un équivalent au plan de l'enracinement et des liens organiques que tout seigneur était censé entretenir avec ses domaines »[116].

Pour Mowbray, la mise au ban est synonyme de castration linguistique, l'organe de l'expression et de la communication, la langue, étant tout aussi vital que celui de la reproduction :

> The language I have learnt these forty years,
> My native English, now I must forgo,
> And now my tongue's use is to me no more
> Than an unstringed viol or a harp,
> Or like a cunning instrument cased up –
> Or, being open, put into hands
> That knows no touch to tune the harmony.
> Within my mouth you have engaoled my tongue,
> Doubly portcullised with my teeth and lips. (I, 3, 159-167)

115. *Oxford English Dictionary Online*, Oxford University Press, 2009, art. « dismantle, *v.* », 3., 5.

116. François Laroque, « *Richard II* : le corps et la carte », dans Henri Suhamy (dir.), *Richard II. William Shakespeare*, Paris, Ellipses, 2004, p. 74. C'est Bolingbroke qui évoque l'abattage de ses bois par Bushy et Green lors de son accusation publique : « [...] you have fed upon my signories, / Disparked my parks and felled my forest woods » (III, 1, 22-23) / « [...] vous vous nourrissiez de mes domaines, / Saccagiez mes parcs, abattiez mes bois forestiers ».

> Le langage que j'apprends depuis ces quarante ans,
> Mon anglais natal, je dois y renoncer,
> Et désormais ma langue ne m'est pas plus utile
> Qu'une viole ou une harpe sans leurs cordes,
> Un instrument subtil enclos dans son étui
> Ou que l'on sort pour le mettre en des mains
> Qui n'en connaissent pas le doigté et n'en tirent aucune harmonie.
> Vous avez incarcéré ma langue dans ma bouche
> Derrière la double herse de mes dents et de mes lèvres.

Or, la métaphore de l'instrument sans cordes se lit comme une image de mort, de silence éternel – on se souvient de l'annonce du décès de John of Gaunt. La castration linguistique, Mowbray ne s'y trompe pas, est bien l'équivalent de « la mort muette » / « speechless death » (I, 3, 172). C'est à cet instant que l'on retrouve l'idée de « supplice[s] "symbolique[s]" où la forme de l'exécution renvoie à la nature du crime »[117] : bannir, c'est faire taire celui dont on craint que la langue ne se délie parce qu'il en sait trop et pourrait parler franc, c'est exclure de l'espace verbal en proposant une « mutilation » / « maim » (I, 3, 156) linguistique.

Se pose aussi la question du nom que l'on éradique par le bannissement, nom qui assure l'identité mais aussi la transmission symbolique de la filiation. Edgar et Coriolan emploient tous deux la métaphore du nom cannibalisé. Edgar ne peut se présenter au héraut qu'en disant : « Know, my name is lost, / By treason's tooth bare-gnawn and canker-bit » (V, 3, 111-112) / « Sachez que mon nom est perdu, / Rongé par la dent de la trahison et mangé par les vers ». Coriolan, quant à lui, précise à Aufidius qu'il a perdu son nom de Martius Caius, symbole de sa romanité, et qu'il ne lui reste que le surnom glorieusement acquis à Corioles :

> Only that name remains.
> The cruelty and envy of the people,
> Permitted by our dastard nobles, who
> Have all forsook me, hath devoured the rest. (IV, 5, 74-77)

117. Michel Foucault, *Surveiller et Punir. Naissance de la prison*, *op. cit.*, p. 55.

> [...] seul ce nom me reste.
> La cruauté et la haine du peuple,
> Autorisées par la poltronnerie des nobles, qui
> M'ont tous abandonné, ont dévoré le reste.

Mettre au ban, c'est amputer le royaume d'un de ses sujets, la république d'un de ses citoyens ; comme par analogie, c'est aussi amputer le sujet banni d'un des éléments – si ce n'est de plusieurs – qui le constituent. Or, ainsi que le suggèrent les derniers exemples concernant le nom, la métaphore de l'amputation se double d'une métaphore de dévoration qui évoque la pratique contre-nature du cannibalisme.

c. Bannir le même : une pratique contre-nature

Plusieurs termes surgissent pour commenter le bannissement abusif. Tous soulignent une pratique contre-nature : « hideux » / « hideous » (*King Lear*, I, 1, 149) ; « contre nature », « dénaturée » / « unnatural » (*King Lear*, I, 1, 220 ; *Coriolanus*, III, 1, 295) ; « cruauté » / « unkindness » (*King Richard II*, II, 1, 133) ; « ingrat » / « thankless » (*Coriolanus*, IV, 5, 71) ; « qui [t']infecte » / « foul » (*King Lear*, I, 1, 161) . L'adjectif « foul » dit particulièrement l'abus de pouvoir dans les sens qu'il décline : « disgustingly abusive », « contrary to rule or established custom », « unfair or treacherous dealing, often with the additional notion of roughness or violence »[118].

Le contre-nature réside dans l'action de bannir le même, d'éloigner le proche, dirait Richard Marienstras : celui qui fait partie de la famille (Cordelia ; Edgar ; Bolingbroke), celui qui appartient à la même patrie (Coriolan), celui qui est une figure de loyauté indéfectible (Kent ; Mowbray). On décèle une sorte d'autodémantèlement ou d'autodémembrement à l'œuvre qui s'apparente, métaphoriquement, à une pratique cannibale : bannir le même, c'est comme dévorer sa propre famille, agir en barbare et attester que « la sauvagerie peut surgir au cœur même de la civilité »[119]. On pense au Scythe anthropophage que

---

118. *Oxford English Dictionary Online*, Oxford University Press, 2009, art. « foul, *a.*, *adv.* and *n.* », respectivement A. *adj.* II. 8., II. 14., II. 14. b. [Second Edition 1989].
119. Richard Marienstras, *Le Proche et le Lointain*, *op. cit.*, p. 15.

convoque Lear en contrepoint, double de lui-même dans lequel, ironiquement, il échoue à se reconnaître :

The barbarous Scythian,
Or he that makes his generation messes
To gorge his appetite, shall to my bosom
Be as well neighboured, pitied, and relieved
As thou, my sometime daughter. (I, 1, 114-118)

Le Scythe barbare,
Ou celui qui fait de sa progéniture des mets
Pour assouvir son appétit, trouvera dans mon cœur
Autant d'affection, de pitié, et de réconfort,
Que toi naguère ma fille.

Il y a en Lear, à cet instant précis, une dimension de l'ordre du « devenir-cannibal »[120]. On pense à Richard II, pélican qui s'est abreuvé du sang de son oncle Gloucester, et à ses abus qui, selon la prophétie de John of Gaunt, vont entraîner sa propre destruction : « His rash fierce blaze of riot cannot last, / For violent fires soon burn out themselves » (II, 1, 33-34) / « La rage et l'impétueux brasier de ses débordements ne peuvent pas durer, / Car les feux brûlants se consument eux-mêmes ». On pense aux propos vengeurs que tient Volumnia aux tribuns, au fantasme barbare qu'elle se joue : « I would my son / Were in Arabia, and thy tribe before him, / His good sword in his hand » (IV, 2, 25-27) / « je voudrais que mon fils / Soit en Arabie et qu'il soit face à ta tribu / Sa ferme épée à la main ». C'est Menenius qui souligne le mieux le caractère contre-nature de cette mise au ban lorsqu'il réplique aux tribuns :

Now the good gods forbid
That our renownèd Rome, whose gratitude
Towards her deservèd children is enrolled
In Jove's own book, like an unnatural dam
Should now eat up her own! (III, 1, 292-296)

Puissent les dieux bienveillants empêcher
Que notre illustre Rome, dont la gratitude

120. Le terme de « devenir » est emprunté à Gilles Deleuze et Félix Guattari. Il sera défini ultérieurement.

> Pour ses fils méritants est inscrite
> Dans le livre même de Jupiter, comme une mère dénaturée
> Ne dévore les siens !

Il y aurait dans l'abus de pouvoir quelque chose qui rongerait subrepticement le même, une « puissance de meute »[121] qui serait à double détente, visant à détruire radicalement autrui mais ne laissant pas non plus indemne son identité propre.

« Œil pour œil, dent pour dent ». Il n'est pas anodin que la loi du talion s'exprime par métonymie, métonymie dans laquelle le dépècement menace. « Œil pour œil, dent pour dent » pourrait métaphoriquement devenir « "déterritorialisation" pour "déterritorialisation" » car, si l'expulsion du territoire est bien littérale dans le cas de la mise au ban, elle ne s'en inscrit pas moins dans un engrenage d'effets retour – en amont comme en aval – qui ont une fonction « déterritorialisante ».

III. L'effet talion : « déterritorialisation » pour « déterritorialisation »

La mise au ban relève d'une décision supposée de justice : c'est une sanction, une intimation d'expulsion rendue publique qui n'a d'alternative que la mort si elle n'est pas suivie d'effet, si elle ne se constate pas géographiquement dans les jours qui suivent. La « déterritorialisation » suppose une « territorialisation » préalable, l'attachement particulier à un territoire. Or, comme le souligne François Zourabichvili, « le concept de territoire implique certes l'espace, mais ne consiste pas dans la délimitation objective d'un lieu géographique. La valeur du territoire est existentielle : il circonscrit pour chacun le champ du familier et de l'attachant, marque les distances avec autrui et protège du chaos »[122]. La notion de « déterritorialisation » est d'autant plus intéressante que les territoires sont multiples et de nature diverse. Elle invite à comprendre l'homme dans son

---

121. Gilles Deleuze et Félix Guattari, *Mille Plateaux. Capitalisme et schizophrénie 2*, *op. cit.*, p. 294.

122. François Zourabichvili, *Le Vocabulaire de Deleuze*, *op. cit.*, art. « déterritorialisation (et territoire) », p. 28.

rapport aux phénomènes de marquage et dans sa position face aux enjeux d'appropriation ; elle favorise l'extension d'une exclusion qui serait strictement géopolitique – et qui ne serait donc qu'une dé-spatialisation de nature neutre – à des champs variés investis par l'expérience, la mémoire et le ressenti ; elle lui donne des prolongements mentaux et métaphoriques. Dans le cas précis du bannissement, cette notion permet d'appréhender à la fois le processus de marginalisation (selon un axe horizontal) et l'impact intime du déracinement (selon un axe vertical).

Dans *King Richard II*, dans *King Lear* et dans *Coriolanus*, la mise au ban est centrale en cela qu'elle insuffle aux trois pièces leur dynamique respective, qu'elle se perçoit comme le pivot d'un ensemble de « déterritorialisations ». Aussi injuste soit-elle, la mise au ban peut se lire comme l'effet retour d'une attitude ou d'une parole potentiellement « déterritorialisante », comme l'anticipation d'une menace de « déterritorialisation » affective, éthique, idéologique et/ou politique. C'est, par exemple, la lecture que fait Richard II de l'attitude de Bolingbroke courtisant le peuple. Ou sa réaction à la prophétie de John of Gaunt qui montre qu'il a perçu le potentiel « déterritorialisant » de cette parole parrèsiastique :

> Darest with thy frozen admonition
> Make pale our cheek, chasing the royal blood
> With fury from his native residence? (II, 1, 117-119)
>
> Tu oses par ton sermon glacé
> Faire pâlir notre joue, par la colère chasser le sang royal
> De sa résidence native.

La mise au ban peut s'appréhender comme pivot parce qu'elle répond à une forme de « déterritorialisation » antérieure, mais aussi parce qu'elle enclenche, par l'acte même de bannir, de nouvelles formes de « déterritorialisation » à venir : il y a un avant et un après « déterritorialisants » du bannissement, outre le moment précis où il s'effectue.

1. Parce que les parrèsiastes ont un potentiel « déterritorialisant »

Pour le parrèsiaste, se taire face aux dysfonctionnements graves revient à renoncer à son *êthos*, à ce qu'il *est*. Il faut qu'il parle et qu'il parle franc. En disant vrai, il déstabilise son interlocuteur ; il remet en cause la pensée et l'action de ce dernier, son système de représentation, son territoire subjectif. Le parrèsiaste a un potentiel « déterritorialisant », certes, parce que son sens de l'éthique et son rejet de l'hypocrisie l'invitent à prendre une position tranchée – c'est l'un *ou* l'autre –, mais aussi parce qu'il n'a pas une représentation fermée du territoire, qu'il le perçoit en termes de carte ouverte – ouverte, donc, à des mouvements de « territorialisation », de « déterritorialisation », de « reterritorialisation ».

a. Question d'éthique : l'un *ou* l'autre

L'effet « déterritorialisant » – ou du moins ressenti comme tel par leurs interlocuteurs respectifs – que produisent les parrèsiastes touche les sphères de l'éthique, du domestique et du politique. En faisant éclater au grand jour des versions rivales (c'est moi qui dit vrai, c'est lui qui ment, *King Richard II*), des exclusivités douteuses (tout pour le père, rien pour l'époux, *King Lear*), des cohabitations boiteuses (consulat et tribunat, même combat, *Coriolanus*), les parrèsiastes affirment que les mauvais comptes font les mauvais amis, qu'il n'est pas possible de faire coexister deux éléments antagonistes, qu'il y en a *un de trop*.

La violence de la joute verbale, « [l]e houleux différend de [leur] haine enracinée » / « The swelling difference of [their] settled hate » (I, 1, 201), dans laquelle Bolingbroke et Mowbray s'accusent réciproquement de haute trahison, a une véritable puissance de « déterritorialisation ». Entacher l'honneur de quelqu'un, c'est le déposséder de sa réputation et l'ébranler jusque dans l'intime représentation qu'il a de lui-même, qu'on dise vrai ou qu'on le calomnie. Cette puissance de « déterritorialisation » pourrait, métaphoriquement, s'apparenter à celle d'une « machine de guerre » dans les effets qu'elle produit. Comme le suggère Mowbray :

> I am disgraced, impeached and baffled here,
> Pierced to the soul with Slander's venomed spear,
> The which no balm can cure but his heart-blood
> Which breathed this poison. (I, 1, 170-173)
>
> Je suis ici disgracié, accusé de trahison et bafoué,
> Transpercé jusqu'à l'âme par la lance empoisonnée de la calomnie,
> Et aucun baume ne peut guérir cela hormis le sang du cœur
> Qui exhala ce poison.

Le différend ne peut se solder que dans le sang, d'où la métaphore du dernier voyage : « For Mowbray and myself are like two men / That vow a long and weary pilgrimage; / Then let us take a ceremonious leave / And loving farewell of our several friends » (I, 3, 48-51) / « Car Mowbray et moi-même ressemblons à deux hommes / Qui font vœu d'accomplir un long et fatigant pèlerinage ; / Aussi permettez-nous de prendre solennellement congé / De nos divers amis, et de leur dire un tendre adieu ». Or, si le tournoi n'a pas lieu, c'est que la puissance « déterritorialisante » qui se dégage des propos de Bolingbroke et de Mowbray est telle qu'elle évoque, pour Richard II, une « machine de guerre » capable de faire fuir la paix hors de son royaume. Or, l'affrontement Mowbray/Bolingbroke n'est qu'une entrée en matière : c'est l'opposition Bolingbroke/Richard II qui va véritablement permettre la mise en œuvre de la dialectique de « l'un *ou* l'autre ». Le potentiel déterritorialisant du parrèsiaste sera relayé, de manière concrète, par la « machine de guerre »[123].

Cette dialectique de « l'un *ou* l'autre » parcourt également *King Lear* et *Coriolanus*. Il ne peut raisonnablement y avoir de gouvernement à plusieurs têtes : ce que clame avec vigueur Coriolan sur le plan politique, les filles de Lear le déclinent sur le plan domestique. Si Cordelia refuse d'entrer dans le jeu de la surenchère rhétorique pour plaire à son père, elle dénonce

---

123. Cet aspect sera abordé dans le deuxième chapitre.

aussi l'hypocrisie des propos de ses sœurs, l'amour paternel hyperbolique qu'elles mettent en scène :

> Why have my sisters husbands if they say
> They love you all? Haply when I shall wed
> That lord whose hand must take my plight shall carry
> Half my love with him, half my care and duty.
> Sure, I shall never marry like my sisters. (I, 1, 97-101)
>
> Pourquoi mes sœurs ont-elles des maris, si elles disent
> Qu'elles n'aiment que vous ? Peut-être, quand je me marierai,
> Le seigneur dont la main recevra ma foi prendra-t-il avec lui
> La moitié de mon amour, la moitié de mes soins et de mon dévouement,
> Assurément, je ne me marierai jamais comme mes sœurs.

Il n'est pas impossible que Lear, en quête d'un amour exclusif, d'un dû absolu dirait Daniel Sibony[124], lui qui a renoncé au politique pour tout miser sur le domestique et pouvoir enfin jouir d'être père, perçoive dans cette réponse comme une « déterritorialisation » affective. Pour lui, c'est tout ou rien : il abjure donc toute sa tendresse paternelle. Or, la question d'autorités familiales rivales, celle de l'hôte (le père) et celle de la maîtresse de maison (sa fille), va se reposer en termes très concrets chez Goneril. L'issue en sera l'auto-expulsion du père – rejet affectif et domestique.

On pourrait presque dire que, pour Coriolan, parler franc, c'est déjà lancer un processus symbolique de « déterritorialisation » – qu'il revendique d'ailleurs. Sa conviction politique s'énonce avec clarté :

> [...] when two authorities are up,
> Neither supreme, how soon confusion
> May enter 'twixt the gap of both and take
> The one by th'other. (III, 1, 111-114)
>
> [...] quand deux pouvoirs sont face à face,
> Et qu'aucun n'est souverain, comme le chaos
> Se glisse vite dans l'interstice
> Et détruit l'un par l'autre.

---

124. Voir Daniel Sibony, *Avec Shakespeare. Éclats et passions en douze pièces*, *op. cit.*, p. 149.

Lorsqu'il supplie les sénateurs d'arracher la langue de la multitude, c'est dans la ferme intention d'expulser les tribuns du Capitole, pour les reléguer dans le Forum avec l'ensemble du peuple, mais aussi de priver les citoyens d'une partie de leur citoyenneté, celle qui leur donne accès à une participation sociopolitique. Ce risque de « déterritorialisation » politique, les tribuns l'avaient pressenti dès le retour triomphant de Coriolan à Rome : « Then our office may / During his power go sleep » (II, 1, 218-219) / « Alors notre fonction, / Tant qu'il aura le pouvoir, pourra aller dormir ».

Coriolan, Cordelia, Mowbray et Bolingbroke sont bannis parce que leurs propos ont un potentiel « déterritorialisant » qui vise une personne – c'est l'un *ou* l'autre. Peut-être aussi parce qu'ils remettent en question le tracé même du territoire.

b. Pour une carte ouverte

Dans *Mille Plateaux*, Gilles Deleuze et Félix Guattari distinguent les principes de décalcomanie et de cartographie avec, d'un côté, le calque où tout est tracé d'avance et, de l'autre, la carte qui est rhizomatique, en constant devenir. Ils précisent :

> Si la carte s'oppose au calque, c'est qu'elle est tout entière tournée vers une expérimentation en prise sur le réel. [...] La carte est ouverte, elle est connectable dans toutes ses dimensions, démontable, renversable, susceptible de recevoir constamment des modifications. Elle peut être déchirée, renversée, s'adapter à des montages de toute nature, être mise en chantier par un individu, un groupe, une formation sociale. [...] Une carte a des entrées multiples, contrairement au calque qui revient toujours « au même ». Une carte est une affaire de performance, tandis que le calque renvoie toujours à une « compétence »[125].

La carte que présente Lear est fermée : seule la répartition interne du royaume l'intéresse. Il la produit pour y déplacer ses pièces, ses trois filles, comme sur un jeu d'échec dont on retrouve la sémiologie puisqu'« il s'agit de se distribuer un espace fermé,

---

125. Gilles Deleuze et Félix Guattari, *Mille plateaux. Capitalisme et schizophrénie 2*, *op. cit.*, p. 20.

donc d'aller d'un point à un autre, d'occuper un maximum de places avec un minimum de pièces »[126]. Cette carte est fermée parce qu'elle ne représente pas « une expérimentation en prise sur le réel » ; ce qu'on y voit, ou du moins ce que Lear met en avant, c'est une terre d'abondance, toute de fertilité, « [a]vec ses forêts ombreuses et ses plaines fertiles, / Ses rivières poissonneuses et ses vastes prairies » / « With shadowy forests and with champaigns riched, / With plenteous rivers and wide-skirted meads » (I, 1, 62-63), qui semble nier l'existence de la lande aride à laquelle plusieurs personnages vont se trouver confrontés. Il est d'ailleurs significatif que sa description se fasse, par la suite, plus vague et qu'il mentionne « [c]et ample tiers de notre beau royaume, / Non moindre en étendue, valeur, et agrément » / « this ample third of our fair kingdom, / No less in space, validity, and pleasure » (I, 1, 78-79). Quant aux lignes de partition interne, Lear les dessine selon un principe de calque : elles suivront, avec fidélité, les contours rhétoriques du discours produit par ses filles, traduisant ainsi la juxtaposition presque parfaite de deux fantasmes : celui d'un royaume regorgeant de richesses naturelles, celui de filles débordant d'un amour exclusif. Pour Lear, tout se passe comme si le topographe s'effaçait devant le rhéteur. Or, par son « rien », Cordelia remet en question les plans (dans les deux sens du terme) paternels, le principe de calque, la conception d'une carte fermée. Sa réponse conduit Lear à inverser les catégories du proche et du lointain. Cordelia se retrouve donc propulsée hors-carte, mais c'est elle qui, avec l'armée de France, reviendra dans l'espoir de redessiner les frontières internes du royaume pour sortir son père du « no man's land » dans lequel il erre et lui redonner la place qui lui est due.

Bolingbroke et Mowbray ne craignent pas le hors-carte, pourvu qu'il soit temporaire et porté par une motivation puissante ; ils sont même prêts à le choisir si Richard II les empêche de laver leur honneur au sein du royaume. Pour prouver qu'il dit vrai, Mowbray ne renoncerait pas à affronter Bolingbroke jusque dans les contrées les plus reculées et les plus inhospitalières,

126. *Ibid.*, p. 437.

« [dût-il] à pied courir / Jusqu'aux crêtes glacées des Alpes, / Ou sur toute autre terre inhabitable / Où jamais Anglais osa poser le pied » / « were [he] tied to run afoot / Even to the frozen ridges of the Alps, / Or any other ground inhabitable / Wherever Englishman durst set his foot » (I, 1, 63-66). Pour reprendre la terminologie de Gilles Deleuze et de Félix Guattari, on pourrait dire qu'il est déterminé à quitter le « strié » pour s'aventurer dans le « lisse »[127]. Bolingbroke opte pour une problématique similaire : l'essentiel reste de combattre Mowbray pour prouver la véracité de ses dires à lui, peu importe le lieu, fût-il hors des zones cartographiées, « [s]oit ici, soit ailleurs jusqu'aux confins les plus éloignés / Qu'ait jamais contemplés un œil anglais » / « Or here or elsewhere to the furthest verge / That ever was surveyed by English eye » (I, 1, 93-94). Comme le fait remarquer Marie-Madeleine Martinet, « [l]es pas pour l'un, le regard pour l'autre, se portent aux extrêmes des limites dans l'espace enveloppant qu'ils suggèrent, illimité représenté par une hyperbole spatiale, dans le défi puis dans l'exil, donc dans le mouvement »[128]. L'honneur et l'enjeu individuels priment sur le territoire et, donc, sur celui qui délimite et orchestre ce territoire. Symboliquement, Mowbray et Bolingbroke font fi de la carte, c'est-à-dire du « support visuel sur lequel se construit un discours d'autorité »[129]. Ils ont un potentiel « déterritorialisant » dans la mesure où, comme Coriolan, ils ne redoutent aucunement de franchir des limites géographiques et de sortir du cadre juridique de leur territoire. Ce potentiel, Richard II en perçoit toute la menace et en simule une concrétisation qu'il resitue à l'intérieur de son royaume : c'est le cauchemar du duel coûte que coûte qui se mue en effroyable guerre civile. Ce potentiel sera pleinement révélé plus avant dans la pièce avec, d'une part,

---

127. *Ibid.*, p. 592-625. On reviendra sur cette opposition « lisse »/« strié » dans le chapitre suivant.

128. Marie-Madeleine Martinet, « Optique de *Richard II*, du regard au virtuel », dans Pascale Drouet (dir.), *Shakespeare au xxe siècle : Mises en scène, mises en perspective de* King Richard II, Rennes, PUR, 2007, p. 144-145.

129. David Ducros, « "Mapping the kingdom" : les cartographes élisabéthains et l'image de la nation », dans Ronald Shusterman (dir.), *Cartes, Paysages, Territoires*, *op. cit.*, p. 133.

la rupture de ban de Bolingbroke et son retour avec une force armée, d'autre part, le récit de l'incessant combat de Mowbray contre les infidèles.

Celui qui, par excellence, s'inscrit dans une dynamique de franchissement, « déterritorialise » ses ennemis de leurs propres terres pour que Rome s'approprie ces dernières à son avantage, fait et défait les limites territoriales, redéfinit sans cesse les frontières, c'est naturellement Coriolan qui, par son nom même, évoque la prise, en apparence impossible, de Corioles. Il est, à lui seul, l'emblème de la carte ouverte dans un contexte militaire qui, pour reprendre les termes de Denis Lagae-Devoldère, « approfondit une cartographie mouvante des seuils »[130]. Le potentiel « déterritorialisant » de son discours semble proportionnel à sa puissance d'anéantissement sur le champ de bataille. Coriolan s'apparenterait davantage au joueur de go qu'au joueur d'échecs. Le champ de bataille pourrait s'analyser comme un jeu de go dans lequel « il s'agit de se distribuer un espace ouvert, de tenir l'espace, de garder la possibilité de surgir en n'importe quel point »[131]. Si, une fois de retour sur le terrain politique, Coriolan représente un danger de scission interne et menace la cartographie géopolitique de Rome, c'est que la répartition d'un espace fermé ne l'intéresse pas, surtout si c'est celui de la cité politique, et qu'il faut tenir compte de la voix populaire.

Parler franc revient donc à refuser de jouer à un jeu déjà choisi, ou à vouloir en changer les règles, ou encore à tenter de changer radicalement de jeu. Coriolan, Cordelia, Mowbray et Bolingbroke suivent les règles du jeu de go (garder la possibilité de surgir en n'importe quel point) au lieu de suivre celles du jeu d'échecs (se distribuer un espace fermé). Coriolan n'entend

130. Denis Lagae-Devoldère, *The Tragedy of Coriolanus. William Shakespeare*, *op. cit.*, p. 55. Pour Denis Lagae-Devoldère, « les nombreux déplacements que montre ou évoque le texte [...] sont autant d'indices d'une vaste réorganisation des limites où centre et marge permutent métonymiquement pour donner naissance à des centres vides et des marges essentielles d'ailleurs toujours susceptibles de recoupements et de redistributions. *Coriolan*, c'est le drame de la mitoyenneté », p. 55.

131. Gilles Deleuze et Félix Guattari, *Mille Plateaux. Capitalisme et schizophrénie 2*, *op. cit.*, p. 437.

pas partager l'espace privilégié du Capitole avec les tribuns. Cordelia surgit là où son père ne l'attendait pas et part pour un espace ouvert, la France, au lieu de participer au partage d'un espace fermé dans des conditions arbitraires. Bolingbroke et Mowbray se disent prêts à quitter l'échiquier royal pour poursuivre ailleurs leur partie de go. Pour changer de métaphore, on pourrait dire qu'ils refusent de jouer avec les dés pipés qu'on leur présente.

Il semble donc y avoir un rapport entre franc-parler et liberté de mouvement, entre franc-parler et appréhension libre du territoire comme carte ouverte – et non comme chasse gardée du politique, unique possession du souverain. Pour les parrèsiastes, ni la parole ni le territoire ne peuvent être bridés, délimités par des règles résultant d'un simple bon plaisir, d'une subjectivité dominante. Peut-être existe-t-il un lien entre cette attitude et l'évolution de la cartographie élisabéthaine. David Ducros perçoit, en effet, chez les cartographes qui succèdent à Christopher Saxton (dont le célèbre atlas voit le jour en 1579) « une volonté sincère de replacer l'homme au cœur de la représentation, de lui permettre par le biais de la cartographie, de se réapproprier le territoire » ; il y perçoit également une « une mise à l'écart progressive du politique, mise à l'écart qui est compensée par un renforcement du "caractère anthropocentrique" de la carte, pour reprendre les termes de François de Dainteville »[132]. Ainsi, face aux cartes de John Norden (publiées en 1594 et en 1595) et, plus tard, de John Speed (publiées en 1611),

> [l]e lecteur n'est plus confronté à la représentation d'une réalité figée, mais à une image qui, au contraire, l'invite au mouvement, à la découverte, à l'exploration. Dans le même temps, les armes royales sont repoussées vers la marge, comme si leur intérêt apparaissait tout à coup secondaire, comme si une autre forme d'autorité, celle du territoire, cherchait à s'affirmer et à se substituer à celle du pouvoir politique[133].

132. David Ducros, « "Mapping the kingdom" : les cartographes élisabéthains et l'image de la nation », art. cit., p. 135. La citation de François de Dainteville provient de *Le Langage des géographes*, Paris, A. et J. Picard Éditions, 1964, p. 322.

133. *Ibid.*, p. 136.

Il n'est donc pas étonnant que les parrèsiastes soient mis au ban pour leur potentiel « déterritorialisant », pour leur franc-parler qui laisse anticiper une liberté de mouvement, une appréhension personnelle de la géographie politique. On peut, néanmoins, se demander si leur bannissement ne relève pas davantage de l'évitement que de l'éviction.

c. L'envoi hors du territoire : éviction ou/et évitement ?

La mise au ban n'a que la peine de mort pour alternative. Nombreux sont les exemples qui pourraient être cités. « [S]i le [septième] jour / Ton corps banni est trouvé dans nos domaines, / Cet instant est ta mort » (I, 1, 177-179) / « If on the seventh day following / Thy banished trunk be found in our dominions, / The moment is thy death », lance Lear à Kent. Richard II s'adresse à Mowbray en ces termes : « The hopeless word of 'never to return' / Breathe I against thee, upon pain of life » (I, 3, 152-153) / « Ce mot désespérant : sans jamais de retour, / Je le profère contre toi, sous peine de mort ». Sicinius dit de Coriolan que « [s]ous peine d'être précipité / Du haut de la roche Tarpéienne : plus jamais / Il ne franchira les portes de Rome » / « In peril of precipitation / From off the rock Tarpeian, never more / To enter our Rome gates » (III, 3, 103-105). Être banni, c'est mourir au plan social et au plan symbolique. La « déterritorialisation » se veut aussi immédiate que définitive, en un mot, radicale. D'autant que ce qui se trouve hors de la patrie, ce sont des territoires ennemis dans lesquels on ne pourra, pour reprendre les mots de Volumnia, que « [s'] exposer au risque violent de tous les accidents / Qui peuvent surgir sur [sa] route » / « a wild exposure to each chance / That starts i'th' way before [one] » (IV, 1, 37-38). D'autant que pour quitter le royaume d'Angleterre, il faut affronter « les mers impétueuses » / « the breaking seas » (*King Richard II*, III, 2, 3), et l'on sait qu'à cette époque la navigation est hasardeuse[134]. Il semble pourtant qu'en filigrane de cette éviction, en apparence définitive, se lise un évitement, comme si

134. Voir Michel Foucault, *Histoire de la folie à l'âge classique*, Paris, Gallimard, coll. « Tel », 1972, p. 25-26.

exclure l'élément indésirable, l'envoyer « se faire voir ailleurs » était une façon d'éviter soi-même une sorte de pierre d'achoppement, de contourner un obstacle. Ainsi, quelque de chose de non résolu, de vaguement gênant, reste en suspens qui risque de faire retour.

Jane Kingsley-Smith rappelle qu'Henry VIII fit abolir la pratique de l'abjuration en 1530 après avoir remarqué que les exilés britanniques étaient souvent d'excellents hommes d'armes n'ayant d'autre choix que de se faire mercenaires et de rejoindre l'armée française. Mieux valait donc les garder au sein du royaume. L'auteur de *Shakespeare's Drama of Exile* précise : « C'est sous le règne d'Henry VIII et d'Élisabeth Ire qu'on décida de garder les traîtres anglais dans l'enceinte du territoire national plutôt que de leur permettre d'aller faire de dangereuses alliances à l'étranger. Se mit alors en place une politique d'extradition qui, jusqu'alors, avait été rare pour les cas de trahison »[135]. En 1599, dans *The First Part of the Life and Raigne of King Henrie IIII*, le chroniqueur John Hayward se félicite de la leçon tirée par les successeurs de Richard II : abolir les pratiques de l'abjuration et de l'exil en raison de la dynamique du talion que cela risquait d'entraîner[136].

Les parrèsiastes ne sont pas tous des mercenaires en puissance, à l'image de Coriolan, mais ils ne sont ni tués ni pardonnés. Dans les trois pièces tragiques, quelque chose fait retour ; une force « déterritorialisante » est à l'œuvre qui n'est pas nécessairement celle de la « machine de guerre » et qui traverse aussi bien la sphère politique que la sphère domestique.

2. Tu me « déterritorialises » ? Tu seras « déterritorialisé »

King Richard II, *King Lear* et *Coriolanus* présentent une variante tragique du motif comique de l'arroseur arrosé : le bannisseur banni. La dynamique du « Tu me “déterritorialises” ? Tu seras “déterritorialisé” » parcourt ces trois pièces selon des

135. Jane Kingsley-Smith, *Shakespeare's Drama of Exile*, *op. cit.*, p. 61 (ma traduction).
136. Voir John J. Manning (éd.), *The First and Second Parts of John Hayward's* The Life and *Raigne of King Henrie IIII*, London, Royal Historical Society, 1992, p. 103.

modes différents et, toujours, la « déterritorialisation » – celle du parrèsiaste comme celle du puissant – se place sous le signe de l'agressivité. Pour reprendre les termes de Michel Foucault, « la peine prend la forme d'une contre-attaque »[137]. Il y a des micro- et des macro-« déterritorialisations » selon que la sphère dont on est exclu est à la mesure d'une demeure particulière ou d'un royaume tout entier ; il y a des « déterritorialisations » qui réussissent et d'autres qui échouent ; certaines sont relatives, d'autres absolues.

a. *King Lear* : de l'exclusion territoriale à la « déterritorialisation » domestique

Lear répudie sa fille, puis bannit Kent. Parallèlement, Gloucester met son fils légitime hors la loi. Dans l'intrigue principale, comme dans l'intrigue secondaire, ceux qui excluent leurs proches du royaume se retrouvent, comme par un effet de retour à l'envoyeur, rejetés : mis à la porte de chez eux et condamnés à l'errance dans des conditions extrêmes.

Lear renie Cordelia et la prive de sa dot, mais c'est lui qui, par la suite, se voit privé du seul pouvoir symbolique qu'il lui restait : les cent chevaliers qu'il se réservait. Or, si Goneril ne veut plus des cent chevaliers de Lear, c'est qu'ils ont empiété sur son territoire, qu'ils ont « territorialisé » sa demeure pour en faire, comme elle le reproche à son père, une taverne pleine de tapage :

> Here you do keep a hundred knights and squires,
> Men so disordered, so debauched and bold
> That this our court, infected with their manners,
> Shows like a riotous inn. Epicurism and lust
> Makes it more like a tavern or a brothel
> Than a graced palace. (I, 4, 202-207)
>
> Vous gardez ici cent chevaliers et écuyers,
> Des gens si déréglés, si débauchés et si imprudents,
> Que voici notre cour, infectée par leurs mœurs,
> Semblable à une bruyante auberge ; l'épicurisme et la luxure

137. Michel Foucault, *Dits et Écrits, 1954-1988*, tome II, *1970-1975*, *op. cit.*, p. 462.

> En font plus une taverne ou un bordel
> Qu'un palais respectable.

Goneril, aidée de Regan, répond à la « territorialisation » abusive par la « déterritorialisation » radicale : la suite de Lear, dernier bastion de la superbe du patriarche, est congédiée de chez Goneril et interdite de séjour chez Regan. Condamner Lear à se mouvoir sans sa suite, c'est l'isoler définitivement de tout pouvoir symbolique ; c'est l'inciter, de lui-même, à « claquer la porte ». Privé de lieu de vie – car le secours de Gloucester n'est qu'éphémère –, Lear est exclu d'un havre domestique, c'est-à-dire de ce qui symbolise l'ancrage, la protection, le réconfort, les « valeurs humaines » si l'on repense à l'analyse de Gaston Bachelard :

> [...] en face de l'humanité, aux formes animales de la tempête et de l'ouragan, les valeurs de protection et de résistance de la maison sont transposées en valeurs humaines. La maison prend les énergies physiques et morales d'un corps humain. Elle bombe le dos sous l'averse, elle raidit les reins. Sous les rafales, elle plie quand il faut plier, sûre de se redresser à temps en niant toujours les défaites passagères. Une telle maison appelle l'homme à un héroïsme du cosmos. Elle est un instrument à affronter le cosmos[138].

Instrument dont Lear est désormais dépourvu. C'est nue tête qu'il doit faire face à l'orage. Pour le Fou, le voici tel un escargot sans coquille : « I can tell why a snail has a house. [...] Why, to put 's head in, not to give it away to his daughters and leave his horns without a case » (I, 5, 25-28) / « je sais pourquoi un escargot a une maison. [...] Eh bien, pour y rentrer sa tête, pour ne pas l'abandonner à ses filles, et ne pas laisser ses cornes sans abri ». Mis au ban du proche, Lear se laisse envahir par le lointain, par l'étrange, par la folie ; il « s'ensauvage » au contact des éléments déchaînés et de Poor Tom.

Quant à Gloucester, après avoir fait de son fils légitime un proscrit, il perd le contrôle de sa propre maison et se voit contraint, par Regan et Cornwall, de refuser l'hospitalité à

138. Gaston Bachelard, *La Poétique de l'espace* (1957), Paris, PUF, coll. « Quadrige », 1994, p. 57-58.

Lear. « Fermez vos portes » / « Shut up your doors » (II, 2, 468, 472), lui intiment-ils. L'hôte est devenu otage ; le processus de « déterritorialisation » est enclenché et Gloucester en pressent déjà l'aboutissement contre-nature :

> [...] I like not this unnatural dealing. When I desired their leave that I might pity him, they took from me the use of mine own house, charged me on pain of perpetual displeasure neither to speak of him, entreat for him, or any way sustain him. (III, 3, 1-5)

> [...] je n'aime pas ces actes contre nature. Quand je leur ai demandé l'autorisation de le prendre en pitié, ils m'ont enlevé l'usage de ma propre maison ; interdit, sous peine d'encourir leur déplaisir perpétuel, de lui parler, d'intercéder pour lui, ou de lui prêter assistance de quelque façon que ce soit.

La menace de ce « déplaisir perpétuel » annonce, à mots couverts, l'abus de pouvoir que constitue son expropriation forcée. Sur le point de subir les outrages de Regan et de Cornwall, Gloucester se dit à lui-même : « I am tied to th' stake, and I must stand the course » (III, 7, 52) / « Je suis lié au poteau, je dois subir la meute », reprenant ainsi l'image du sort cruel qu'il réservait à son propre fils. Les yeux crevés, il est jeté hors de chez lui, condamné à flairer comme un chien pour trouver son chemin, géographiquement et visuellement « déterritorialisé », avant de faire, à son tour, l'objet d'une chasse à l'homme. Or, une nouvelle ironie du sort l'attend. Les moyens que Regan est prête à mettre en œuvre pour le supprimer et dont elle fait part à Oswald : « Si par hasard vous entendez parler de ce traître aveugle, / La faveur attend qui le supprimera » / « If you do chance to hear of that blind traitor, / Preferment falls on him that cuts him off » (IV, 4, 37-38), font écho à ce que Gloucester lui-même projetait pour Edgar : « [...] quiconque le trouvera méritera nos mercis / [...] / Pour quiconque le cachera, la mort » / « [...] he which finds him shall deserve our thanks, / [...] / He that conceals him, death » (II, 1, 60-62). La puissance de cette double « déterritorialisation », à laquelle s'allie l'acuité soudaine de son erreur de jugement, est telle qu'il envisagera de mettre fin à ses jours[139].

On retrouve dans *King Richard II* les mêmes éléments que dans *King Lear* (roi qui renonce au pouvoir, qui bannit selon des règles arbitraires, qui se retrouve exclu et emprisonné au sens physique ou psychique), mais agencés différemment, et toujours avec ce même engrenage d'une « déterritorialisation » qui en appelle une autre qui en appelle encore une autre.

b. Sujets bannis, terre saccagée, roi déposé, ou la tragédie de Richard II

Dans *King Richard II*, la « déterritorialisation » se joue, comme dans *King Lear*, sur les plans public et privé. Elle est, aussi, à la fois topographique (dénaturée, la terre change de relief) et politico-religieuse (la théorie du droit divin est malmenée). Ainsi Richard II pourrait-il se percevoir comme un agent de « déterritorialisations » multiples.

On ne sait presque rien du meurtre de Gloucester et de ses raisons politiques, mais on a un aperçu de ses conséquences domestiques par le témoignage de sa veuve. L'éviction de Gloucester se traduit par l'évidement de sa demeure de Pleshy où toute marque d'humanisation et d'appartenance (tout marquage de territoire, diraient Gilles Deleuze et Félix Guattari) semble avoir disparu, si l'on en croit le désarroi de la duchesse :

> Alack, and what shall good old York there see
> But empty lodgings and unfurnished walls,
> Unpeopled offices, untrodden stones? (I, 2, 67-69)
>
> Hélas, et que verra là-bas le bon vieux York ?
> Des appartements vides et des murs nus,
> Des offices dépeuplés, des dalles désertées.

Le bannissement de Bolingbroke produit un effet similaire sur John of Gaunt, à la différence que c'est le père lui-même qui se laisse évider par l'absence, ronger par la privation. La vie se retire de John of Gaunt comme elle s'est retirée de Pleshy.

139. On y reviendra dans le quatrième chapitre.

C'est une « déterritorialisation » intime qui se dit par l'amaigrissement et le dessèchement. Peu à peu, John of Gaunt perd sa substance :

> The pleasure that some fathers feed upon
> Is my strict fast – I mean my children's looks,
> And therein fasting hast thou made me gaunt.
> Gaunt am I for the grave, gaunt as a grave,
> Whose hollow womb inherits naught but bones. (II, 1, 79-83)
>
> Le plaisir dont certains pères se nourrissent,
> Je veux dire la vue de mes enfants, j'en fais stricte abstinence,
> Et ce jeûne m'a décharné comme un gant.
> Décharné pour la tombe, décharné comme une tombe,
> Dont la matrice creuse ne reçoit que des os.

Ainsi le fils de John of Gaunt est-il par trois fois « déterritorialisé » : il est évincé de sa terre natale, perd son père de façon prématurée et se voit spolié de son héritage. Quant à Mowbray, on sait qu'il anticipe sa « déterritorialisation » à venir sur un mode essentiellement linguistique.

Pourtant, l'erreur majeure de Richard II réside dans sa détérioration de la terre même d'Angleterre, détérioration qui se résume en une phrase dans la prophétie de John of Gaunt : « This land [...] / Is now leased out – I die pronouncing it – / Like to a tenement or pelting farm » (II, 1, 57-60) / « Cette patrie [...] / Est maintenant donnée à bail – je meurs de le dire – / Tout comme une tenure ou une petite ferme ». L'hommage que Gaunt rend au royaume, avec son élan patriotique et sa portée épidictique, dit, en creux, l'ampleur de ce qui est ressenti comme une véritable « déterritorialisation ». Richard II a nié la grandeur et la gloire nationales, la valeur mythique de cette « [t]erre de majesté, résidence de Mars, / Cet autre Éden, ce demi-paradis » / « This earth of majesty, this seat of Mars, / This other Eden, demi-paradise » (II, 1, 41-42). Il a nié l'envergure historique de « [c]ette nourrice, cette matrice féconde en princes royaux » / « This nurse, this teeming womb of royal kings » (II, 1, 51). Tout, dans l'éloge de Gaunt, suggère ce qui se perd, ce qui est piétiné depuis que Richard II tient les rênes du pouvoir. Dans le tableau dithyrambique qu'il dresse, en contrepoint, d'une

Angleterre passée, Gaunt pourrait anticiper l'état d'esprit de John Speed. Le cartographe oppose, en effet, « la force, le caractère immuable et inaltérable de la géographie du territoire » aux « manifestations épisodiques de la vanité et de la cruauté humaine », mais il utilise « tous les ressorts de la *discordia concors*, dégageant d'un ensemble dominé par le désordre et la cacophonie une impression d'unité »[140]. Ce que conclut David Ducros, à propos des cartes de John Speed, pourrait s'appliquer au discours nationaliste de Gaunt : « L'union d'un peuple, l'amour de la patrie, ont pris le pas sur le devoir d'allégeance, auquel il n'est d'ailleurs pas fait mention. Ce que suggère la carte, c'est que le destin de la nation est maintenant l'affaire de tous, et c'est à cette prise de conscience collective que Speed semble inviter ses contemporains »[141]. Ce n'est peut-être pas un hasard si, dans *King Richard II*, la monarchie parlementaire l'emporte sur la monarchie de droit divin.

Dans son éloge, Gaunt insiste en outre sur les défenses naturelles de l'île britannique et sur ses glorieux défenseurs, également renommés pour leurs exploits hors du territoire. Comme le souligne David Norbrook : « c'est pour leurs talents guerriers que John of Gaunt révère les rois du passé »[142]. L'Angleterre de Richard II, elle, a perdu de sa force « déterritorialisante » : on sait que le roi non seulement supporte avec peine la vue du sang, mais est à court pour combattre les rebelles irlandais. Son Angleterre se trouve, en fait, doublement affaiblie : elle n'a plus les moyens ni de conquérir d'autres territoires, ni de défendre son propre périmètre national – le retour armé de Bolingbroke et sa prise de pouvoir seront un jeu d'enfant. Lorsque Richard II aborde les côtes du pays de Galles, à son retour d'Irlande, il laisse libre cours à son bonheur : « I weep for joy / To stand upon my kingdom once again. / Dear earth, I do salute thee with my hand » (III, 2, 4-6) / « Je pleure de joie / De me tenir à nouveau

---

140. David Ducros, « "Mapping the kingdom" : les cartographes élisabéthains et l'image de la nation », art. cit., p. 141-142.

141. *Ibid.*, p. 142.

142. David Norbrook, « "A Liberal Tongue": Language and Rebellion in *Richard II* », dans John M. Mucciolo (dir.), *Shakespeare's Universe: Renaissance Ideas and Conventions. Essays in honour of W.R. Elton*, *op. cit.*, p. 42 (ma traduction).

debout sur mon royaume. / Terre chérie, je te salue de ma main ». Or, son invocation, qu'il qualifie d'ailleurs d'« invocation à des choses insensibles » / « senseless conjuration » (III, 2, 23), révèle qu'il n'appréhende sa terre que comme support à projeter ses propres fantasmes. Elle est tout entière empreinte de « pathetic fallacy » (empathie fallacieuse) à l'image de ces derniers vers :

> This earth shall have a feeling, and these stones
> Proved armed soldiers, ere her native king
> Shall falter under foul rebellion's arms. (III, 2, 24-26)
>
> Cette terre aura du sentiment, et ces pierres
> Seront des soldats armés avant que son roi natif
> Ne chancelle sous les coups de l'infâme rébellion.

Ses fantasmes varient selon son humeur car, après la série de mauvaises nouvelles délivrée par Salisbury et Scroop, Richard II n'appelle plus son royaume « ma douce terre » / « my gentle earth » (III, 2, 12), mais le perçoit comme « terre stérile / Qui sert de pâte et de vêtement à nos os » / « the barren earth / Which serves as paste and cover to our bones » (III, 2, 153-154) – il est significatif qu'il emploie le verbe « serve ». Le glissement de « douce terre » à « terre stérile » peut alors se lire comme un « retournement d'image[s] d'orgueil en image[s] de chagrin »[143].

Aussi n'est-il pas étonnant que Richard II soit, à son tour, « déterritorialisé », c'est-à-dire déposé. L'appropriation de son destrier, Barbary, par Bolingbroke recouvre une valeur symbolique : il n'est plus possible à Richard de chevaucher à travers ce territoire qui vient de lui être soustrait. Comme l'écrit Harry Levin à propos des rois Richard II et Richard III : « la prise de [leur] monture pourrait représenter la perte de [leur] trône »[144]. La déposition est le prix à payer pour la mise au ban

143. Marie-Madeleine Martinet, *Le Miroir de l'esprit dans le théâtre élisabéthain*, *op. cit.*, p. 183.

144. Harry Levin, « Sitting upon the Ground (*Richard II*, IV, i) », dans John M. Mucciolo (dir.), *Shakespeare's Universe: Renaissance Ideas and Conventions. Essays in honour of W.R. Elton*, *op. cit.*, p. 16 (ma traduction). Sur la symbolique du cheval et du rapport entre le guerrier et son destrier, voir Michèle Willems, « "Women and horses and power and war": Worship of Mars from *1 Henry IV* to *Coriolanus* », dans Jean-Marie Maguin et Michèle Willems (dir.), *French Essays on Shakespeare and His*

de Bolingbroke, mais aussi pour la détérioration du royaume d'Angleterre. Dans sa prophétie, John of Gaunt insiste sur le rôle déjà actif que joue, malgré lui, Richard II dans sa déposition à venir, en lui disant qu'il est « possédé de la fureur de [s]e déposer [lui]-même » / « possessed now to depose [himself] » (II, 1, 108). Richard II se dépossède, en effet, de ses attributs royaux . Il s'autodépose, comme en retour symétrique du territoire qu'il a lui-même contribué à affaiblir sans voir qu'il en était le garant. Il renonce à la filiation divine, au pouvoir politique, aux biens terrestres. « Déterritorialisation » du corps politique, mais aussi du corps privé qui se dit par la métonymie du visage. Au-delà de la dimension rhétorique et scénique de la déposition, Richard en vient à ne pas reconnaître son reflet dans le miroir qu'on lui tend et il en éprouve un sentiment soudain d'étrangeté :

> No deeper wrinkles yet? Hath Sorrow struck
> So many blows upon this face of mine
> And made no deeper wounds? O, flatt'ring glass,
> Like to my followers in prosperity,
> Thou dost beguile me. (IV, 1, 277-281)
>
> Pas de rides plus profondes ? La douleur a frappé
> Tant de coups sur mon visage
> Et n'y a pas fait de blessures plus profondes ? Ô miroir flatteur,
> Comme les courtisans de ma prospérité,
> Tu me trompes.

Pour reprendre l'analyse de Marie-Madeleine Martinet, « le roi s'étonne que le miroir objet ne montre pas la souffrance intérieure comme les miroirs allégoriques »[145]. Richard s'attendait à ce que le visage de son corps privé portât les marques de sa « déterritorialisation » intime, profonde. Or, il ne reconnaît pas davantage l'ancien visage de son corps politique :

> Was this face the face
> That every day under his household roof
> Did keep ten thousand men? Was this the face

Contemporaries: « What would France with us? », London, Associated University Press, 1995, p. 189-212.

145. Marie-Madeleine Martinet, *Le Miroir de l'esprit dans le théâtre élisabéthain*, *op. cit.*, p. 187.

That like the sun did make beholders wink?
Is this the face which faced so many follies,
That was at last outfaced by Bolingbroke? (IV, 1, 281-286)

Ce visage, est-ce le visage
Qui chaque jour sous le toit de sa maison
Entretenait dix mille hommes ? Est-ce là le visage
Qui comme le soleil faisait baisser les yeux ?
Est-ce là le visage qui fit bon visage à tant de folies,
Pour à la fin perdre la face devant Bolingbroke ?

Le miroir ne lui renvoie pas d'image de majesté ; Richard n'y découvre qu'un visage dans sa « pauvreté essentielle »[146]. Sa « déterritorialisation » se dit dans les deux derniers vers et tient tout entière dans le seul verbe « outface » à la forme passive. Après cela, on sait qu'il « part » définitivement, assassiné dans sa cellule de Pomfret par Exton.

c. « I banish you ! » (III, 3, 124) : vers la « déterritorialisation »-*tabula rasa*

La mise au ban de Coriolan résulte de sa *parrêsia* et de son *athuroglossos*. Elle s'inscrit aussi dans une dialectique de « déterritorialisation »/« reterritorialisation » qui parcourt l'ensemble de la pièce et à laquelle la relation conflictuelle entre Coriolan et la plèbe n'échappe pas. Si Coriolan méprise les plébéiens, c'est parce qu'ils n'ont pas, loin s'en faut, sa puissance d'anéantissement devant l'ennemi. Sur un champ de bataille, ils se révèlent pleutres et méritent, donc, de s'entendre invectivés, réduits à des « [â]mes d'oies / À forme humaine » / « souls of geese / That bear the shapes of men » (I, 5, 5-6) – quand ils ne restent pas, frileux, à l'intérieur de leurs frontières, ou refusent de franchir celles de l'ennemi. De là vient sans doute le fait que Coriolan, qui a reçu une éducation patricienne, tienne le peuple en piètre estime et, plus radicalement, ait face à lui une attitude qui le nie aux plans humain et politique. Parce que, selon lui, les plébéiens n'ont ni maturité politique ni valeurs éthiques, et ne

146. C'est l'expression d'Emmanuel Lévinas dans *Éthique et Infini. Dialogues avec Philippe Nemo*, Paris, Le Livre de Poche, coll. « biblio Essais », 1982, p. 80.

font montre que de « [l]eurs vulgaires sagesses » / « their vulgar wisdoms » (I, 1, 212), ils ne devraient pas avoir voix au chapitre dans la Cité – il est à peine envisageable de les soulager de la famine. Coriolan n'a de cesse que de les nier au sein même de Rome, en refusant de leur faire distribuer du blé, en ignorant leur identité de citoyens, en voyant en eux de piètres « rognures » / « fragments » (I, 1, 220). Autrement dit, il « déterritorialise » le peuple verbalement par les injures qu'il déverse, comme il détruit l'ennemi physiquement par le sang qu'il fait couler ; c'est la même hargne, assassine, qui est à l'œuvre. Et, lorsque le peuple l'acclame comme valeureux vainqueur des Volsques, et qu'il aurait suffi qu'il exhibât ses blessures de guerre pour devenir consul, Coriolan se montre réticent. Il considère son corps comme sa propriété, une sorte de territoire privé qui a « [l]es marques de son mérite » / « His marks of merit » (II, 3, 159) et qu'il n'entend pas exposer au regard avide et fétichisant de la foule.

Banni par les tribuns et la plèbe devant les patriciens impuissants, Coriolan lance son célèbre « c'est moi qui vous bannis ! » / « I banish you ! » (III, 3, 124). Arthur Riss en fait l'analyse suivante : « dans ces propos performatifs, Coriolan révèle qu'il se considère comme un état privé au-delà de la juridiction de Rome. Il envisage son corps comme une parcelle de terre qui serait sous le contrôle de sa seule autorité. Les mots "c'est moi qui vous bannis" montrent clairement que Coriolan fonde son désir exacerbé d'indépendance sur une conception de l'individualité qui rejoint celle du territoire »[147]. Et quand Coriolan ajoute : « Despising / For you the city, thus I turn my back. / There is a world elsewhere » (III, 3, 134-136) / « Méprisant / La cité à cause de vous, je lui tourne le dos. / Il y a un monde ailleurs », on s'attend à ce qu'il se « reterritorialise » autre part. Or, on découvre que, tel un mercenaire, il propose ses services, « [son] acte de vengeance » / « [his] revengeful services » (IV, 5, 90), à Aufidius, dans la seule idée de prendre sa revanche et d'anéantir la Cité même qui vient de le rejeter – donnant ainsi raison à la politique d'extradition mise en place par Henry VIII

---

147. Arthur Riss, « The Belly Politic: *Coriolanus* and the Revolt of Language », *ELH*, vol. 59, n° 1 (printemps, 1992), The Johns Hopkins University Press, p. 55-56 (ma traduction).

et Élisabeth Ire. Son « c'est moi qui vous bannis ! » s'affranchit des limites rhétoriques pour donner naissance à une véritable « machine de guerre » dont le but est de faire table rase du territoire qui était le sien et dont il tirait sa romanité. Sans l'intervention de Volumnia, la loi du talion aurait fonctionné à plein. Si l'on garde l'idée de la métaphore territoriale, la mère n'a jamais cessé de régner sur son fils comme sur un territoire. Finalement, c'est elle qui le « reterritorialise » à sa façon à elle – et non à sa façon à lui qui ne peut s'effectuer symboliquement que par le renom/re-nom, physiquement que par l'anéantissement de l'autre. Ce faisant, elle précipite sa chute. Coriolan perçoit cette ambivalence quand il lui dit :

O my mother, mother, O!
You have won a happy victory to Rome;
But for your son, believe it, O believe it,
Most dangerously you have with him prevailed,
If not most mortal to him. (V, 3, 186-190)

Oh ! ma mère, ma mère. Oh !
Vous avez pour Rome remporté une heureuse victoire,
Mais pour votre fils, croyez-moi, oh ! croyez-moi,
Votre triomphe sur lui est dangereux,
Sinon mortel.

Le champ est libre pour Aufidius : il pourra savourer sa vengeance. Et s'il décrédibilise Coriolan auprès des Volsques pour le faire ensuite assassiner, c'est que Coriolan a eu l'imp(r)udence de le « déterritorialiser » sur son propre territoire, en lui volant la vedette auprès de son armée, comme le rapporte son lieutenant :

I do not know what witchcraft's in him, but
Your soldiers use him as the grace fore meat,
Their talk at table, and their thanks at end,
And you are darkened in this action, sir,
Even by your own. (IV, 7, 1-6)

Je ne sais quelle sorcellerie est en lui, mais
Vos soldats le mettent dans leur bénédicité avant le repas,
Dans leurs propos de table, et à la fin dans leurs actions de grâces,

Et vous êtes éclipsé dans cette campagne, général,
Même aux yeux de vos propres soldats.

Mikhaïl Bakhtine donne des « propos de table » (« talk at table ») la définition suivante : « [ils] sont dispensés d'observer les distances hiérarchiques entre les choses et les valeurs, ils mêlent librement le profane et le sacré, le supérieur et l'inférieur, le spirituel et le matériel ; il n'est point de mésalliances pour eux »[148]. Le fait que Coriolan en soit devenu le centre, à la fois sacralisé et désacralisé dans ce qui évoque un « symposion grotesque »[149], peut donc se lire comme le signe que sa nouvelle « territorialisation » contient aussi, en germe, sa « déterritorialisation » à venir. C'est ce que confirme, en aparté, Aufidius : « When, Caius, Rome is thine, / Thou art poor'st of all; then shortly art thou mine » (IV, 7, 56-57) / « Caius, quand Rome sera à toi, / Tu n'en seras que plus pauvre, car peu après tu seras à moi ».

Lorsque Coriolan déclare qu'il y a un monde ailleurs, on a l'impression que sa « déterritorialisation » est relative et qu'il va être à même de changer de territoire, de s'en approprier un nouveau. Comme lorsque Kent rétorque à Lear que la « [l]iberté vit ailleurs, et [que] l'exil est ici » / « Freedom lives hence, and banishment is there » (I, 1, 178), et que Cordelia part pour la France avec son nouveau mari, ou qu'Edgar adopte l'identité d'un mendiant de Bedlam. Comme lorsque Bolingbroke dit à Richard II : « That sun that warms you here shall shine on me » (I, 3, 145) / « le soleil qui vous réchauffe ici, brillera aussi sur moi ». Or, parce que Coriolan ne se forgera une nouvelle identité qu'en rasant sa terre natale, on comprend que sa déterritorialisation est absolue – d'où son désir d'anéantissement total en retour. Cette déterritorialisation absolue – d'où son désir de « déterritorialisation » totale en retour. Cette « déterritorialisation » absolue « équivaut à vivre sur une ligne abstraite ou de fuite »[150], comme pour Mowbray avec sa poursuite incessante

148. Mikhaïl Bakhtine, *L'Œuvre de François Rabelais et la culture populaire au Moyen Âge et sous la Renaissance*, Traduit du russe par Andrée Robel, Paris, Gallimard, Collection « Tel », 1970, p. 285.

149. L'expression est de Mikhaïl Bakhtine, *ibid.*, p. 284.

150. *Id.*

des infidèles, comme pour Lear en proie à la folie, comme pour Gloucester aux prises avec ses pulsions suicidaires.

L'effet talion de la « déterritorialisation » se joue, dans les trois pièces tragiques, en amont et en aval du banissement *stricto sensu*. La mise au ban participe donc d'un engrenage réactionnel qui se décline sur plusieurs plans – domestique, politique, éthique, symbolique. Or, elle engendre à son tour une dynamique qui lui est propre : le banni répond de différentes façons, sans qu'il y ait nécessairement un effet retour « déterritorialisant ». C'est cette dynamique qu'on aimerait maintenant analyser. Comment réagit-on quand on est banni ? Trois types de réaction semblent se dégager : deux stratégies de résistance, la riposte par la force (dynamique rapide du retour) et l'esquive par la ruse (dynamique lente du détour) ; une non-stratégie de laisser-aller, de « non-vouloir-saisir »[151], de lâcher-prise (dynamique molle de l'entropie). Afin de prolonger l'étude de l'effet talion de la « déterritorialisation », on examinera, dans le chapitre suivant, la dynamique de la riposte, c'est-à-dire la rupture de ban et la mise en place d'une « machine de guerre ».

151. C'est l'expression de Roland Barthes dans *Fragments d'un discours amoureux*, *op. cit.*, p. 275.

Chapitre II

La dynamique de la riposte : rupture de ban et « machine de guerre »

Thou art a banished man, and here art come,
Before the expiration of thy time,
In braving arms against thy sovereign.
King Richard II (II, 3, 110-112)

Tu es un homme banni, et tu viens ici
Avant l'expiration de ta peine,
Les armes à la main, braver ton souverain.

La dynamique de la riposte s'entend comme un effet talion : il s'agit d'un renvoi, d'un retour, d'une « réponse vive et rapide à un interlocuteur agressif »[1]. Riposter, c'est « rendre la pareille », « répondre sur le champ avec vivacité », « rendre immédiatement à un adversaire la contrepartie de ce que l'on a subi »[2]. La dialectique de l'inclusion et de l'exclusion s'oriente donc vers deux nouvelles dialectiques : celle de la passivité et de la réactivité, celle de la vitesse et de la lenteur. La définition que l'on vient d'évoquer, dans laquelle il est fait mention de l'agressivité de l'interlocuteur, souligne l'importance du mode sur lequel la mise au ban a été perçue. Cette réponse vive pourrait s'apparenter à une forme de vengeance ; la riposte serait une revanche. Les bannisseurs auraient été avisés d'écouter les conseils de Machiavel et de suivre l'une des deux options : « caresser les

1. Alain Rey, *Dictionnaire historique de la langue française* (1992), Paris, Dictionnaire Le Robert, 3 vol., 1998, art. « riposte », tome 3, p. 3258.
2. *Ibid.*

hommes, ou bien les occire ; en effet, ils peuvent se venger des injures légères, mais des grandes, ils n'en ont plus le pouvoir ; aussi, l'offense qu'on fait à un homme doit être mesurée de telle sorte qu'on ne craigne point la vengeance »[3].

Dans *King Richard II* et dans *Coriolanus*, la dynamique de la riposte porte un nom précis : rupture de ban. Il est intéressant de remarquer que le mot « rupture » est employé, à son origine en 1549, dans un contexte guerrier « à propos de l'opération ouvrant une brèche dans le dispositif défensif de l'adversaire »[4], ce qui permet de voir (nouvelle variabilité des points de vue) la mise au ban sous l'angle d'une mesure défensive – en réponse à l'offensive de la *parrêsia*, par exemple – et d'anticiper son lien avec la « machine de guerre » telle que l'ont définie Gilles Deleuze et Félix Guattari. En effet, la rupture de ban n'est efficace qu'accompagnée d'une « machine de guerre », que cette dernière soit purement dissuasive ou qu'elle se mette véritablement en branle. Qui dit rupture de ban, dit irruption d'une force armée extérieure. Or, l'ironie, c'est que le « dispositif défensif » – pour filer la métaphore guerrière – qui consistait à bannir celui dont on craignait qu'il ne fût porteur d'un désordre intérieur, qu'il ne déclenchât rien de moins qu'une guerre civile, précipite la riposte offensive. En forçant légèrement le trait, on pourrait dire que la mise au ban déclenche paradoxalement, et à son insu, un processus d'accélération.

Revenons à la dialectique de la vitesse et de la lenteur. L'effet d'accélération se voit souligné d'emblée par l'ellipse spatio-temporelle de l'exil – c'est-à-dire le temps que la « machine de guerre » se mette en place. On ne nous présente ni « [le] risque violent de tous les accidents / Qui peuvent surgir » / « a wild exposure to each chance / That starts i'th' way » (*Coriolanus*, IV, 1, 37-38), ni « l'apprentissage / Des routes étrangères » / « a long apprenticehood / To foreign passages » (*King Richard II*, I,

3. Machiavel, *Le Prince* suivi de *Choix de lettres* [*Il Principe*, 1513], préface de Raymond Aron, traduction, commentaires et notes de Jean Anglade, Paris, Le Livre de Poche, 1983, p. 11.

4. Alain Rey, *Dictionnaire historique de la langue française*, *op. cit.*, art. « rupture », tome 3, p. 3335.

3, 271-272). L'expérience du banni dans ce qu'Edward W. Said appelle « le territoire dangereux de la non-appartenance »[5] n'est guère développée. L'écoulement au compte-gouttes de la durée de l'exil – la remarque acerbe de Bolingbroke vient à l'esprit : « How long a time lies in one little word ! » (I, 3, 213) / « Que de temps en un si petit mot ! » – laisse place à la fulgurance de la « machine de guerre » qui porte la rupture de ban à travers laquelle « la vie brise le verbe »[6] et qui participe activement de la dynamique de la riposte. Pour examiner cette dernière, il convient de mettre en regard discours (justification personnelle et politique) et action (retour transgressif), d'éclairer la stratégie (force armée) par le concept (« machine de guerre ») ; il convient de se demander dans quelle optique se fait cette riposte, quels en sont les enjeux et comment la transgression qu'elle implique est présentée, voire justifiée.

I. Rupture de ban, raisons politiques, enjeux discursifs

1. Justifier la rupture : économie de reprise ou de représailles ?

Décider de nier le pouvoir performatif du bannisseur et de bafouer son autorité, rassembler une force armée dissuasive, soit rompre le serment et se rappeler soi-même d'exil, certes, mais dans quel esprit et dans quel but précisément ? S'agit-il de remédier à une injustice, de reprendre ce que l'on considère justement comme son dû, de se l'autoréattribuer ? Est-il question de « reprise » au sens premier du terme, c'est-à-dire « prendre les armes » pour « s'emparer de nouveau »[7] de ce qui avait fait l'objet d'une spoliation, « [d]écouper soi-même sa part, se tailler son chemin, / Chercher le droit en violant le droit » / « Be [one's] own carver, and cut out [one's] way / To find out right with wrong »

5. Edward W. Said, *Réflexions sur l'exil et autres essais* (2000), traduit de l'anglais par Charlotte Woillez, Arles, Actes Sud, 2008, p. 245.

6. L'expression est de James Hillman dans *La Trahison et autres essais* [1975], traduit de l'anglais (États-Unis) par Élise Argaud, Paris, Éditions Payot & Rivages, 2004, p. 47.

7. Alain Rey, *Dictionnaire historique de la langue française*, *op. cit*, art. « reprendre », tome 3, p. 3190. « Reprise » : « Dès les premiers textes, où il désigne le fait de prendre les armes, ce nom exprime l'action de prendre, de s'emparer de nouveau ».

(*King Richard II*, II, 3, 144-145) ? Ou bien s'agit-il de rompre le ban pour assouvir une soif de vengeance, pour mettre en œuvre ce que Francis Bacon appelle « une sorte de justice sauvage »[8], dans une pure optique de représailles qui, à nouveau, s'inscrit dans la dynamique du talion ? – « le mot [représailles] désigne une mesure de violence illicite que prend un État pour répondre à un acte également illicite commis à son égard par un autre État. [...] *représailles* s'est étendu à toute action individuelle de riposte à un mauvais procédé »[9].

Bien qu'il y ait transgression et armement dans les trois pièces tragiques, il semble que Bolingbroke et Cordelia optent pour une économie de reprise (se « reterritorialiser » dans la lignée du père, aider le père à se « reterritorialiser »), tandis que Coriolan choisit et revendique une économie de représailles (anéantir la Mère-patrie).

a. Alternative à l'injustice et économie de reprise

> The banished Bolingbroke repeals himself,
> And with uplifted arms is safe arrived
> At Ravenspurgh. (II, 2, 49-51)
>
> Bolingbroke le banni s'est lui-même rappelé d'exil,
> Et, les armes à la main, il est parvenu sans encombres
> À Ravenspurgh.

La rupture de ban de Bolingbroke est annoncée dans la deuxième scène de l'acte deux, mais son éventualité se dit en filigrane dès le bannissement et est évoquée à plusieurs reprises par des voix diverses. Ce sont comme des indices lâchés ça et là pour qui voudrait bien les relever : lorsque Richard II évoque la possibilité d'une alliance entre Bolingbroke et Mowbray en exil, que Bolingbroke affirme sa légitimité au moment même où il quitte le sol d'Angleterre, que York anticipe cette rupture sans la nommer en l'inscrivant dans les multiples dangers que s'attire

---

8. Ma traduction pour « a sort of wild justice ». Maurice Catellain propose « une sorte de justice inculte », Francis Bacon, *Essais* [*Essays*, 1597], traduction et introduction de Maurice Castellain, Paris, Aubier, collection « bilingue des classiques étrangers », 1948, p. 19.
9. Alain Rey, *Dictionnaire historique de la langue française*, *op. cit.*, art. « représailles », tome 3, p. 3191.

Richard II et que Northumberland dénonce l'injustice de la spoliation. Or, ce qui semble déclencher le retour transgressif, c'est davantage le préjudice que Bolingbroke subit lorsque Richard II s'empare des richesses et des terres de son père – ce qui n'est plus un abus de pouvoir déguisé – que son bannissement lui-même. Cela évoque la mise en garde de Machiavel au prince : « il suscite la haine dès qu'il porte la main sur les biens ou sur les femmes des sujets. Il doit donc s'en abstenir : si l'on n'enlève aux hommes ni leurs avoirs ni leur honneur, ils vivent contents »[10]. Avec Bolingbroke, Richard II commet cette double erreur fatale : il l'empêche de laver son honneur, puis il s'approprie son héritage. Ce dernier préjudice facilite la justification de la rupture de ban. Bolingbroke avance, avec raison, qu'il n'a d'autres recours que l'initiative personnelle de qui ne peut en appeler à la loi pour recouvrer ses droits :

> I am denied to sue my livery here,
> And yet my letters patents give me leave.
> My father's goods are all distrained and sold,
> And these, and all, are all amiss employed.
> What would you have me do? I am a subject,
> And I challenge law. Attorneys are denied me,
> And therefore personally I lay my claim
> To my inheritance of free descent. (II, 3, 129-136)
>
> On me refuse le droit de réclamer ici mes terres,
> Malgré les lettres patentes qui m'y autorisent.
> Tous les biens de mon père sont saisis et vendus,
> Et de cela comme de tout le reste, on fait mauvais usage.
> Que voudriez-vous que je fasse ? Je suis un sujet,
> J'en appelle à la loi ; on me refuse des mandataires,
> Je viens donc en personne revendiquer
> Mes droits d'héritier légitime.

Ne pouvant suivre les voies de la justice, Bolingbroke recourt à la force et « use de la bête ». Il suit en cela les deux façons de combattre présentées par Machiavel :

10. Machiavel, *Le Prince* suivi de *Choix de lettres*, *op. cit.*, p. 96.

> Sachez donc qu'il existe deux manières de combattre : l'une par les lois, l'autre par la force. L'une est propre aux hommes, l'autre appartient aux bêtes ; mais comme très souvent la première ne suffit point, il faut recourir à la seconde. C'est pourquoi il importe qu'un prince sache user adroitement de l'homme et de la bête[11].

Bolingbroke revient d'exil, pour se « reterritorialiser » sur les terres qui lui reviennent de droit, et non pour chasser Richard II du royaume d'Angleterre, comme il le lui dit avec clarté lors de la rencontre de Flint Castle : « My gracious lord, I come but for my own » (III, 3, 196) / « Mon gracieux seigneur, je ne viens chercher que ce qui m'appartient ». Ce que Northumberland, en tant que porte-parole, avait souligné précédemment : « His coming hither hath no further scope / Than for his lineal royalties, and to beg / Enfranchisement immediate on his knees » (III, 3, 112-114) / « Sa venue ici n'a pas d'autre visée / Que de recouvrer ses droits héréditaires, et d'implorer / À genoux leur rétablissement immédiat et la révocation de son exil ». Le verbe « swear » revient à plusieurs reprises dans les propos de Northumberland : Bolingbroke a « juré » qu'il tiendrait parole. Outre le fait que cette répétition puisse paraître suspecte, on peut douter qu'un individu qui se rappelle lui-même d'exil, après avoir prêté serment de ne pas le faire, tienne parole ; il semble par ailleurs significatif que ce verbe s'inscrive toujours dans un discours rapporté. Il n'est pas difficile d'anticiper ici une nouvelle rupture à venir entre discours et action. L'énoncé performatif, le serment, ne vaut plus, ni dans la bouche de Richard II, ni dans celle de Bolingbroke.

La rupture de ban de Cordelia, comme celle de Bolingbroke, participe d'une économie de reprise, à la différence que Cordelia ne retourne pas dans son pays pour reprendre ce qui lui reviendrait mais pour restituer son dû à son père. Ce qui déclenche son retour, c'est donc moins l'injustice de la répudiation que la spoliation paternelle, que le traitement indigne que subit Lear. La cruauté conjuguée de Regan et de Goneril, lorsqu'elles refusent

11. *Ibid.*, p. 91.

à Lear ses cent chevaliers et lui ferment leur porte, n'est pas sans évoquer l'attitude prédatrice de Richard II à la mort de John of Gaunt. Pour Cordelia comme pour Bolingbroke, c'est le sentiment personnel de révolte face à un (nouveau) comportement abusif qui déclenche la rupture de ban. Il s'agit pour Cordelia de tenter de « reterritorialiser » son père physiquement et psychiquement ; sa transgression est uniquement motivée par son amour filial. « Ô père chéri, / C'est ta cause que je sers » / « O dear father, / It is thy business that I go about » (IV, 3, 23-24), dit-elle à un père qu'elle n'a pas encore retrouvé. Et elle précise :

> Therefore great France
> My mourning and importuned tears hath pitied.
> No blown ambition doth our arms incite,
> But love, dear love, and our aged father's right. (IV, 3, 25-28)
>
> C'est pour elle [ta cause] que le grand roi de France
> A pris pitié de mon deuil et de mes larmes pressantes.
> Nulle ambition orgueilleuse n'incite nos armes,
> Seulement l'amour, un tendre amour, et les droits de notre vieux père.

Dans cette économie de reprise, il y a pour Cordelia la double idée de restitution et de réparation – « Repair » (IV, 6, 25) / « Répare ». De même pour Kent qui a informé Cordelia de la situation dans l'espoir qu'elle « trouvera l'occasion / De mettre un terme à ce monstrueux état des choses, en cherchant des remèdes / À nos maux » / « shall find time / For this enormous state, seeking to give / Losses their remedies » (II, 2, 154-155). À l'inverse, Gloucester interprète la rupture de ban et l'arrivée de la force armée comme de justes représailles : « These injuries the King now bears will be revenged home. There is part of a power already footed » (III, 3, 10-11) / « Ces affronts que le roi subit à présent seront pleinement vengés : des troupes d'une armée ont déjà débarqué ». Reprise ou représailles, ce n'est peut-être qu'une question de point de vue – pas nécessairement incompatibles.

Le processus de reprise qu'opère Bolingbroke s'accompagne, en effet, de représailles, d'abord par personnes interposées.

Il faut dire que Bolingbroke a trois raisons valables de vouloir régler ses comptes : le meurtre de Gloucester, sa propre mise au ban, la spoliation de son héritage au profit de « parvenus dépensiers » / « upstart unthrifts » (II, 3, 122). Or, s'il opte pour une politique de représailles envers Bushy et Green, c'est en réponse à l'ampleur de la « déterritorialisation » à laquelle ces derniers ont procédé en son absence, ampleur scandaleuse qu'il prend soin de rappeler publiquement :

> [...] you have fed upon my signories,
> Disparked my parks and felled my forest woods,
> From my own windows torn my household coat,
> Rased out my imprese, leaving me no sign
> Save men's opinions and my living blood
> To show the world I am a gentleman. (III, 1, 22-27)

> [...] vous vous nourrissiez de mes domaines,
> Saccagiez mes parcs, abattiez mes bois forestiers,
> De mes propres fenêtres arrachiez mon blason de famille,
> Effaciez ma devise, ne me laissant pas d'autres signes
> Que l'opinion des hommes et mon sang bien vivant
> Pour montrer au monde que je suis gentilhomme.

Il n'est pas anodin que les représailles envers ceux qui ont mis à sac son territoire se disent en termes de métaphores de déracinement, de mauvaises herbes arrachées : « Bushy, Bagot and their complices, / The caperpillars of the commonwealth, / Which I have sworn to weed and pluck away » (II, 3, 165-167) / « Bushy, Bagot et leurs complices, / Cette vermine de l'État / Que j'ai juré d'extirper et d'anéantir ». L'action individuelle de riposte à un mauvais procédé ne prend pour cible Richard II que plus tard. Le jardinier dit alors à ses hommes de main : « Bolingbroke / Hath seized the wasteful King » (III, 4, 54-55) / « Bolingbroke / S'est emparé du roi dépensier ». À ce moment-là, revient en mémoire la mise en garde de York à Richard II : « If you do wrongfully seize Hereford's rights » (II, 1, 201) / « Si vous saisissez injustement les droits de Hereford ». Repris dans la bouche du jardinier, le verbe « seize » souligne alors l'effet talion et suggère une dialectique de représailles plutôt que de reprise.

Cordelia se rappelle elle-même d'exil, comme elle le dit, « animé[e] des meilleures intentions » / « with best meaning » (V, 3, 4). Par-delà sa justification noble et ses serments, Bolingbroke trahit des intentions ambivalentes. Coriolan, quant à lui, opte pour une économie de pures représailles, de *tabula rasa*.

b. Représailles pures et démesure

Coriolan retourne la sentence qui l'exclut en « c'est moi qui vous bannis ! » / « I banish you! » (III, 3, 124), puis lance :

> Have the power still
> To banish your defenders, till at length,
> Your ignorance – which finds not till it feels –
> Making but reservation of yourselves –
> Still your own foes – deliver you
> As most abated captives to some nation
> That won you without blows! (III, 3, 128-134)

> Gardez toujours le pouvoir
> De bannir vos défenseurs, jusqu'à ce qu'à la fin
> Votre ignorance, qui ne comprend que ce qu'elle éprouve,
> N'épargnant que vous-mêmes,
> Ennemis de vous-mêmes, vous livre,
> Captifs soumis, à quelque nation
> Qui vous aura vaincus sans coup férir !

On ne peut s'empêcher d'y entendre un défi lourd de menace, d'y percevoir une valeur proleptique. En effet, sitôt banni, Coriolan offre son énergie belliqueuse à Aufidius. Le Volsque lui répond : « most absolute sir, if thou wilt have / The leading of thine own revenges, take / Th'one half of my commission and set down – / [...] – thine own ways » (IV, 5, 137-141) / « gentilhomme accompli, si tu veux / Conduire ta propre vengeance, prends / La moitié de mon commandement et fixe / [...] ta propre stratégie ». Le terme « revenge » revient comme un *leitmotiv* dans la pièce à partir de ce moment-là. La motivation de Coriolan est en apparence simple : il marche sur Rome « par rancoeur, / Pour rendre tout leur dû à ceux qui m'ont banni » / « in mere spite / To be full quit of those my banishers » (IV, 5, 83-84).

Or, comme le laisse entendre l'expression « in mere spite », il semble y avoir dans sa soif de vengeance quelque chose qui va au-delà de la loi du talion, qui l'excède, qui rend la notion d'« œil pour œil, dent pour dent » presque caduque. Les malédictions et les réglements de compte fantasmés de sa mère se placent, eux aussi, sous le signe de l'excès : « Now the red pestilence strike all trades in Rome, / And occupations perish! » (IV, 1, 14-15) / « Que la peste rouge s'abatte sur tous les commerces de Rome. / Et que périssent tous les métiers ! ». Chez Coriolan, le retour à l'envoyeur prend la tournure d'une rage excessive. Comme il l'annonce en personne, il veut livrer bataille à Rome « avec l'acharnement / De tous les démons de l'enfer » / « with the spleen / Of all the under-fiends » (IV, 5, 92-93), ce que confirme le superlatif de l'édile quand ce dernier précise que les forces ennemies détruisent tout sur leur passage « avec la plus extrême animosité guerrière » / « with the deepest malice of the war » (IV, 6, 43). La vengeance se dit en termes d'intensité mais aussi d'ampleur, de durée :

> [...] Martius,
> Joined with Aufidius, leads a power 'gainst Rome,
> And vows revenge as spacious as between
> The young'st and oldest thing. (IV, 6, 67-70)

> [...] Martius,
> Ligué avec Aufidius, conduit une armée contre Rome
> Et jure une vengeance qui s'étendra
> Des enfants aux vieillards.

C'est l'ensemble du spectre générationnel qui sera anéanti avec la mise à sac du territoire romain. Dans sa rage, Coriolan ne veut rien de moins qu'un impact spatio-temporel : détruire dans l'immédiat, mais aussi rendre impossible toute fertilité à venir.

Réapparaissent aussi dans *Coriolanus*, de façon significative et étroitement associés aux représailles, les deux mots clefs et la métaphore déjà rencontrés dans l'étude de l'abus de pouvoir : « rage », « wrath » et « dragon » – « thy wrath » (V, 2, 75) / « ton courroux » ; « my rages and revenges » (V, 3,

86) / « mes rages et mes revanches » ; « This Martius is grown from man to dragon » (V, 4, 13) / « D'homme, ce / Martius est devenu dragon ». Se retrouve, d'une part, la « vitesse de déterritorialisation de l'affect », sa « force de catapulte »[12]. Chez Coriolan, les représailles s'exercent sur un mode quasi oxymoronique ; elles sont à la fois quelque chose d'excessivement lesté et de fulgurant ; ça pèse et ça fuse. Se retrouve, d'autre part, la notion d'abus qui se dit en termes d'excès numérique et de démesure de force de frappe. Vis-à-vis de son offenseur, l'offensé s'auto-dédommage au centuple : c'est une Cité toute entière qui va se trouver anéantie pour la mise au ban d'un seul de ses citoyens. Les représailles deviennent démesure. Pourtant, aux yeux de Coriolan, dans le ressenti qui a été le sien, ces représailles sont à la juste mesure du préjudice qu'il a subi. On l'a entièrement « déterritorialisé », on lui a pris sa romanité : il ne prendra rien de moins que Rome. On a rayé son nom romain : il rasera la Cité qui l'a vu naître. Parce qu'on l'a expulsé vers du « lisse », il réintroduira du « lisse » là où il y avait du « strié » – jusqu'à un « dé-striage » qu'il envisage total. C'est sa justification, sa logique personnelle.

La rupture de ban, qu'elle participe d'une économie de reprise ou de représailles, ou des deux, se justifie aussi par l'enjeu du nom et de l'identité qu'il symbolise et rend visible.

2. « What's in a name? » : jeux de mots, enjeux de noms

La question de Juliet, « Qu'y a-t-il dans un nom ? » / « What's in a name? » (II, 2, 43)[13], se pose ici dans un contexte autre que celui d'un amour impossible entre familles ennemies : celui d'une mise au ban résultant d'un abus de pouvoir, mise au ban

12. Les termes (déjà abordés dans le premier chapitre) sont de Gilles Deleuze et Félix Guattari, dans *Mille plateaux. Capitalisme et schizophrénie 2*, Paris, Éditions de Minuit, 1980, p. 440.

13. Les citations de *Romeo and Juliet* proviennent de William Shakespeare, *Romeo and Juliet* (1595), éd. Brian Gibbons, London, Routledge, coll. « The Arden Shakespeare », 1994 [1980]. La traduction de *Roméo et Juliette* est celle Jean-Michel Déprats dans William Shakespeare, *Tragédies I (Œuvres complètes, I)*, Paris, Gallimard, coll. « Bibliothèque de La Pléiade », 2002.

qui éloigne physiquement l'individu et annule son identité civile. Le nom, ultime lien symbolique entre l'exilé et sa terre d'origine, est le lieu d'un enjeu de reconstruction de soi, de reconquête de soi-même aux yeux des autres. Pour Bolingbroke, il serait impensable d'accéder à la requête de Juliet : « Deny thy father and refuse thy name » (II, 2, 34) / « Renie ton père et refuse ton nom ». Quant à Coriolan, il ne vit que dans l'idée (qui est, en fait, celle de sa mère) de « créer son nom par la voie du renom »[14] ; c'est un obsessionnel de la nomination. Pour Bolingbroke comme pour Coriolan, ce ne sont pas les mots qui comptent, c'est le nom, et le nom s'acquiert ou se reconquiert par l'action.

a. Jeux de noms, titulature et identité

On se souvient que les dernières paroles prononcées par Bolingbroke avant l'exil sont pour affirmer qu'il demeurera, quoi qu'il en soit, « un véritable Anglais » / « a true-born Englishman » (I, 3, 309). Il n'est donc pas surprenant qu'il vienne réclamer le titre qui lui échoie à la mort de son père. À Berkeley, qui s'adresse à lui en l'appelant « Mon seigneur de Hereford » / « My lord of Hereford » (II, 3, 69), Bolingbroke répond :

> My lord, my answer is – to 'Lancaster',
> And I am come to seek that name in England;
> And I must find that title in your tongue
> Before I make reply to aught you say. (II, 3, 70-73)
>
> Mon seigneur, je réponds au nom de Lancastre,
> Et je suis venu chercher ce nom en Angleterre,
> Et je dois trouver ce titre sur vos lèvres,
> Avant de répondre à ce que vous me direz.

C'est le droit à porter ce titre qui motive son retour. Par ce titre, Bolingbroke affirme sa filiation, son rang, son identité et son honneur – ce dont Berkeley a conscience lorsqu'il se reprend : « Mistake me not, my lord, 'tis not my meaning / To rase one title of your honour out » (II, 3, 74-75) / « Ne vous méprenez pas, mon seigneur, ce n'est pas mon intention / De gommer un seul

14. Daniel Sibony, *Avec Shakespeare. Éclats et passions en douze pièces*, *op. cit.*, p. 119.

de vos titres d'honneur ». Bolingbroke entend ainsi se réapproprier son blason, sa devise, et retrouver ses signes extérieurs de noblesse. Dans une société très hiérarchisée, la titulature a presque une valeur performative en soi – du moins force-t-elle davantage l'écoute et le respect. Le titre est censé décupler la force du nom ; or, il perd inévitablement face à une « machine de guerre ». Le titre, tout comme le nom, le serment et le mot, est frappé de dérision par l'action. Devant l'imminence de sa déposition, c'est le constat que fait Richard II : « Is not the King's name twenty thousand names? / Arm, arm, my name! » (III, 2, 85-86) / « Le nom du roi n'est-il pas vingt mille noms ? / Arme-toi, arme-toi, mon nom ! ». N'être rien, il le comprend plus tard, c'est en effet n'avoir « pas de nom, pas de titre » / « no name, no title » (IV, 1, 255). Il y a quelque chose de cyniquement enfantin dans le jeu du talion quand il prend pour variante : « tu m'enlèves mon titre ? Je t'enlève ton titre ». Au moment où Northumberland ne parle plus de « King Richard » mais de « Richard » (III, 3, 6), il rend la pareille à celui qui avait voulu priver Bolingbroke de sa titulature – même s'il avance une raison toute pragmatique : « only to be brief / Left I his title out » (III, 3, 10-11) / « c'est seulement pour faire bref / Que j'ai omis son titre ».

Bolingbroke apparaît comme le digne fils de son père : lui aussi est habile à jouer de son nom pour en faire ressortir toute la signification. Ainsi, lorsqu'il se voit contraint de justifier sa rupture de ban devant York :

> As I was banished, I was banished Hereford;
> But as I come, I come for Lancaster. (II, 3, 113-114)
>
> Lorsque je fus banni, c'est Hereford qui fut banni ;
> À présent je reviens, c'est pour Lancastre que je viens.

Tout se passe comme si le transfert de titre pouvait court-circuiter la rupture de ban. En outre, Bolingbroke n'hésite pas à recourir à des jeux de miroir, à des effets mimétiques. Pour sensibiliser son oncle et le rallier à sa cause, il présente les noms de York et de Gaunt comme interchangeables : « You are my father, for methinks in you / I see old Gaunt alive » (II, 3, 117-118) / « Vous êtes mon père, car il me semble qu'en vous / Je vois vivre le vieux

Gand ». Il interpelle York comme s'il s'adressait à son propre père ; il en appelle à sa fibre paternelle en demandant à York d'imaginer que son fils Aumerle pourrait se trouver dans une situation symétrique. À la justification majeure de sa rupture de ban (spoliation de sa titulature, de ses droits et de ses prérogatives), Bolingbroke ajoute des jeux de substitutions symboliques (Hereford/Lancaster, York/Gaunt, Bolingbroke/Aumerle) qui montrent combien le nom propre, prononcé au moment propice, recèle à lui seul une force de persuasion par son pouvoir évocateur, riche de *pathos*, qui touche plus que les mots, qui leste d'un seul coup le discours rhétorique et lui fait faire mouche. Nommer, c'est comme convoquer toute la substance de l'individu qui porte ce nom, traverser son identité depuis sa signification sociale jusqu'à son cœur, son intimité, faire son ontogénèse. Dans certains cas, nommer, c'est d'emblée dire le renom.

b. L'obsession du renom/re-nom chez Coriolan

On connaît l'importance que le guerrier romain accorde au nom. Ce dernier doit dire pleinement qui est Coriolan et le rendre visible selon un fantasme de transparence éblouissante. Pour reprendre les termes de Daniel Sibony, « le nom fait drapeau, oriflamme » et dit « sa quête d'un renom sans réplique, d'un nom qui l'identifie à ses actes, à son mérite »[15]. Or, la hantise du banni, c'est qu'à Rome son nom et son renom s'effacent des mémoires et sombrent dans l'oubli. Jane Kingsley-Smith précise :

> Une forme de bannissement, inventée par Auguste au premier siècle avant J.-C., était l'*abolitio memoriae* par laquelle l'exilé était littéralement effacé des registres historiques comme s'il n'avait jamais existé [...]. Il est possible que Shakespeare n'ait rien su de cette forme particulière, plutôt absconse, d'exil romain, mais Coriolan demeure très sensible à ce danger[16].

La tragédie de la mise au ban de Coriolan réside dans le fait qu'il est non seulement déjugé mais également dé-nommé. Aufidius doit poser à maintes reprises sa question, « Quel est ton nom ? »

---

15. *Ibid.*, p. 113.
16. Jane Kingsley-Smith, *Shakespeare's Drama of Exile*, Hampshire, Palgrave MacMillan, 2003, p. 157 (ma traduction).

/ « What is thy name? » (IV, 5, 55, 58, 60, 63, 65), pour que Coriolan réponde enfin :

My name is Caius Martius, who hath done
To thee particularly, and to all the Volsces,
Great hurt and mischief. Thereto witness may
My surname Coriolanus. The painful service,
The extreme dangers, and the drops of blood
Shed for my thankless country, are requited
But with that surname – a good memory
And witness of the malice and displeasure
Which thou shouldst bear me. Only that name remains.
The cruelty and envy of the people,
Permitted by our dastard nobles, who
Have all forsook me, hath devoured the rest. (IV, 5, 66-77)

Mon nom est Caius Martius, je vous ai fait
À toi en particulier, et à tous les Volsques,
Grand tort et grand mal. Comme en témoigne
Mon surnom, Coriolan. Le dur labeur,
Les dangers extrêmes, et la sueur de sang
Versée pour mon pays ingrat n'ont reçu pour récompense
Que ce surnom, mémoire
Et témoin éclatants de l'animosité et du ressentiment
Que tu dois me porter : seul ce nom me reste.
La cruauté et la haine du peuple,
Autorisées par la poltronnerie des nobles, qui
M'ont tous abandonné, ont dévoré le reste.

Le caractère contre-nature de sa mise au ban est souligné par la métaphore du cannibalisme. Ce qui lui reste, c'est son surnom de Coriolan, « [u]n nom peu musical aux oreilles des Volsques » / « A name unmusical to the Volscians' ears » (IV, 5, 59) et qu'il ne peut plus porter avec noblesse. Dès lors, son exil ne se dit pas en termes d'errance spatiale mais d'errance nominale.

L'enjeu de la rupture de ban pour Coriolan, c'est, certes, de prendre sa revanche, mais surtout de se refaire un nom. Cominius l'a compris et l'énonce avec clarté au moment où il rapporte l'échec de son ambassade auprès de Coriolan :

'Coriolanus'
He would not answer to, forbade all names;

He was a kind of nothing, titleless,
Till he had forged himself a name o'th' fire
Of burning Rome. (V, 1, 11-15).

Au nom de « Coriolan »
Il n'a pas répondu, récusant tous les noms,
Disant qu'il n'était rien et n'avait plus de titre
Avant de se forger un nom dans le feu
De Rome embrasée.

Le retour en armes est sous-tendu par l'enjeu vital du re-nom/renom. Coriolan est tellement obsédé par sa quête qu'il ne prête plus attention aux noms des autres. Ces derniers ont perdu leur force évocatrice, leur pouvoir affectif, leur valeur de sésame. « La vertu de votre nom / N'est pas ici un mot de passe » / « The virtue of your name / Is not here passable » (V, 2, 13-14), s'entend rétorquer Menenius à son approche du camp de Coriolan. Comme Cominius, Virgilia et Volumnia ont saisi l'importance que revêtait le nom aux yeux de Coriolan et elles jouent sur cette corde sensible pour tenter de le fléchir. Virgilia rappelle ainsi à son mari qu'elle a mis au monde un fils « pour que [son] nom / Survive au temps » / « to keep [his] name / Living to time » (V, 3, 127-128) – mais on verra plus loin qu'une fois banni Coriolan se trouve dans une optique d'alliance et non plus de filiation. Volumnia, avec l'habileté redoutable dont elle est coutumière, met son fils en garde contre le type de re-nom/renom qui l'attend s'il continue à marcher sur Rome :

[...] if thou conquer Rome, the benefit
Which thou shalt thereby reap is such a name
Whose repetition will be dogged with curses,
Whose chronicle thus writ: 'The man was noble,
But with his last attempt he wiped it out,
Destroyed his country, and his name remains
To th'ensuing age abhorred'. (V, 3, 143-149)

Si tu es vainqueur de Rome, le bénéfice
Que tu moissonneras sera un nom
À jamais traqué par les malédictions ;
La chronique écrira : « Cet homme était noble.
Mais par sa dernière action, il a tout effacé,

A détruit son pays, et son nom restera
Abhorré dans les âges futurs. »

L'éclatante renommée se retournerait en mauvaise réputation ; l'éclat se changerait en tache indélébile ; le nom béni deviendrait maudit et honni, inscrit à jamais dans les annales du temps, définitif et intouchable comme en rêve Coriolan mais privé de renom – un anti-nom.

Se refaire un nom, réclamer son titre, tel est l'enjeu qui sous-tend la dynamique de la rupture de ban. L'action transgressive et guerrière qui préside à cet enjeu participe d'un choix, celui de refuser l'apaisement que les mots, l'imagination, la doctrine de la *consolatio* auraient pu apporter en exil. Une fois encore, l'action l'emporte sur les mots.

c. Des noms et non des mots : non à la doctrine de la *consolatio*

En réponse à l'annonce de leur mise au ban, Bolingbroke et Coriolan semblent adopter une attitude que l'on pourrait dire stoïque, dans la mesure où ils témoignent ouvertement de leur indifférence et font preuve de fermeté d'âme[17]. Pour Coriolan, l'exil ne serait qu'un ailleurs aussi supportable que l'ici. Pour Bolingbroke, le soleil brillerait de la même façon ici ou là-bas :

Your will be done; this must my comfort be,
That sun that warms you here shall shine on me,
And those golden beams to you here lent
Shall point on me and gild my banishment. (I, 3, 145-147)

Que votre volonté soit faite ; mon réconfort sera
Que le soleil qui vous réchauffe ici, brillera aussi sur moi,
Et que ses rayons d'or qu'il vous prête ici
Seront pointés sur moi pour dorer mon exil.

Lorsque Coriolan lance son « [i]l y a un monde ailleurs » / « There is a world elsewhere » (III, 3, 136), on pourrait penser qu'il

17. Pour une définition concise du stoïcisme, voir André Lalande, *Vocabulaire technique et critique de la philosophie* (1926), Paris, PUF, coll. « Quadrige », 2006, p. 1029, et Malcolm Hebron, *Key Concepts in Renaissance Literature*, Basingstoke, Palgrave Macmillan, 2008, p. 110-112.

énonce « la formulation la plus simple de la doctrine du changement de lieu »[18], selon les termes de John L. Tison, et qu'il suit les prescriptions des ouvrages sur l'art de la *consolatio* s'inscrivant dans le sillage des stoïciens : l'homme est un citoyen du monde et, pour peu qu'il soit sage, il recèle en lui-même une capacité à être heureux où qu'il se trouve ; bien que banni, il ne se départit pas des vertus qui sont siennes ; l'exil n'est qu'une affaire de déplacement car l'agencement de la nature demeure permanent et universel[19]. La notion de revers de fortune semble ainsi éradiquée. Or, si Coriolan dit vivre sous la voûte céleste et relativiser son exil comme un simple ailleurs, c'est une économie de représailles qu'il a néanmoins en tête. Ce qui suggère que le bannissement est perçu à la fois comme envers (impossibilité de faire abstraction de l'endroit, c'est-à-dire du lieu originel) et comme revers (injustice qui appelle revanche et réparation). Coriolan s'inscrit dans une logique active de retour à l'envoyeur qui, croit-il, va lui permettre de se refaire un nom. Il ne peut se contenter des leçons de sa mère sur la force d'âme, de ses « préceptes capables de rendre invincible / Le cœur qui en serait pénétré » / « precepts that would make invincible / That heart that conned them » (IV, 1, 10-11).

Bolingbroke n'écoute pas plus son père que Coriolan sa mère. Comme Coriolan, il préfère l'action transgressive à l'acceptation passive, aux discours apaisants, aux échappées par l'imaginaire. Certes, le soleil brillera où qu'il se trouve, mais ce ne sera qu'un réconfort forcé (« must ») et de surface (« gild »). Celui qui énonce la doctrine de la *consolatio* et la préconise, c'est John of Gaunt, pas Bolingbroke. Pour John of Gaunt, la seule façon de supporter l'exil est de le renommer, d'en faire une réalité autre à l'aide des mots, d'en proposer une transposition radicale par le biais d'un exercice mental : « Think not the King did banish thee, / But thou the King » (I, 3, 279-280) / « Ne pense pas que le roi t'a banni, / Mais que toi tu as banni le roi ». Mais au conseil

---

18. John L. Tison, « Shakespeare's *Consolatio* for Exile », *Modern Language Quarterly*, vol. 21, n° 2, juin 1960, p. 150 (ma traduction).

19. *Id.* John L. Tison explore l'influence possible sur Shakespeare du *Ad Helviam* de Sénèque et du *Cardamus Comforte* de Jérôme Cardan (ouvrage majeur de la Renaissance sur l'art de la *consolatio*, traduit en anglais par Thomas Beddingfield en 1576).

de son père, « [d]is-toi que c'est un voyage que tu fais par plaisir » / « Call it a travel that thou tak'st for pleasure » (I, 3, 262), Bolingbroke répond : « My heart will sigh when I miscall it so, / Which finds it an enforced pilgrimage » (I, 3, 263-264) / « Mon cœur soupirera si je donne un faux nom / À ce qui n'est pour lui qu'un pèlerinage forcé ». Aux yeux du fils, l'imagination ne peut venir à la rescousse du réel ; tout au plus peut-elle susciter des oxymores qui ne font que souligner l'impasse et le caractère insupportable de la situation :

> O, who can hold a fire in his hand
> By thinking on the frosty Caucasus?
> Or cloy the hungry edge of appetite
> By bare imagination of a feast?
> Or wallow naked in December snow
> By thinking on fantastic summer's heat?
> O no, the apprehension of the good
> Gives but the greater feeling to the worse. (I, 3, 294-301)
>
> Oh, qui peut tenir le feu dans sa main
> En pensant au Caucase glacé ?
> Ou rassasier le vorace tranchant de l'appétit
> Par la seule imagination d'un banquet ?
> Ou se rouler nu dans la neige de décembre
> En se représentant la chaleur de l'été ?
> Oh non, la perception du bien
> Fait seulement ressentir plus vivement le mal.

Bolingbroke, comme Coriolan, ne prête pas l'oreille aux propos lénifiants, empreints de sagesse stoïcienne, fussent-ils ceux de son père. Rien ne sert de recourir à des remèdes lénitifs, il faut vider l'abcès tant qu'il en est encore temps. Agir en profondeur et non soulager temporairement la surface ; partir en quête de son nom et réclamer son dû, et non agencer avec soin des mots sans prise sur le réel ; ne pas tenir sa promesse, rendre caducs les serments passés – ce qui est déjà, pour James Hillman, « une percée de la vie dans le monde de la sécurité du Logos, où nous pouvons être sûr de toute chose et où le passé garantit le futur »[20]–, et rompre le ban avec la « machine de guerre » adéquate.

---

20. James Hillman, *La Trahison et autres essais*, *op. cit.*, p. 18.

II. Pas de rupture de ban sans « machine de guerre »

Les ruptures de ban respectives de Bolingbroke et de Coriolan ne sont effectives que parce qu'elles se font avec l'appui d'une force armée fortement dissuasive ou offensive d'emblée. C'est l'irruption de la « machine de guerre » telle que l'ont définie Gilles Deleuze et Félix Guattari dans leur traité de nomadologie. Qu'appelle-t-on « machine de guerre » ? Qu'est-ce qui fait son efficacité et la rend redoutable ? De quelle façon et à quelles fins l'utilise-t-on ? Comment est-elle mise en œuvre dans *King Richard II* et dans *Coriolanus* ?

1. Le concept de « machine de guerre »

« La machine de guerre est l'invention des nomades (en tant qu'elle est extérieure à l'appareil d'État et distincte de l'institution militaire) »[21]. Il s'agit d'une force armée qui échappe au contrôle de l'État (monarchie ou république) parce qu'elle se crée hors de lui et s'organise selon des règles autres, qu'elle est à la fois imprévisible et conjoncturelle, comme catapultée de l'extérieur, qu'elle se déplace en toute liberté, qu'elle « déterritorialise » à la manière du jeu de go, qu'elle réintroduit du « lisse » là où il y avait du « strié ».

a. « Machine de guerre » *versus* appareil d'État

Comment l'appareil d'État gère-t-il les conflits auxquels il se trouve confronté ? Gilles Deleuze et Félix Guattari expliquent :

> On remarquera que la guerre n'est pas prise dans cet appareil. *Ou bien* l'État dispose d'une violence qui ne passe pas par la guerre : il emploie des policiers et des geôliers plutôt que des guerriers, il n'a pas d'armes et n'en a pas besoin, il agit par capture magique immédiate, il « saisit » et « lie », empêchant tout combat. *Ou bien* l'État acquiert une armée, mais qui présuppose une intégration juridique de la guerre et l'organisation d'une fonction militaire. Quant à la machine de guerre en elle-même, elle semble bien irréductible à l'appareil d'État,

21. Gilles Deleuze et Félix Guattari, *Mille plateaux. Capitalisme et schizophrénie 2*, *op. cit.*, p. 471.

> extérieure à sa souveraineté, préalable à son droit : elle vient d'ailleurs.[22]

Ils précisent que, lorsque l'appareil d'État opte pour une armée, c'est la discipline qui en devient le caractère principal, alors que « la machine de guerre répond à d'autres règles [...] [qui] animent une indiscipline fondamentale du guerrier, une remise en question de la hiérarchie, un chantage perpétuel à l'abandon et à la trahison, un sens de l'honneur très susceptible, et qui contrarie, encore une fois, la formation d'État »[23].

On pense, dans *Coriolanus*, au contraste entre l'organisation militaire qui est présentée au premier acte, quand Coriolan est encore intégré à l'appareil d'État et se partage un champ de bataille traditionnel avec Titus Lartius et Cominius, et la « machine de guerre » décrite à la fin du quatrième acte et au début du cinquième acte, quand Coriolan fait cavalier seul à la tête des troupes volsques qu'il a comme envoûtées – « Je ne sais quelle sorcellerie est en lui » / « I do not know what wichcraft's in him » (IV, 7, 1), dit Aufidius. La discipline a cédé le pas à une sorte de fanatisme, à ce qui relève pour le moins de l'engouement irrationnel pour un chef qui opère en électron libre. On pense aussi, dans *King Richard II*, à Bolingbroke qui revient sur le sol d'Angleterre « [a]vec huit grands vaisseaux, trois mille hommes de guerre » / « With eight tall ships, three thousand men of war » (II, 1, 286) – il est intéressant de remarquer que Shakespeare a privilégié la source qui faisait part de la force armée la plus importante au plan numérique. La force armée de Bolingbroke ne cesse de croître en raison des ralliements successifs à sa cause. Comme le rapporte Scroop à Richard II :

> Your uncle York is joined with Bolingbroke,
> And all your northern castles yielded up,
> And all your southern gentlemen in arms
> Upon his party. (III, 2, 200-203)

22. *Ibid.*, p. 435. Les italiques sont des auteurs.
23. *Ibid.*, p. 443.

> Votre oncle York s'est joint à Bolingbroke,
> Tous vos châteaux du nord se sont rendus à lui,
> Et tous vos gentilshommes au sud ont pris les armes
> Et embrassé son parti.

Richard II se retrouve ainsi en son royaume « désemparé et dénué d'amis » / « barren and bereft of friends » (III, 3, 84). La « machine de guerre » procède par agrégations horizontales, par ramifications spontanées, alors que l'armée étatique a un fonctionnement vertical, pyramidal et préétabli. Pour reprendre les termes de Gilles Deleuze et de Félix Guattari, on pourrait dire que l'armée étatique, comme la plupart des organes de pouvoir, a une organisation de « type arborescent », tandis que la « machine de guerre », comme la meute, se crée et se développe selon un mode de « type rhizome »[24]. La « machine de guerre » offre donc une structure éphémère et contractuelle, multipliable à l'infini, qui ne rejette ni l'affect ni l'irrationnel et qui sied aux mercenaires.

b. Quand l'alliance l'emporte sur la filiation, ou l'attitude mercenaire

En 1530, Henry VIII faisait abolir la pratique de l'abjuration car, rappelle Jane Kingsley-Smith :

> Le roi avait remarqué que de nombreux exilés étaient d'excellents soldats qui, par la suite, devenaient des mercenaires et s'enrôlaient dans l'armée française. Les modifications qu'il apporta à la loi d'asile inversèrent la politique qui consistait à autoriser les criminels à quitter le pays en les faisant enfermer, pour une durée indéterminée, dans des lieux sûrs créés à cet effet[25].

Rien d'étonnant à ce que des individus bannis soient tentés par l'aventure mercenaire : la mise au ban de leur pays d'origine a mis fin à tout mode de filiation, qu'il soit biologique, socioculturel ou symbolique. On a coupé ce qui pour eux créait du lien ; on les a contraint à « larguer les amarres ». Du lien, ils ne peuvent

---

24. Gilles Deleuze et Félix Guattari, *Mille plateaux. Capitalisme et schizophrénie 2*, *op. cit.*, p. 443.
25. Jane Kingsley-Smith, *Shakespeare's Drama of Exile*, *op. cit.*, p. 61 (ma traduction).

en recréer que sur le mode de l'alliance qui se substitue, alors, à la filiation et permet d'opérer une forme de réinsertion viable. Ainsi, bannir reviendrait à condamner à l'alliance.

N'est-ce pas la crainte éprouvée par Richard II, crainte qui l'incite à faire jurer à Mowbray et à Bolingbroke de ne jamais s'allier dans l'adversité ?

> You never shall, so help you truth and God,
> Embrace each other's love in banishment;
> Nor never look upon each other's face;
> Nor never write, regreet, nor reconcile
> This louring tempest of your home-bred hate;
> Nor never by advised purpose meet
> To plot, contrive or complot any ill
> 'Gainst us, our state, our subjects or our land. (I, 3, 183-190)
>
> Vous ne devez jamais, avec le secours de votre loyauté et de Dieu,
> Vous unir l'un l'autre d'amitié en exil,
> Ni jamais vous voir l'un l'autre en face,
> Ni jamais vous écrire, vous saluer de nouveau, ou apaiser
> La sombre tempête de votre haine domestique,
> Ni jamais de propos délibéré vous rencontrer,
> Pour tramer, machiner ou comploter quoi que ce soit de mal,
> Contre nous, notre autorité, nos sujets, ou notre terre.

L'invraisemblable alliance des frères ennemis redoutée par Richard II s'accomplit dans *Coriolanus* : Coriolan et Aufidius deviennent, pour un temps, frères d'armes. Ce qui les unit par-delà leur rivalité exacerbée, c'est une forme extrême d'esprit de caste[26]. Coriolan fait alliance avec le lointain volsque parce qu'il a été trahi par le proche romain, mais aussi parce que ce lointain volsque, lui, reconnaît ses qualités guerrières et les estime à leur juste valeur. Lorsque Coriolan se présente à Aufidius pour lui offrir ses services, ses propos évoquent ceux d'un mercenaire : « make my misery serve thy turn. So use it /

---

26. Voir Michèle Willems, « "Women and horses and power and war": Worship of Mars from *1 Henry IV* to *Coriolanus* », dans Jean-Marie Maguin et Michèle Willems (dir.), *French Essays on Shakespeare and His Contemporaries: « What would France with us? »*, London, Associated University Press, 1995, p. 191.

That my revengeful services may prove / As benefits to thee » (IV, 5, 89-91) / « Utilise mon infortune à tes fins. Sers-toi d'elle / Pour que mon acte de vengeance te soit / Profitable ». Avec, en filigrane, le danger que l'alliance se rompe aussi facilement qu'elle s'est créée (car elle n'a pas de fondement idéologique ou éthique) ou que le mercenaire ne soit, en fait, pas celui que l'on pensait. C'est ce constat d'inversion amer que fait Aufidius :

> I took him,
> Made him joint-servant with me, gave him way
> In all his own desires; nay, let him choose
> Out of my files, his projects to accomplish,
> My best and freshest men; served his designments
> In mine own person, holp to reap the fame
> Which he did end all his, and took some pride
> To do myself this wrong, till at the last
> I seemed his follower, not partner, and
> He waged me with his countenance as if
> I had been mercenary. (V, 6, 30-40)

> Je l'accueillis,
> En fis mon associé, et cédai
> À tous ses désirs ; même, je lui laissai choisir
> Dans mon armée, pour accomplir ses projets,
> Les meilleurs hommes et les plus dispos ; je servis ses desseins
> En personne, l'aidant à moissonner la gloire
> Qu'il engrangea pour lui tout seul, et je mis quelque orgueil
> À m'infliger ce tort, si bien qu'à la fin
> Je semblais son subalterne, non son égal, et
> Lui me rétribuait d'un sourire comme si
> J'étais à sa solde.

La connotation péjorative du terme « mercenary » ne fait aucun doute. Reviennent en mémoire le portrait peu flatteur que Machiavel dresse des troupes mercenaires et sa mise en garde contre leurs capitaines :

> Ou bien les capitaines mercenaires sont excellents dans leur profession, ou ce sont des nullités. Dans le premier cas, tu ne peux te fier à eux, car toujours ils aspireront à leur propre grandeur, soit en te dépouillant toi-même, soit en s'en prenant à

> d'autres, et contre tes intentions ; dans le second, un capitaine sans vertu signifie ta perte assurée[27].

On sait à quelle catégorie Coriolan appartient et le constat d'Aufidius semble confirmer l'analyse de Machiavel. Le Volsque lui-même a été pris de court ; ses attentes ont été déjouées. C'est bien là le point fort de la « machine de guerre » : la vitesse à laquelle elle se déplace et la manière imprévisible dont elle investit l'espace.

c. Quelle stratégie ? Fulgurance et jeu de go

La « machine de guerre » n'est pas prévisible, mais elle s'impose par sa fulgurance – « [s]i les nomades ont formé la machine de guerre, c'est en inventant la vitesse absolue, en étant "synonyme" de vitesse »[28]. En cela, elle se distingue des combats traditionnels qui se déroulent sur les champs de bataille. Lorsque deux armées s'affrontent, elles avancent et/ou elles reculent ; elles s'estompent parfois dans un « no man's land » dont on peine à distinguer les contours. L'issue du conflit demeure un temps incertaine, surtout si les informations qui circulent se révèlent datées ou erronées avant d'arriver à bon port. On en a l'illustration dans *King Richard II* avec la rébellion irlandaise et la fausse rumeur de la mort du roi ; dans *Coriolanus*, avec la nouvelle déjà dépassée des troupes romaines battant en retraite devant les troupes volsques ; dans *King Lear*, avec l'incertitude du résultat de la guerre civile, l'avancée puis la défaite des forces de Cordelia. La « machine de guerre », en revanche, est *comme déjà là*, devançant toute préparation militaire susceptible de lui faire front ; son efficacité s'impose comme par magie. Dans *Coriolanus*, c'est le second messager qui apprend aux Romains :

> A fearful army, led by Caius Martius
> Associated with Aufidius, rages
> Upon our territories, and have already

---

27. Machiavel, *Le Prince* suivi de *Choix de lettres*, *op. cit.*, p. 63.
28. Gilles Deleuze et Félix Guattari, *Mille plateaux. Capitalisme et schizophrénie 2*, *op. cit.*, p. 480.

> O'erborne their way, consumed with fire and took
> What lay before them. (IV, 6, 78-82)
>
> Une armée redoutable, conduite par Caius Martius
> Associé à Aufidius, fait rage
> Sur nos territoires ; elle a déjà
> Forcé sa voie, consumant par le feu, et pillant
> Tout ce qui était sur son passage.

Ces informations sont confirmées par Aufidius, avec un point de vue interne : « All places yields [*sic*] to him ere he sits down, / And the nobility of Rome are his » (IV, 7, 28) / « Toutes les villes se rendent à lui avant qu'il les assiège, / Et la noblesse de Rome est à lui ». Et Menenius précise plus tard, toujours à propos de Coriolan, que « [c]e qu'il ordonne est accompli aussitôt qu'ordonné » / « What he bids be done is finished with his bidding » (V, 4, 22-23). Dans *King Richard II*, Northumberland informe ses amis que les forces de Bolingbroke « [f]ont voile vers ici en toute hâte, / Dans le dessein d'aborder sur la côte nord » / « Are making hither with all due expedience, / And shortly mean to touch our northern shore » (II, 1, 287-288). On sait que, pour des raisons d'intensité dramatique, Shakespeare a opéré à partir de ses sources une compression du temps historique : c'est l'impression de vitesse et de fluidité spatio-temporelles qui s'en trouve accentuée[29]. Le verbe « couvrir » / « cover » employé par Scroop pour décrire l'étendue du territoire soudainement à la merci de Bolingbroke créé une impression similaire – « the rage / Of Bolingbroke, covering your fearful land / With hard bright steel and hearts harder than steel » (III, 2, 109-111) / « la fureur / De Bolingbroke, qui couvre votre terre épouvantée / D'acier dur et brillant et de cœurs plus durs que l'acier ».

Parce que Shakespeare compresse le temps historique et se concentre sur l'effet produit par la « machine de guerre » (et non sur ses préparatifs, aussi brefs soient-ils), cette fulgurance paraît aller à l'encontre de l'adage d'Érasme : *festina*

---

29. Voir la note 289-290 de Charles R. Forker dans William Shakespeare, *King Richard II*, éd. R. Forker, London, Thomson, coll. « The Arden Shakespeare », 2002.

lente – « hâte-toi lentement ». Cet adage était très suivi à la Renaissance et ses emblèmes les plus connus représentaient un dauphin s'enroulant autour d'une ancre, une tortue portant voile sur sa carapace, une voilure attachée à une colonne, un papillon sur le dos d'un crabe. Edgar Wind précise : « ces combinaisons emblématiques, ainsi que d'innombrables autres, furent adoptées pour dire la règle de vie selon laquelle la maturité est atteinte par une montée en puissance dans laquelle la célérité et la stabilité sont également développées »[30]. On trouve, pourtant, dans *Coriolanus* comme dans *King Richard II*, quelques allusions à la mise en place de la « machine de guerre ». Dans *Coriolanus*, il s'agit d'« être prêt » – « readiness » (IV, 3, 43)[31]. Dans *King Richard II*, il s'agirait davantage d'« être mûr » (« ripeness »), si l'on en croit l'hypothèse avancée par Northumberland pour expliquer que les forces de Bolingbroke n'ont pas encore atteint le sol d'Angleterre : « Perhaps they had ere this, but that they stay / The first departing of the King for Ireland » (II, 1, 289-290) / « Peut-être y seraient-ils déjà s'ils n'avaient attendu / Que le roi parte enfin pour l'Irlande ». En faisant entrer en résonance « they stay », « with all due expedience » et « shortly », on obtiendrait quelque chose de l'esprit du *festina lente*. Une machine rapide mais menée par une stratégie mûrie pour frapper au moment propice et décupler ainsi l'effet de rapidité.

Dans leur traité de nomadologie, Gilles Deleuze et Félix Guattari mettent en regard la « machine de guerre » et l'appareil d'État ; ils les comparent respectivement au jeu de go et aux échecs. Le jeu d'échecs peut servir de métaphore à l'appareil d'État dans la mesure où « [l]es pièces d'échec sont codées, [où] elles ont une nature intérieure ou des propriétés intrinsèques,

30. Edgar Wind, *Pagan Mysteries in the Renaissance*, London, Faber and Faber, 1958, p. 90 (ma traduction).

31. On pense aussi au célèbre « Le tout est d'être prêt » / « The readiness is all » (V, 2, 169) d'Hamlet, même s'il s'agit de réflexion métaphysique et non de stratégie martiale comme dans *Coriolanus*. La citation est tirée de William Shakespeare, *Hamlet* (1600), éd. G. R. Hibbard, Oxford, Oxford University Press, coll. « The World's Classics », 1987. La traduction est de Jean-Michel Déprats dans William Shakespeare, *Tragédies I (Œuvres complètes, I)*, *op. cit.*

d'où découlent leurs mouvements, leurs situations, leurs affrontements. Elles sont qualifiées, le cavalier reste un cavalier, le fantassin un fantassin, le voltigeur un voltigeur »[32]. Si le go sert en revanche de métaphore à la « machine de guerre », c'est que :

> Les pions de go au contraire sont des grains, des pastilles, de simples unités arithmétiques, et n'ont d'autre fonction qu'anonyme, collective ou de troisième personne : « Il » avance, ce peut être un homme, une femme, une puce, un éléphant. Les pions de go sont les éléments d'un agencement machinique non subjectivé, sans propriétés intrinsèques, mais seulement de situation[33].

Les mercenaires et les forces qui se rallient une fois la « machine de guerre » en branle s'apparentent aux pions de go. Quant au meneur de jeu, ce « Il » qui avance inéluctablement, on verra avec Coriolan et ses « devenirs » qu'il peut, en effet, prendre plusieurs figures. Ce ne sont pas seulement les pièces qui sont de nature différente, ce sont aussi les stratégies et la façon d'occuper l'espace qui diffèrent :

> Les échecs sont bien une guerre, mais une guerre institutionnalisée, réglée, codée, avec un front, des arrières, des batailles. Mais une guerre sans ligne de combat, sans affrontement et arrières, à la limite sans bataille, c'est le propre du go : pure stratégie, tandis que les échecs sont une sémiologie. Enfin, ce n'est pas du tout le même espace : dans le cas des échecs, il s'agit de se distribuer un espace fermé, donc d'aller d'un point à un autre, d'occuper un maximum de place avec un minimum de pièces. Dans le go, il s'agit de se distribuer un espace ouvert, de tenir l'espace, de garder la possibilité de surgir en n'importe quel point[34].

Alors que le joueur d'échec déplace ses pièces sur un espace « strié », l'adepte du go s'adapte sans cesse à un espace « lisse » ou « dé-strie » le « strié » pour que le « lisse » fasse retour. Ainsi de celui qui mène la « machine de guerre ».

---

32. Gilles Deleuze et Félix Guattari, *Mille plateaux. Capitalisme et schizophrénie 2*, *op. cit.*, p. 436.
33. *Id.*
34. *Ibid.*, p. 436-437.

d. Le « lisse » par opposition au « strié »

Gilles Deleuze et Félix Guattari associent l'espace « lisse » à l'espace nomade, à « l'espace où se développe la machine de guerre », par contraste avec l'espace « strié », soit l'espace sédentaire, donc « l'espace institué par l'appareil d'État »[35]. Ils nous rappellent que le rôle essentiel de l'État constitue à « strier l'espace sur lequel il règne, [...] vaincre le nomadisme, [...], contrôler les migrations, [...] faire valoir une zone de droits sur tout un "extérieur", sur l'ensemble des flux qui traversent l'œcumène », « strier l'espace, contre tout ce qui risque de le déborder »[36]. La « machine de guerre », elle, reconstitue un espace « lisse » ou « une manière d'être dans l'espace comme s'il était lisse », sans se préoccuper du « strié » sinon pour le « dé-strier » : « au lieu de strier l'espace, [elle] l'occupe avec un vecteur de déterritorialisation en mouvement perpétuel »[37]. On pense à Coriolan dont l'armée semble tenir du rouleau compresseur, de l'impitoyable faucheuse n'épargnant rien sur sa trajectoire : « He will mow all down before him, and leave his passage polled » (IV, 5, 206-207) / « Il veut tout faucher devant lui, tout raser sur son passage ». La « machine de guerre » fauche, désherbe – au sens où l'entend Bolingbroke –, désertifie.

Dans *King Richard II* comme dans *Coriolanus*, elle « déterritorialise » d'emblée par l'épouvante qu'elle suscite. La force armée de Bolingbroke inspire à Scroop la comparaison suivante :

> Like an unseasonable stormy day,
> Which makes the silver rivers drown their shores
> As if the world were all dissolved to tears,
> So high above his limits swells the rage
> Of Bolingbroke. (III, 2, 106-110)
>
> Tel un orage hors de saison,
> Qui fait noyer leurs berges aux rivières d'argent,
> Comme si le monde entier fondait en larmes,

35. *Ibid.*, p. 592.
36. *Ibid.*, p. 479, 480.
37. *Ibid.*, p. 480, 481.

> Ainsi, débordant ses limites, s'enfle la fureur
> De Bolingbroke.

L'effroi fantasmé de fleuves débordant de leur lit et engloutissant les repères topographiques du territoire, d'une crue macrocosmique évoquant le déluge biblique, s'accorde avec la représentation du « lisse », car il n'y a plus, dans l'image de Scroop, « un rythme mesuré, cadencé qui renvoie à l'écoulement du fleuve entre ses rives ou à la forme d'un espace strié », mais « un rythme sans mesure, qui renvoie à la fluxion d'un flux, c'est-à-dire à la façon dont un fluide occupe un espace lisse »[38]. Le déluge et les débordements qu'il occasionne évoquent la mer qui, pour Gilles Deleuze et Félix Guattari, demeure « le principe principal des espaces lisses »[39].

Or, la « déterritorialisation » n'est pas de même nature dans *Richard II* que dans *Coriolanus*. Pour Bolingbroke, elle est stratégique ; c'est un passage obligé, certes, mais qui reste *passage*. S'il semble réintroduire du « lisse », c'est pour mieux se réapproprier l'espace « strié » et le « re-strier » à son gré, pour régner en maître sur la portion qui lui revient de droit, puis sur le royaume tout entier. Pour Coriolan, en revanche, la « déterritorialisation » apparaît comme une fin en soi : on n'est pas du tout sûr qu'il y ait un au-delà du « lisse » – parce que le « strié » se trouve toujours du côté du Capitole et qu'on connaît le peu de goût qu'a Coriolan pour la politique. On serait même enclin à penser que, précisément, le « lisse » impossible à « re-strier », c'est la marque de Coriolan. Avec sa faucheuse, il appose sa griffe sur le territoire ; il crée sa renommée par le lisse. Ainsi Coriolan et Bolingbroke font-ils un usage différent de la « machine de guerre » qui rend possible leur rupture de ban – même concept, mise en action différente.

38. *Ibid.*, p. 450.
39. *Ibid.*, p. 480.

2. Du concept à l'action : la « machine de guerre » en branle

Gilles Deleuze et Félix Guattari se demandent « si la guerre elle-même est l'objet de la machine de guerre » et répondent d'emblée que « [c]e n'est pas du tout évident »[40]. À travers les exemples de Coriolan et de Bolingbroke, on voit se dessiner les deux pôles de la « machine de guerre » : dans le premier cas, « elle prend la guerre pour objet, et forme une ligne de destruction prolongeable jusqu'aux limites de l'univers »[41] (arme de destruction pure pour Coriolan), dans le second, « [elle] a pour objet, non pas la guerre, mais le tracé d'une ligne de fuite créatrice, la composition d'un espace lisse et du mouvement des hommes dans cet espace »[42] (arme dissuasive pour Bolingbroke). Pourtant, avant que ces pôles ne se précisent, la stratégie de départ semble la même : choisir le bon moment, saisir le *kairós*, c'est-à-dire savoir tirer parti de la faiblesse de l'appareil d'État.

a. À l'origine était la faiblesse de l'appareil d'État

La faiblesse à venir de l'appareil d'État romain est suggérée dès la mise au ban de Coriolan, lorsque ce dernier, rageur, lance aux tribuns qu'ils auraient été mieux avisés de ne pas bannir leur propre défenseur (III, 3, 128-134). La même idée est reprise par le Premier Garde quand il rappelle à Menenius : « you have pushed out your gates the very defender of them, and in a violent popular ignorance given your enemy your shield » (V, 2, 39-41) / « vous avez chassé de vos portes celui-là même qui les défendait, et dans un violent accès de bêtise populaire, offert votre bouclier à votre ennemi ». La force de l'appareil d'État s'est déplacée vers la machine nomade, et la métaphore du bouclier donné à l'ennemi dit la vulnérabilité d'armées privées de leur excellent commandement, d'autant que les citoyens romains ne

40. *Ibid.*, p. 519.
41. *Ibid.*, p. 526.
42. *Id.*

se distinguent pas par leur courage au combat. On se souvient de l'apostrophe de Coriolan :

> What would you have, you curs
> That like nor peace nor war? The one affrights you,
> The other makes you proud. He that trusts to you,
> Where he should find you lions finds you hares,
> Where foxes, geese. (I, 1, 165-169)

> Que voulez-vous, roquets,
> Qui n'aimez ni la paix ni la guerre ? L'une vous effraie,
> L'autre vous rend orgueilleux. Vous faire confiance,
> C'est, au lieu de lions, vous découvrir des lièvres,
> Au lieu de renards, des oies.

Dans ce portrait peu flatteur brossé par Coriolan, on reconnaît quelques aspects de la description que Machiavel fait des troupes mercenaires, « désunies, ambitieuses, indisciplinées, infidèles ; braves devant les amis, couardes devant l'ennemi »[43]. Affaiblie, Rome court le double risque d'être la proie et d'un appareil d'État étranger et d'une « machine de guerre ». Ainsi, lorsque l'espion voslque, Adrian, rencontre Nicanor, son *alter ego* romain , il révèle que les Volsques entendent tirer profit de la discorde romaine pour partir à l'assaut : « They are in a most warlike preparation, and hope to come upon them in the heat of their division » (IV, 3, 16-17) / « L'armée est sur le pied de guerre, et compte bien les surprendre au plus chaud de leur division ». Quant à Nicanor, sa métaphore maritale évoque les pratiques mercenaires ayant cours quand il faut faire surgir une « machine de guerre » : « I have heard it said the fittest time to corrupt a man's life is when she's fallen out with her husband » (IV, 3, 29-31) / « On dit que le meilleur moment pour corrompre une femme, c'est quand elle se dispute avec son mari ».

Dans l'Angleterre de Richard II, les coffres sont vides et les forces armées, parties avec le roi en Irlande, tout occupées à y réprimer la rébellion. Quel moment plus propice pour rompre le ban ? Bushy connaît la faiblesse de leur position : « For us

43. Machiavel, *Le Prince* suivi de *Choix de lettres*, *op. cit.*, p. 62.

to levy power / Proportionable to the enemy is all unpossible » (II, 2, 124-125) / « Quant à lever des forces / Proportionnées à celles de l'ennemi c'est pour nous tout à fait impossible ». Quant à York, il capitule presque instantanément devant la « machine de guerre » de Bolingbroke : « Well, well, I see the issue of these arms. / I cannot mend it, I must needs confess, / Because my power is weak and all ill-left » (II, 3, 152-154) / « Allons, allons, je prévois l'issue de cet affrontement. / Je n'y peux rien, je dois bien l'avouer, / Car les forces dont je dispose sont faibles et mal équipées ». De retour dans son royaume, sans armée, Richard II n'a plus que le langage pour tenter une ultime défense. Le seul appareil d'État qu'il est en mesure d'opposer à la « machine de guerre », le voici incarné par les orties, les araignées, les crapauds et les vipères qui jonchent le sol d'Angleterre. Son fantasme culmine dans les pierres qu'il voit se muer en soldats en armes. Il évoque, plus loin, le châtiment divin et recourt à nouveau à la malédiction, comme pour « déterritorialiser » psychologiquement l'ennemi :

> Yet know: my Master, God omnipotent,
> Is mustering in His clouds on our behalf
> Armies of pestilence, and they shall strike
> Your children, yet unborn and unbegot,
> That lift you vassal hands against my head
> And threat the glory of my precious crown. (III, 3, 85-90)
>
> Sachez pourtant que mon maître, Dieu tout-puissant,
> Dans ses nuages rassemble en mon nom
> Des armées de fléaux, et qu'elles frapperont
> Vos enfants encore à naître, et même encore à concevoir,
> Vous qui levez vos mains vassales contre ma tête,
> Et menacez la gloire de ma précieuse couronne.

Les armées qu'il évoque n'ont une existence qu'imaginaire. L'impuissance militaire est telle que les mots mêmes ont perdu leur sens littéral pour ne plus signifier que dans un registre métaphorique, ainsi par exemple du verbe « arm » : « Arme-toi, arme-toi, mon nom ! » / « Arm, arm, my name! » (III, 2, 86), lance Richard II dans un sursaut de courage utopique. On pense aussi à l'ironie qui sous-tend les propos de Scroop à Richard II : « Glad am I that your highness is so armed / To bear the tidings of calamity » (III, 2, 104-105) / « Je suis content que Votre Altesse soit si bien armée / Pour supporter l'annonce de la calamité ». La situation de Richard II, une fois n'est pas coutume, pourrait illustrer les réflexions de Machiavel à propos des quatre types d'armes qui permettent au prince de défendre son pays, soit « les siennes propres, les mercenaires, les auxiliaires, les forces mixtes »[44]. On ne sait pas exactement comment se compose l'armée avec laquelle Richard II part en Irlande, mais on sait qu'elle agrège des forces galloises qui finissent par changer de camp. Salisbury explique à son souverain que « tous les Gallois [le] croyant mort sont allés / À Bolingbroke, ont fui ou se sont dispersés » / « all the Welshmen, hearing [he] [was] dead, / Are gone to Bolingbroke, dispersed and fled » (III, 2, 73-74). Ce qui confirme le constat de Machiavel selon lequel les troupes mixtes et les auxiliaires, tout comme les mercenaires, ne sont pas fiables et qu'« aucun État n'est sûr s'il ne dispose d'une armée qui lui soit propre »[45]. La faiblesse militaire de l'appareil d'État est telle que Bolingbroke peut se contenter d'user de sa « machine de guerre » comme d'une arme dissuasive.

b. La « machine de guerre » comme arme dissuasive (conditions de Bolingbroke)

La force de la « machine de guerre » de Bolingbroke tient dans sa puissance numérique et dans son pouvoir fédérateur : elle fédère massivement contre Richard II et est ralliée presque à l'unanimité, non seulement par des troupes armées, mais aussi par le tout venant non politisé, voire improbable. Scroop rapporte au roi :

> Whitebeards have armed their thin and hairless scalps
> Against thy majesty; boys with women's voices
> Strive to speak big and clap their female joints
> In stiff unwieldy arms against thy crown;
> Thy very beadsmen learn to bend their bows

44. *Ibid.*, p. 61-62.
45. *Ibid.*, p. 73.

Of double-fatal yew against thy state;
Yea, distaff-women manage rusty bills
Against thy seat. Both young and old rebel
And all goes worse than I have power to tell. (III, 2, 112-120)

Des barbes blanches ont armé leur maigre crâne chauve
Contre Ta Majesté ; de jeunes garçons aux voix de fille
Tâchent de parler rude et, contre ta couronne, bouclent leur corps de femme
Dans de raides armures incommodes.
Tes pauvres même contre ta souveraineté
Apprennent à bander l'if deux fois mortel de leurs arcs ;
Et même les fileuses brandissent des lances rouillées
Contre ton trône : tous, jeunes et vieux, se rebellent
Tout va encore plus mal que je ne saurais dire.

En cela, la « machine de guerre » de Bolingbroke possède une puissance d'intimidation qui lui est propre : elle persuade par la peur en se déployant sur le territoire ou en se rassemblant avec efficace aux points stratégiques. Afficher des intentions belliqueuses relève du superflu : il suffit d'être visible. À l'approche de Flint Castle, Bolingbroke intime à ses hommes : « Let's march without the noise of threat'ning drum, / That from this castle's tattered battlements / Our fair appointments may be well perused » (III, 3, 51-53) / « Marchons sans le bruit du tambour menaçant, / Afin que des remparts délabrés de ce château / On puisse bien observer notre bel armement ». Ainsi, par la vélocité et la visibilité de son contingent, « la non bataille semble pouvoir exprimer la vitesse d'une attaque-éclair, ou bien la contre-vitesse d'une riposte immédiate »[46]. Cette dialectique d'ostentation et d'intimidation se lit dans l'effroi que crée la « machine de guerre » : la peur s'empare de l'ensemble du royaume, qui n'est plus qu'une « terre épouvantée » / « fearful land » (III, 2, 110), et du roi en personne alors en proie à un « accès de frayeur » / « ague fit of fear » (III, 2, 190). La pâleur dit l'épouvante du peuple par hypallage : le simple retour de Bolingbroke en armes « [t]errifi[e] ses villages blêmes par la guerre » / « Fright[s] her

46. Gilles Deleuze et Félix Guattari, *Mille plateaux. Capitalisme et schizophrénie 2*, *op. cit.*, p. 518.

pale-faced villages with war » (II, 3, 94). Le souverain lui-même, désormais conscient qu'il a été déserté de tous ou presque, demande : « Have I not reason to look pale and dead ? » (III, 2, 79) / « N'ai-je pas lieu d'avoir l'air pâle comme un mort ? ». Car la « machine de guerre » de Bolingbroke cristallise, pour reprendre les termes de Michel Onfray, « la force avec laquelle on fait les tyrannicides, les monarchomaques, les renverseurs de trône, les briseurs d'idoles et les fomenteurs d'attentats dirigés contre les liberticides »[47].

Par sa force dissuasive, la « machine de guerre » devient un atout majeur permettant à Bolingbroke de poser, d'imposer ses conditions. Bolingbroke entend déposer les armes « [p]ourvu que l'annulation de [son] exil / Et la restitution de [ses] terres [lui] soient librement accordées » / « Provided that [his] banishment repealed / And lands restored again be freely granted » (III, 3, 40-41). Mais dans l'éventualité d'un refus de Richard II, la riposte immédiate ne serait rien de moins qu'un bain de sang apocalyptique : « If not, [he]'ll use the advantage of [his] power / And lay the summer's dust with showers of blood / Rained from the wounds of slaughtered Englishmen – » (III, 3, 42-44) / « Sinon, prenant avantage de [sa] puissante armée / [Il] couvrir[a] la poussière d'été des averses de sang / Qui pleuvront des blessures des Anglais égorgés... ». La négociation a lieu à Flint Castle, mais la façon dont Bolingbroke dépêche son message en annonce le déséquilibre : « Through brazen trumpet send the breath of parley / Into his ruined ears » (III, 3, 33-34) / « Par la trompette de cuivre faites entendre à ses oreilles en ruine / Le souffle de l'invitation à parlementer ». Tout se passe comme s'il s'agissait d'assourdir « pour de bon » celui dont on sait que jamais auparavant l'oreille n'a pu être dessourdie. Sous couvert d'une négociation, la rencontre de Flint Castle sert de prélude à la chute et à l'anéantissement de Richard II. Contrairement à ce que Northumberland laisse croire au roi, si Bolingbroke livre en effet ses armes étincelantes à la rouille une fois ses droits et

47. Michel Onfray, *Politique du rebelle. Traité de résistance et d'insoumission*, Paris, Le Livre de Poche, coll. « Biblio Essais », 1997, p. 221.

prérogatives recouvrés, il ne livrera pas pour autant son cœur au service fidèle de sa majesté.

Dans *Coriolanus*, ce n'est pas le banni en rupture de ban qui impose une négociation par la force de sa « machine de guerre », mais les bannisseurs qui espèrent pouvoir fléchir Coriolan et négocier avec lui pour mettre un terme au travail dévastateur d'une armée qui, mue par l'affect, est devenue de destruction pure.

c. « Machine de guerre » et destruction pure (« devenirs » de Coriolan)

Avec Coriolan à sa tête, la « machine de guerre » n'est pas seulement en branle : elle s'emballe. On se souvient de la métaphore proleptique du troisième serviteur d'Aufidius : « He will mow all down before him, and leave his passage polled » (IV, 5, 206-207) / « Il veut tout faucher devant lui, tout raser sur son passage ». Rien ne semble pouvoir lui résister. L'anéantissement doit être radical, c'est-à-dire de surface comme de profondeur ; il s'agit non seulement de raser Rome, mais de s'en prendre aux entrailles mêmes de son corps politique, de l'étriper, de l'éviscérer. Aufidius, qui a compris l'ampleur de la haine qui habite Coriolan et l'esprit de vengeance qui le hante, ne propose-t-il pas à ce dernier de « vers[er] la guerre / Dans les entrailles de l'ingrate Rome » / « pour[ing] war / Into the bowels of ungrateful Rome » (IV, 5, 130-131) ? Et c'est une image similaire qu'emploie Volumnia pour décrire l'acte de pure destruction lancé par un fils qui « déchire / Les entrailles de son pays » / « tearing / His country's bowels out » (V, 3, 103-104). L'intensité de la violence se dit par la mise en relief de son caractère contre-nature, ainsi que par les « devenirs » de Coriolan.

Coriolan lui-même en vient à incarner la « machine de guerre ». Selon Menenius, « [q]uand il marche, il se meut comme un engin de guerre, et le sol s'affaisse sous ses pas » / « When he walks, he moves like an engine, and the ground shrinks before his treading » (V, 4, 18-20). Or, pour Gilles Deleuze et Félix Guattari, « [l]a machine de chasse, la machine de guerre, la machine de crime entraînent toutes sortes de devenir-animaux »[48]. Ils précisent : « L'homme de guerre a tout un devenir qui implique multiplicité, célérité, ubiquité, métamorphoses et trahison, puissance d'affect. Les hommes-loups, les hommes-ours, les hommes-fauves, les hommes de toute animalité, confréries secrètes, animent le champ de bataille »[49]. En effet, se décèlent chez Coriolan un « devenir-machine » mais aussi un « devenir-animal » que suggèrent les métaphores et comparaisons de Menenius : « This Martius is grown from man to dragon » (V, 4, 12-13) / « D'homme, ce Martius est devenu dragon » ; « There is no more mercy in him than there is milk in a male tiger » (V, 4, 27-28) / « Il n'y a pas plus de pitié en lui que de lait dans un tigre mâle ».

Il y a également, chez Coriolan, un « devenir-divin » ; c'est même le « devenir » le plus perceptible, celui qui semble l'habiter continuellement, qu'il soit à la tête d'un appareil d'État ou d'une « machine de guerre ». Sa stature et sa prestance divines sont remarquées par Brutus, dès le retour triomphant de Corioles : « Such a pother / As if that whatsoever god who leads him / Were slily crept into his human powers / And gave him graceful posture » (II, 1, 214-217) / « Il y a un tel émoi / Qu'on dirait que le dieu qui le conduit / S'est sournoisement glissé dans son enveloppe humaine, / Et lui prête une stature divine ». Le messager souligne ce processus de déification en remarquant que « [l]es nobles s'inclinaient / Comme devant la statue de Jupiter » / « The noble bended / As to Jove's statue » (II, 2, 261-262). Or, ce processus s'opère aussi bien avec les Romains qu'avec les Volsques. Après l'échec de leur ambassade respective, Cominius et Menenius témoignent de ce « devenir-divin » à l'œuvre :

> He is their god. He leads them like a thing
> Made by some other deity than nature,
> That shapes man better. (IV, 6, 94-96)

48. Gilles Deleuze et Félix Guattari, *Mille plateaux. Capitalisme et schizophrénie 2*, *op. cit.*, p. 296.
49. *Ibid.*, p. 297.

Il est leur dieu. Il marche à leur tête comme un être
Créé par une autre divinité que la Nature,
Et qui, mieux qu'elle, façonne l'homme.

Menenius renchérit plus loin : « He wants nothing of a god but eternity and a heaven to throne in » (V, 4, 23-24) / « Du dieu il ne lui manque que l'éternité et un ciel pour y trôner ». Ce dieu, c'est naturellement celui de la guerre. De façon significative, Mars résonne au sein même de « Martius ». L'analyse du dieu guerrier que proposent Gilles Deleuze et Félix Guattari éclaire le personnage de Coriolan :

> Il serait [...] comme la multiplicité pure et sans mesure, la meute, irruption de l'éphémère et puissance de la métamorphose. *Il dénoue le lien autant qu'il trahit le pacte*. Il fait valoir une *furor* contre la mesure, une célérité contre la gravité, un secret contre le public, une puissance contre la souveraineté, une machine contre l'appareil. Il témoigne d'une autre justice, parfois d'une cruauté incompréhensible, mais parfois d'une pitié inconnue [...]. Il témoigne surtout d'autres rapports avec les femmes, avec les animaux, puisqu'il vit toute chose dans des rapports de *devenir*, au lieu d'opérer des répartitions binaires entre « états » : tout un devenir-animal, tout un devenir-femme, qui outrepasse aussi bien les dualités de termes que les correspondances de rapport[50].

La scène où Coriolan finit par entendre la supplique de sa mère révèle aussi son « devenir-enfant », ce qui lui vaudra le rectificatif et l'injure suprême d'Aufidius : « Name not the god, thou boy of tears » (V, 6, 103) / « Ne nomme pas ce dieu, petit homme de larmes ». Les « devenirs » de Coriolan se présentent effectivement comme des phénomènes « de double capture, d'évolution non parallèle, de noces entre deux règnes »[51]. À cet instant précis, on comprend, comme le dit Daniel Sibony, que « ce ne sont pas des forces aveugles ou abstraites qui sont en scène, ce sont des êtres singuliers aux prises avec leur temps, leur mémoire, leur généalogie, leurs rêves, leurs limites »[52], que Coriolan n'est

50. *Ibid.*, p. 435-436. Les italiques sont des auteurs.
51. Gilles Deleuze et Claire Parnet, *Dialogues* (1977), Paris, Flammarion, coll. « Champs », 1996, p. 8.
52. Daniel Sibony, *Avec Shakespeare. Éclats et passions en douze pièces*, *op. cit.*, p. 115.

pas « le roc, le chêne, que le vent ne saurait ébranler » / « the rock, the oak, not to be wind-shaken » (V, 2, 108). On comprend également que si Coriolan peut être perçu comme un « bloc », c'est au sens deleuzien du terme. Comme l'explique François Zourabichvili :

> [...] tout devenir forme un « bloc », autrement dit la rencontre ou la relation de deux termes hétérogènes qui se « déterritorialisent » mutuellement. On n'abandonne pas ce qu'on est pour devenir autre chose (imitation, identification), mais une autre façon de vivre et de sentir hante ou s'enveloppe dans la nôtre et la « fait fuir »[53].

Parce que le guerrier a été programmé par sa mère et s'avère, en fin de compte, incapable de la trahir, il n'échappe pas à cette dialectique « déterritorialisante » du « devenir-divin » et du « devenir-enfant » à l'œuvre au plus intime de lui-même et qui le conduit à sa perte.

L'efficace de la « machine de guerre » n'est plus à prouver. Bolingbroke obtient ce qu'il demandait – et davantage. Bien qu'infléchi par sa mère, c'est de son propre chef que Coriolan décide de l'enrayer. Efficace, mais mauvaise presse. On se souvient de l'argument-épouvantail de Volumnia, celui d'un nom maudit, et l'on sait que *King Richard II* s'achève sur la résolution de Bolingbroke, désormais couronné Henry IV, de faire un voyage en Terre Sainte pour expier son crime. Ce qui confirme que « [d]u point de vue de l'État, l'originalité de l'homme de guerre, son excentricité, apparaît nécessairement sous une forme négative : bêtise, difformité, folie, illégitimité, usurpation, péché... »[54]. Mais existe-t-il une alternative à la « machine de guerre » ?

III. Quelle alternative à la « machine de guerre » ?

Si Bolingbroke et Coriolan mettent en branle une « machine de guerre » dans les optiques respectives qui viennent d'être

53. François Zourabichvili, *Le Vocabulaire de Deleuze*, *op. cit.*, entrée « devenir », p. 30.
54. Gilles Deleuze et Félix Guattari, *Mille plateaux. Capitalisme et schizophrénie 2*, *op. cit.*, p. 437.

abordées, il est d'autres personnages mis au ban qui n'entrent pas dans cette dynamique de riposte ou, plutôt, qui tentent de canaliser le désir de vengeance pouvant naître naturellement de l'injustice qu'ils ont subie. Il y a bien un surgissement – voire, selon les cas, un déchaînement – de violence, mais il se trouve redirigé vers une cible qui n'est pas le bannisseur ; il s'inscrit dans une structure autre et participe d'une stratégie différente.

On commencera par distinguer deux cas de figure : d'un côté, les personnages qui, par la force des choses, n'ont de choix que de se mettre au service d'un appareil étranger, que ce dernier soit d'État (Cordelia revenant à la tête de l'armée française) ou d'Église (Mowbray devenant soldat de Dieu) ; de l'autre, ceux qui recourent aux codes de la chevalerie et se plient au rituel du combat singulier (Edgar affrontant son frère). On fera, ensuite, un détour par l'île de Prospero pour voir comment la « capture magique » peut se lire comme une variante de la « machine de guerre ».

1. Se mettre au service (ou se servir) d'un appareil autre

a. Cordelia et son armée française

À première vue, on pourrait penser qu'une fois exilée Cordelia, comme Coriolan, se met sous la dépendance et le pouvoir de l'appareil du pays d'exil, en l'occurrence celui de la France. On a vu que Coriolan détournait les forces de l'appareil d'État volsque en « machine de guerre » personnelle pour rompre le ban et assouvir sa vengeance. Certes, Cordelia n'utilise pas l'armée française dans le même esprit, mais n'est-ce pas France qui, comme Aufidius le fait pour Coriolan, met sa réserve armée à sa disposition à elle plus qu'il ne l'intègre dans son dispositif à lui ? Cordelia elle-même reconnaît que « le grand roi de France / A pris pitié de [son] deuil et de [ses] larmes pressantes » / « great France, / [Her] mourning and importuned tears hath pitied » (IV, 3, 25-26). En revanche, ce qu'elle tente de mettre sur pied, c'est une dynamique de rescousse et non de reprise ou de représailles. Il s'agit à la fois de « reprendre » et de

« délivrer »[55]. Cela demeure néanmoins une question de point de vue. Pour Cornwall, Albany, Regan, Goneril et Edmond, Cordelia est à la tête d'un appareil d'État étranger et ennemi, celui de la France, alors que, pour Kent et Gloucester, elle porte secours à l'ancien appareil d'État anglais, celui de Lear, avec des troupes auxiliaires, « celles qu'on appelle quand on recourt à l'aide d'un puissant étranger »[56]. Cette ambivalence s'accentue à la prise de conscience des variantes textuelles qui existent entre la version du Quarto (1607-1608) et celle du Folio (1623).

Dans son article « The War in *King Lear* », Gary Taylor opère une distinction entre la guerre et la bataille, et il souligne à propos de cette dernière : « Tout se passe dans le hors-scène ; le public ne voit rien ; semblable à Gloucester, il ne peut que rester assis et écouter. Le dramaturge nous met face [...] à un fait accompli »[57]. Or, précise-t-il, si le Quarto et le Folio ne divergent pas dans la non-représentation de la bataille, les différences qui se font jour à propos de la guerre sont significatives : le Folio met l'accent sur la guerre, mais omet plusieurs mentions à la France qui se trouvaient dans le Quarto. Par exemple, pour la troisième scène du quatrième acte, la didascalie du Folio précise : [*Enter with drums and colours,* [*Queen*] Cordelia, Gentlemen, *and soldiers*], alors que celle du Quarto disait simplement : [*Enter* [*Queen*] Cordelia, Doctor, *and others*] (Scene 18)[58]. Pour la deuxième scène du cinquième acte, alors que la didascalie du Quarto indiquait [*Enter the powers of France over the stage* [*led by*] Cordelia *with her father in her hand*] (Scene 23), celle du Folio annonce de manière plus neutre : [*Enter with drum and colours* Lear, Cordelia, *and soldiers over the stage*], comme si les

55. Alain Rey, *Dictionnaire historique de la langue française*, *op. cit.*, art. « rescousse », tome 3, p. 3199.

56. Machiavel, *Le Prince* suivi de *Choix de lettres*, *op. cit.*, p. 69.

57. Gary Taylor, « The War in *King Lear* », *Shakespeare Survey*, 33, 1980, p. 27 (ma traduction [« fait accompli » est en français dans l'article d'origine] pour cette citation et les suivantes).

58. Les citations de la version Quarto sont tirées de la même édition que celles de la version Folio : *The Norton Shakespeare, Based on the Oxford Edition, Tragedies*, seconde édition, éd. Stephen Greenblatt, Walter Cohen, Jean E. Howard et Katharine Eisaman Maus, New York, London, Norton & Company, 2008.

troupes auxiliaires françaises s'étaient muées en force nationale anglaise. Gary Taylor pousse plus avant ce contraste entre les deux versions :

> [...] les théâtres élisabéthains pouvaient, naturellement, produire des armées étrangères identifiables quand on le leur demandait. Le Folio [...] n'en demande *aucunement*. En outre, cette omission semble, à l'évidence, liée à une série d'autres omissions. Plus tôt dans la pièce, le Folio omet : la mention que fait Goneril de l'invasion française (IV, 2, 56), la scène qui inclut la discussion concernant le général français La Far et l'absence du roi dans son armée (IV, 3), ainsi que les propos d'Albany expliquant qu'il prend les armes contre Lear seulement parce que « France envahit notre sol » (V, 1, 25). Par conséquent, il ne reste, dans les deux derniers actes du Folio, qu'une allusion (indirecte) à l'intervention française qui est, en fait, le démenti que donne Cordelia de toute ambition territoriale : « Nulle ambition orgueilleuse n'incite nos armes, / Seulement l'amour, un amour tendre, et les droits de notre vieux père »[59].

Rappelant les propos d'Albany selon lesquels « le roi a rejoint sa fille, / Avec d'autres que la rudesse de notre gouvernement / A contraints à la révolte » / « the King is come to his daughter, / With others whom the rigour of our state / Forced to cry out » (V, 1, 17-19), Gary Taylor conclut que, dans le Folio, « Cordelia ne semble pas être à la tête d'une invasion mais d'une rébellion, tout comme l'est Bolingbroke ou Richmond »[60]. Ce n'est donc pas tant Cordelia qui se met au service d'un autre appareil d'État que ce dernier qui se met au sien, ce qui donne à son armée la légère coloration d'une « machine de guerre ».

Entre l'appareil d'État et la « machine de guerre » se glissent des zones d'interstices propices à l'ambivalence, à des ambiguïtés plus ou moins marquées. Avec Mowbray et son entrée dans la milice chrétienne, c'est un autre type de structure qui émerge et qui tient à la fois de l'appareil d'État et de la « machine de guerre ».

59. Gary Taylor, « The War in *King Lear* », art. cit., p. 31. Les italiques sont de l'auteur.
60. *Id.*

b. Le choix de Mowbray : devenir soldat de Dieu pour lutter contre les infidèles

Pour lever la polémique sur l'identité du meurtrier de Gloucester et mettre un terme à la surenchère de défis qu'elle suscite, Bolingbroke propose de faire rappeler Mowbray d'exil. C'est alors que Carlisle intervient :

> That honourable day shall ne'er be seen.
> Many a time hath banished Norfolk fought
> For Jesu Christ in glorious Christian field,
> Streaming the ensign of the Christian cross,
> Against black pagans, Turks and Saracens,
> And, toiled with works of war, retired himself
> To Italy, and there at Venice gave
> His body to that pleasant country's earth
> And his pure soul unto his captain Christ,
> Under whose colours he had fought so long. (IV, 1, 92-101)
>
> Ce jour d'honneur, nous ne le verrons jamais.
> Maintes fois Norfolk le banni a combattu
> Pour Jésus-Christ en glorieuse terre chrétienne,
> Déployant l'étendard de la croix chrétienne
> Contre les noirs Païens, les Turcs, les Sarrasins ;
> Et fatigué par ses travaux guerriers, il s'est retiré
> En Italie ; et là à Venise il a donné
> Son corps à la terre de ce beau pays,
> Et son âme pure au Christ, son capitaine,
> Sous la bannière duquel il avait si longtemps combattu.

Les sources utilisées par Shakespeare révèlent que les propos de Carlisle sont probablement de l'invention du dramaturge. Dans les *Chronicles* de Raphael Holinshed, il n'est pas question de croisade : exilé, Mowbray meurt de mélancolie. Dans la version de John Stow, Mowbray s'éteint à son retour de Jérusalem, mais sans qu'on sache s'il s'y est rendu comme croisé ou comme simple pèlerin. Jean Froissart, lui, imagine qu'il est allé en Terre Sainte et qu'il a combattu les Sarrasins, mais ce n'est que spéculation[61]. Il est donc significatif que Shakespeare choisisse

61. Voir, à ce sujet, la note (4.1.92-101) de Charles R. Forker dans William Shakespeare, *King Richard II*, *op. cit.*, p. 496-497.

d'opter non pour le dépérissement mélancolique, mais pour la croisade qui allie la violence et le sacré.

Banni *ad vitam eternam* par Richard II, Mowbray s'est fait soldat de Dieu et a rejoint les *milites Christi* : il s'est trouvé une nouvelle identité au sein d'une structure politico-religieuse dont les idéaux transcendent le nationalisme particulier de chaque territoire chrétien. Ce faisant, il reste dans la dialectique de la fidélité et de l'infidélité, mais il lui confère, par le biais de la guerre sainte, une autre dimension. Mowbray fait à ses dépends l'épreuve de la trahison politique du proche. On se souvient de sa réponse à Richard II :

> A heavy sentence, my most sovereign liege,
> And all unlooked for from your highness' mouth.
> A dearer merit, not so deep a maim
> As to be cast forth in the common air,
> Have I deserved at your highness' hands. (I, 3, 154-158)
>
> Lourde sentence, mon souverain seigneur,
> Que je n'attendais pas de la bouche de Votre Altesse ;
> Plus riche récompense, mutilation moins grave
> Que d'être rejeté dans l'air que tous respirent,
> Voilà ce que j'ai mérité de Votre Altesse.

Or, c'est avec l'infidélité religieuse du lointain qu'il règle ses comptes. Le sentiment d'injustice et la violence qui l'alimente sont détournés du même vers l'autre, vers l'altérité absolue. Mowbray dépasse la rancœur individuelle pour s'attaquer aux questions de fond. Fidèle, il n'enfreint pas le serment fait à Richard II, ne se laisse séduire par aucune économie de reprise, de représailles ou de rescousse, mais part se battre contre les infidèles, contre ceux qu'Edward Coke avait placés dans la catégorie des « étrangers ennemis perpétuels » désignant « les juifs, les Turcs, les hérétiques ou les païens »[62]. C'est, symboliquement, sa « machine de guerre » à lui. Comme le remarque Jane Kingsley-Smith : « loin d'avoir perdu son identité, Mowbray est devenu l'archétype du croisé anglais, la perte

---

62. Richard Marienstras, *Le Proche et le Lointain. Sur Shakespeare, le drame élisabéthain et l'idéologie anglaise aux XVIe et XVIIe siècles*, Paris, Éditions de Minuit, 1981,

de sa langue natale ayant été compensée par l'éloquence de son engagement armé pour sa religion »[63]. Paradoxalement, c'est une fois banni que Mowbray s'inscrit dans le prestigieux sillage des rois Richard Cœur de Lion et Edouard Ier – et se montre plus digne d'eux que Richard II. Il n'est pas impossible que Mowbray trouve également une compensation à la déception qu'il a éprouvée vis-à-vis de son souverain. Jean Flori rappelle que la croisade était, à l'origine, présentée comme « une opération militaire éminemment sacralisée, une "guerre sainte" menée par les chrétiens pour leur Seigneur Jésus-Christ, capable de récompenser ses chevaliers fidèles bien mieux que ne savaient le faire les seigneurs et les princes de ce monde »[64]. Déçu et trahi par Richard II, Mowbray se tourne directement vers Dieu.

Or, la croisade a un fonctionnement qui évoque davantage la « machine de guerre » que l'appareil d'État, qui est plutôt de type rhizomatique qu'arborescent. Soulignant la diversité des armées, l'absence d'unité et la rivalité qui régnaient lors des expéditions, Jean Flori conclut : « il est clair que la croisade, plus qu'une expédition unique menée par le légat du pape, fut une coalition de chefs de guerre ayant chacun leurs ambitions et leur conception de la discipline »[65]. S'y révèlent aussi des enjeux internes de « déterritorialisation » et de « reterritorialisation ». Ainsi, par le biais de la croisade, la papauté tente-t-elle « de prendre le contrôle des forces nouvelles de la chevalerie, de transformer cette *militia* féodale et laïque en milice de la chrétienté »[66]. Jean Flori montre qu'en définitive l'Église échoue dans sa tentative de contrôler les forces de la chevalerie féodale – on reviendra, à propos du combat singulier, sur l'indépendance du système chevaleresque et sur le paradoxe qui fait se rejoindre excès de codification et capacité nomade.

---

63. Jane Kingsley-Smith, *Shakespeare's Drama of Exile*, *op. cit.*, p. 71 (ma traduction).

64. Jean Flori, *La Guerre sainte. La formation de l'idée de croisade dans l'Occident chrétien*, Paris, Aubier, « Collection historique », 2001, p. 14.

65. Jean Flori, *La Première Croisade. L'Occident chrétien contre l'Islam (Aux origines des idéologies occidentales)*, Bruxelles, Éditions Complexe, 1997, p. 235.

66. *Ibid.*, p. 231.

Si, Mowbray a, jusqu'au bout, foi en la « guerre juste »[67], c'est peut-être qu'il y cherche un mode de rachat : « En prenant les armes pour le servir, les chevaliers devenaient du même coup les soldats du Christ, (*milites Christi*), et c'est Dieu lui-même qui les rétribuerait, effaçant les péchés de ceux qui partiraient et assurant la vie éternelle à ceux qui périraient dans ce "*bon combat*" pour lui »[68]. On sait que Mowbray, s'il n'avoue jamais le meurtre de Gloucester, sent toujours peser sur sa conscience l'embuscade qu'il a, par le passé, tendue à John of Gaunt, ce « crime qui tourmente sans cesse [son] âme affligée » / « A trespass that doth vex [his] grieved soul » (I, 1, 138). On peut donc penser que, dans son cas, « la croisade présente des caractères composites, ceux d'une expédition guerrière mais aussi ceux d'un pèlerinage »[69]. Fait contrepoint à cette économie de rédemption, à cet authentique enjeu spirituel, le vœu (qui s'avérera pieux) de Bolingbroke devenu Henry IV : se rendre en Terre Sainte pour purger le meurtre de Richard II.

La mort de Mowbray est annoncée juste après la surenchère des défis lancés par Aumerle, Bagot et les partisans de ce dernier – comme à l'ouverture de la pièce, il s'agit de s'affronter en combat singulier pour laver son honneur. Il semble que cette surenchère, qui prend alors une coloration burlesque, serve de repoussoir à ce que Carlisle nous apprend sur Mowbray, à savoir sa capacité à dépasser la question de l'honneur individuel pour lui donner une ampleur plus spirituelle : « se mettre à son *service* dans la reconquête de son *honneur* »[70].

King Richard II révèle l'ambivalence non seulement de la « machine de guerre » et de l'appareil d'Église, mais aussi du combat singulier en suggérant que ce dernier peut, certes, permettre de tenir à distance la loi du talion, mais aussi tourner à vide et faire oublier les enjeux essentiels. Dans *King Lear*, en revanche, le combat singulier pourrait se présenter comme une alternative valide à la « machine de guerre ».

67. *Ibid.*, p. 117.
68. *Ibid.*, p. 40. Les italiques sont de l'auteur.
69. *Ibid.*, p. 33.
70. *Ibid.*, p. 40. Les italiques sont de l'auteur.

2. S'affronter en combat singulier

a. Un affrontement codé et encadré…

Le combat entre Edgar et Edmond, qui se solde par la victoire d'Edgar, fait contrepoint à celui qui devait opposer Bolingbroke et Mowbray et que Richard II fait avorter, ainsi qu'à celui qui devait mettre Aumerle et Bagot face à face et que Bolingbroke suspend jusqu'à on ne sait quand. Le roi est souverain : c'est lui qui décide d'accepter ou non qu'aient lieu les affrontements suivant à la lettre les codes de la chevalerie. La structure chevaleresque est, certes, indépendante de l'appareil d'État, mais elle reste encadrée par lui. Les combats singuliers, comme les tournois, se déroulent selon un rituel réglé avec soin. Dans *King Richard II*, Bolingbroke affirme qu'il affrontera son rival en respectant « tous les autres rites de la chevalerie » / « all the rites of knighthood else » (I, 1, 75), et Mowbray dit qu'il lui répondra « par tous les moyens / Ou sous toutes les formes qu'autorisent les lois de l'épreuve chevaleresque » / « in any fair degree / Or chivalrous design of knightly trial » (I, 1, 80-81). Un rituel réglé avec soin, c'est-à-dire, pour commencer, la sonnerie de trompette et l'intervention du héraut lisant l'acte d'accusation et invitant les combattants à décliner leur identité, à préciser le motif de leur grief et à obéir aux codes de conduite. Lors du combat de Coventry, c'est le Maréchal qui demande à Mowbray :

> In God's name and the King's, say who thou art
> And why thou com'st thus knightly clad in arms,
> Against what man thou com'st, and what thy quarrel.
> Speak truly, on thy knighthood and thy oath,
> As so defend thee heaven and thy valour. (I, 3, 11-15)
>
> Au nom de Dieu et du roi, dis qui tu es,
> Et pourquoi tu viens ainsi en armure de chevalier,
> Contre quel homme tu viens et quelle est ta querelle.
> Parle vrai sur ta foi de chevalier et ton serment,
> Et dès lors te protègent le ciel et ta bravoure !

Bolingbroke souhaite une adéquation entre le verbe et le geste, entre le dire et le fer, entre « [sa] juste épée » et « ce que [sa] langue a dit » – « What my tongue speaks my right-drawn sword may prove » (I, 1, 46). C'est précisément cette opportunité qu'offre le combat singulier.

En outre, le combat singulier met en place un système de déplacement métonymique où le tout est mis en jeu par la partie : le défi par le gant pour l'authenticité de la parole ; le combat par l'épée pour l'honneur ; le chevalier seul avec sa valeur et sa dextérité pour un parti ou pour une cause. Autant de déplacements et de médiations qui devaient permettre de canaliser la violence et d'éviter l'engrenage sans fin de la loi du talion. Maurice Keen nous le rappelle : « La réduction des effusions de sang et le contrôle des rancunes, lesquelles naissaient si facilement dans le feu de l'action au cours d'échauffourées, faisaient clairement partie des objectifs principaux des règles de tournois établies par les rois anglais Richard Ier et Edouard Ier »[71]. Et d'ajouter : « l'influence relativement subtile des tournois contribua, sur le long terme, à promouvoir les règles de base d'une attitude civilisée entre des forces belligérantes, bien plus que ne semblèrent jamais le faire les interdictions papales prononcées sous couvert de restreindre la violence indisciplinée »[72] – l'Église, on va le voir, était loin de partager l'idée selon laquelle tournois et combats singuliers codés permettaient d'endiguer la violence.

b. ... avec des avantages nomadiques

Tout en remettant à Albany la lettre qui révèle le complot de meurtre à son égard, Edgar lui dit : « Wretched though I seem, / I can produce a champion that will prove / What is avouched there » (V, 1, 32-34) / « si miséreux que je paraisse, / Je peux produire un champion qui prouvera / Ce qui est attesté ici ». À l'issue de la bataille qui voit la défaite de l'armée de Cordelia, Albany fait sonner la trompette pour appeler le champion qu'on lui a promis, afin de prouver qu'Edmond est « un

71. Maurice Keen, *Chivalry*, New Haven/London, Yale University Press, 1984, p. 86 (ma traduction pour cette citation et les suivantes).
72. *Ibid.*, p. 101.

traître ; / Déloyal envers [ses] dieux, [son] frère, et [son] père, / Conspirateur contre ce très illustre prince » / « a traitor, / False to [his] gods, [his] brother, and [his] father, / Conspirant 'gainst this high illustrious prince » (V, 3, 123-125). Conformément au rituel, le héraut demande à Edgar de décliner son identité. En principe, seuls les chevaliers capables de se réclamer de leurs ancêtres et d'apporter la preuve de leur titre de noblesse étaient autorisés à combattre[73]. On se souvient de la réponse d'Edgar : « Know, my name is lost, / By treason's tooth bare-gnawn and canker-bit. / Yet am I noble as the adversary / I come to cope » (V, 3, 111-114) / « Sachez que mon nom est perdu, / Rongé par la dent de la trahison et mangé par les vers, / Mais que je suis aussi noble que l'adversaire / Que je viens affronter ». On pourrait ici le rapprocher de la figure du chevalier errant qui se présente aux tournois en quête d'honneur. Comme le souligne Maurice Keen :

> Parce que les tournois étaient des défis publics mettant en jeu la prouesse individuelle et permettant de gagner des prix ainsi qu'une renommée, ils apportaient crédit et respect au chevalier errant, ce vagabond poussé par l'amour, son sens de l'initiative et sa propre vertu à la recherche de toute occasion lui permettant de faire reconnaître son honneur[74].

Ce combat singulier est à Edgar ce que la « machine de guerre » est à Coriolan : l'occasion de retrouver son nom ou de s'en refaire un tout aussi honorable.

La réponse d'Edmond au champion anonyme qui le défie est intéressante à plus d'un titre :

> In wisdom I should ask thy name,
> But since thy outside looks so fair and warlike,
> And that thy tongue some say of breeding breathes,
> What safe and nicely I might well demand
> *By rule of knighthood* I disdain and spurn. (V, 3, 131-135)[75]

> En toute sagesse, je devrais te demander ton nom,
> Mais puisque tu as si belle et si martiale apparence,
> Et que ta langue exhale le discours d'un homme bien né,

---

73. Voir *ibid.*, p. 90.
74. *Ibid.*, p. 100.
75. Mes italiques.

> Ces délais qu'une prudence vétilleuse pourrait invoquer,
> *Conformément aux lois de la chevalerie*, je les dédaigne et les repousse.

Dans les deux derniers vers, selon que l'on choisit de faire entendre ou non l'enjambement, il est possible de rattacher « *By rule of knighthood* » soit à ce qui précède, soit à ce qui suit, et de comprendre soit « I might well demand / *By rule of knighthood* », soit « *By rule of knighthood* I disdain and spurn ». Le Quarto est, lui, sans ambiguïté :

> In wisdom I should ask thy name,
> But since thy outside looks so fair and warlike,
> And that thy tongue some say of breeding breathes,
> *My right of knighthood I disdain and spurn.* (Scene 24, 137-140)[76]

Le chevalier qui reconnaît en celui qui le défie son semblable dit pouvoir se passer des préliminaires imposés par les codes de chevalerie : enfreint-il alors ces codes, ou les a-t-il au contraire intériorisés au point d'aller à l'essentiel ? La seconde hypothèse suggèrerait que les codes chevaleresques l'emportent sur les règles de la géopolitique, permettent de les dépasser : Edgar est intuitivement reconnu comme chevalier et autorisé à combattre, alors qu'il est statutairement hors la loi. Matthew Strickland rappelle que les chevaliers qui se présentaient aux tournois « ne se souciaient guère des revirements d'alliances et des animosités politiques entre les princes qui se partagent le territoire »[77]. Maurice Keen, lui, met l'accent sur le fait que les tournois et les combats singuliers ont fait évoluer la chevalerie vers « une idéologie aristocratique et internationale dont les règles, les attitudes et les valeurs transcendaient les frontières locales »[78]. Indépendance de la chevalerie vis-à-vis de la cartographie politique. Dans *King Richard II*, Bolingbroke et Mowbray sont prêts à

76. Les citations de la version Quarto sont tirées de la même édition que celles de la version Folio : *The Norton Shakespeare, Based on the Oxford Edition, Tragedies*, *op. cit.* Mes italiques.

77. Matthew Strickland, *War and Chivalry: The Conduct and Perception of War in England and Normandy, 1066-1217*, Cambridge, Cambridge University Press, 1996, p. 150 (ma traduction).

78. Maurice Keen, *Chivalry*, *op. cit.*, p. 100.

s'aventurer hors-carte jusque dans des terres inhabitables pour y régler leur question d'honneur.

Or, combats singuliers et tournois échappent au contrôle géopolitique mais aussi ecclésiastique. Ils sont stigmatisés par l'Église car, selon elle, ils encouragent la violence, favorisent les péchés capitaux[79] et font une concurrence déloyale aux croisades. Maurice Keen explique dans quel sens :

> Remporter des tournois était plus facile que d'atteindre la Terre Promise ; les risques qu'on y encourait, bien que sérieux, étaient infiniment moindres que ceux vers lesquels on allait en s'engageant dans la Guerre Sainte ; en conséquence, davantage de chevaliers – bien davantage en fait – participèrent à des tournois. En effet, la réputation qu'on y gagnait trouvait souvent un sens plus immédiat que celui d'une réputation acquise par-delà les mers.[80]

Remporter le combat singulier permet à Edgar de réaffirmer son identité et d'être immédiatement reconnu par Albany. Cette réintégration est rendue possible par la non-prise en compte temporaire du contexte géopolitique que permettent les codes de chevalerie.

Se mettre au service d'un appareil autre ou s'en servir comme d'une force auxiliaire (Cordelia), se vouer corps et âme à une cause, celle de la chrétienté, qui transcende les questions d'exil politique (Mowbray), recourir au combat singulier et se tourner vers les codes de la chevalerie pour faire valoir justice et honneur (Edgar) : telles sont les alternatives à la « machine de guerre », alternatives qui n'en retiennent pas moins certaines de ses caractéristiques. Elles resteraient incomplètes sans l'option retenue par Prospero : opérer par « capture magique ». Il semble intéressant de faire un détour par son île et de voir comment la magie permet un choix autre que celui de la « machine de guerre » – à moins qu'elle n'en soit une forme déguisée.

79. Voir *ibid.*, p. 94-101.
80. *Ibid.*, p. 100.

3. Opter pour une « capture magique »

À l'image des personnages shakespeariens considérés jusqu'à présent, Prospero fait les frais d'un abus de pouvoir, d'un agissement ignoble – « a foul deed » (III, 3, 72) –, celui de son frère Antonio qui voulait être « Milan lui-même » / « Absolute Milan » (I, 2, 109)[81]. Pour lui ravir son duché, on expulse Prospero, avec sa fille, sans autre forme de procès ; on le livre aux flots, au bénéfice de la nuit, à la va-vite. Des années plus tard, le hasard veut que ses ennemis croisent au large de l'île où lui et Miranda vivent en exil.

a. La « capture magique » de Prospero

Gilles Deleuze et Félix Guattari montrent que la guerre n'est pas prise dans l'appareil d'État : soit ce dernier acquiert une armée selon une organisation stricte, soit il « dispose d'une violence qui ne passe pas par la guerre : il emploie des policiers et des geôliers plutôt que des guerriers, il n'a pas d'armes et n'en a pas besoin, il agit par capture magique immédiate, il "saisit" et "lie", empêchant tout combat »[82]. La notion de « capture magique » est ici employée au sens métaphorique. Dans *The Tempest*, elle pourrait l'être au sens littéral. Prospero recourt à une violence qui ne passe pas par la guerre ; il ne procède pas par attaque armée, mais par « capture magique » au sens propre du terme : il crée une tempête pour que ses ennemis s'échouent sur son île, pour qu'il les ait ainsi à sa merci. Techniques surnaturelles mises à part, sa méthode n'est pas sans évoquer les procédés des pirates passés maîtres en l'art d'occasionner des naufrages

---

81. Toutes les citations de *The Tempest* sont tirées de William Shakespeare, *The Tempest* (1999), éd. Virginia Mason Vaughan et Alden T. Vaughen, London, Thomson, coll. « The Arden Shakespeare », 2003. La traduction est celle d'Yves Bonnefoy, William Shakespeare, *La Tempête*, Paris, Gallimard, coll. « Folio Théâtre », 1997. C'est sans doute de Coriolan que Prospero se rapproche le plus : ils ont en commun un caractère asocial (ils témoignent peu d'intérêt pour autrui), voire narcissique (pour l'un, seule compte la gloire obtenue au combat ; pour l'autre, seul le perfectionnement de son esprit), qui les fait délaisser la chose politique au profit respectif du champ de bataille et du cabinet propice à l'étude des sciences occultes.
82. Gilles Deleuze et Félix Guattari, *Mille Plateaux. Capitalisme et schizophrénie 2*, *op. cit.*, p. 435.

– il est intéressant de constater que le terme de « capture », au sens premier de « prise », s'employait, notamment, « dans le contexte spécial de la marine corsaire »[83]. En fait, sa « capture magique » répond à la capture militaire dont il a été victime avec sa fille. Antonio a fait appel à l'appareil d'État de Naples, lequel a opéré comme une « machine de guerre », avec la vélocité qu'on lui connaît. C'est ce que Prospero rapporte à Miranda :

> This King of Naples, being an enemy
> To me inveterate, hearkens my brother's suit,
> Which was that he, in lieu o'th' premises
> Of homage, and I know not how much tribute,
> Should presently extirpate me and mine
> Out of the dukedom and confer fair Milan,
> With all the honours, on my brother. Whereon –
> A treacherous army levied – one midnight
> Fated to th' purpose did Antonio open
> The gates of Milan and i'th' dead of darkness
> The ministers for th' purpose hurried thence
> Me and thy crying self. (I, 2, 121-132)
>
> Écoute : le roi de Naples, mon ennemi
> Invétéré, ne put que prêter l'oreille
> À la requête de mon frère, qui demandait
> Qu'en échange de l'allégeance et du tribut
> Dont je ne sais le montant, il me privât,
> Moi et ma descendance et sur-le-champ,
> De tout droit au titre de duc ; et à lui, mon frère,
> Remît Milan la belle et tous les honneurs.
> Une troupe félonne est donc bientôt rassemblée
> À laquelle, une nuit bien faite pour ce crime,
> Antonio a ouvert, oui, a ouvert
> Les portes de Milan. Et des hommes de main
> Nous emportent en hâte dans les ténèbres,
> Moi, et toi tout en pleurs.

Capture pour capture, « déterritorialisation » pour « déterritorialisation ».

83. Alain Rey, *Dictionnaire historique de la langue française*, *op. cit.*, art. « capture », tome 1, p. 619.

Capturer, pour Prospero, c'est attirer ses adversaires sur son île, les désorienter en les jetant dans un espace qui semble « lisse », dans un espace nomade dont on n'aperçoit jamais les contours, dans lequel lui seul sait s'orienter et dont il a la maîtrise absolue. Il n'est guère surprenant, donc, qu'Alonso s'écrie : « This is a strange maze as e'er men trod » (V, 1, 242) / « A-t-on jamais parcouru labyrinthe / Plus confondant ? ». L'île, c'est le territoire-filet dans lequel Prospero prend ceux qui ont œuvré à son exil ; c'est « son nœud, son filet, son "coup une fois pour toute" »[84]. Il égare aussi ses ennemis psychiquement, en leur faisant perdre leurs esprits :

> My high charms work,
> And these, mine enemies, are all knit up
> In their distractions. They now are in my power;
> And in these fits I leave them. (III, 3, 88-91)
>
> Ma haute science opère et mes ennemis,
> Tout empêtré, chacun, dans sa folie,
> Sont bien en mon pouvoir. Toutefois, laissons-les
> Pour l'heure, à ces accès de leur déraison.

Juste avant le dénouement, la capture « totale » est symbolisée par le cercle magique, miniature insulaire, dans lequel Prospero tient ses ennemis : [*They all enter the circle which Prospero had made and there stand charmed*] (V, 1, didascalie entre 57 et 58) / [*Tous entrent dans le cercle que Prospéro a tracé sur le sol, et demeurent là sous le charme*]. Cette capture s'opère grâce à la mise en pratique de son art, de ses connaissances occultes. Il semble que les pouvoirs magiques de Prospero s'apparentent à « une science nomade », par opposition à « une science d'État » ou « sciences royales ou impériales »[85] ; il est peut-être significatif, à cet égard, qu'il les qualifie de « magie primaire » / « rough magic » (V, 1, 50). L'étude et la pratique de la magie, que cette dernière soit blanche ou noire, Jacques Ier les condamne dans son traité de 1597, intitulé *Daemonologie, in Forme of a*

84. Gilles Deleuze et Félix Guattari, *Mille plateaux. Capitalisme et schizophrénie 2*, *op. cit.*, p. 529-530.
85. Les termes sont de Gilles Deleuze et Félix Guattari dans *ibid.*, p. 448.

Dialogue, et les rend passibles de la peine de mort, confirmant par là-même, avant l'heure, l'analyse de Gilles Deleuze et de Félix Guattari selon laquelle « cette science nomade ne cesse pas d'être "barrée", inhibée ou interdite par les exigences et les conditions de la science d'État »[86]. Prospero serait cette figure du « "savant" de la science nomade [...] pris entre deux feux, celui de la machine de guerre qui l'alimente et l'inspire, celui de l'État qui lui impose un ordre des raisons »[87]. En effet, sa « capture magique » tient de la « machine de guerre ».

b. Similitudes avec la « machine de guerre »

Chez Prospero, comme chez Coriolan et Bolingbroke, une économie se met en place qui vise à la reprise et/ou aux représailles. Certes le pardon finit par l'emporter ; il faut attendre le cinquième acte pour entendre Prospero se convaincre qu'« [i]l est plus grand / D'être vertueux que de tirer vengeance » / « The rarer action is / In virtue than in vengeance » (V, 1, 27-28). C'est pourtant le désir de vengeance qui est premier et qui motive la « capture magique », avec, pour conséquence, la mise entre parenthèses de l'objectif originel que la magie devait permettre d'atteindre : « [l]e perfectionnement de [son] esprit » / « the bettering of [his] mind » (I, 2, 90), « en quoi nous pouvons reconnaître la remontée spirituelle, le désenchaînement de l'âme »[88]. La magie devient capture et suit une dynamique spatiale inverse de celle de la « machine de guerre » : elle attire dans le territoire hors-carte de l'exil et transporte comme par enchantement *hors de*, alors que la « machine de guerre » suit une dynamique de retour, de réintégration dans la carte selon un effet « boomerang » – on revient vers le point d'où l'on a été éjecté. La « capture magique », elle, opère un détour : elle va décentrer pour, éventuellement, mieux recentrer. Le but demeure néanmoins le même : se réapproprier ce qui a été perdu, volé, usurpé, par la menace ou la mise en œuvre d'une « déterritorialisation ».

---

86. *Id.*
87. *Id.*
88. Yves Bonnefoy, « Une journée dans la vie de Prospéro », dans William Shakespeare, *La Tempête*, *op. cit.*, p. 17.

Si la « machine de guerre » de Coriolan rase tout sur son passage et ne laisse qu'épouvante, la « capture magique » de Prospero crée l'illusion de la destruction totale du navire transportant ses ennemis. L'immense clameur que Prospero fait retentir dans l'eau furibonde rappelle l'image qui vient à l'esprit de Scroop face aux troupes de Bolingbroke, celle des rivières d'argent noyant leurs berges. Miranda a cru voir « [c]e hardi vaisseau / [...] / Tout fracassé ! » / « a brave vessel / [...] / Dashed all to pieces » (I, 2, 6-8), et s'en trouve très affectée : « O, the cry did knock / Against my very heart! Poor souls, they perished » (I, 2, 8-9) / « Ce cri, ce cri / Qui m'a frappée au cœur ! Pauvres âmes, péries ! ». Dans cette tempête orchestrée par Ariel, on décèle une violence qui fait retour et qui tient de la « machine de guerre », une violence cosmique dont la puissance est semblable à celle du dieu guerrier :

Jove's lightning, the precursors
O'th' dreadful thunderclaps, more momentary
And sight-outrunning were not; the fire and cracks
Of sulphurous roaring, the most mighty Neptune
Seem to besiege and make his bold waves tremble,
Yea, his dread trident shake. (I, 2, 201-206)

La foudre de Jupiter
Qui précède de peu l'effrayant tonnerre,
N'est pas plus prompte à devancer la vue.
Ce feu, ces grondements du soufre, ces étincelles,
Ils semblaient assiéger l'omnipotent Neptune
Qui en tremblait de toutes ses vagues !
Ah, son terrible trident, tout secoué !

La force de frappe est telle qu'elle suscite l'effroi : « Pas une âme / Qui ne brûlât de la fièvre des fous / Et ne commît quelque acte de désespoir » / « Not a soul / But felt a fever of the mad and played / Some tricks of desperation » (I, 2, 208-210), rapporte Ariel. Plus tard, l'île est dépeinte par Gonzalo comme « ce lieu funeste » / « this fearful country » (V, 1, 106). Il y a une fulgurance, et donc une efficace incontestable, de la « capture magique » comme de la « machine de guerre », à la différence qu'ici fulgurance s'entend au sens figuré autant qu'au sens propre : Ariel est non seulement vif et rapide – rapidité qu'accentue son don d'ubiquité –, mais il sait aussi produire des éclairs[89]. La soudaineté et le succès de la capture tiennent tout entier dans le cri de Gonzalo : « We split, we split, we split! » (I, 1, 62) / « Nous coulons, nous coulons, nous coulons ! ». Semblable à une « machine de guerre », la « capture magique » est comme *déjà là*, toute puissante, « invulnérable[s] » / « invulnerable » (III, 3, 66), capable de désarmer instantanément ses ennemis. « [V]os épées, les voici trop lourdes / Pour votre peu de force : essayez de les soulever ! » / « Your swords are now too massy for your strenghs / And will not be uplifted » (III, 3, 67-68), telle est la puissance performative que la magie confère à Prospero.

L'île est comme un jeu de go où Prospero et Ariel peuvent surgir en n'importe quel point. Il est intéressant de constater que le jeu mentionné dans la pièce n'est pas le go mais les échecs. Or, on y triche : « Mon doux seigneur, vous avez triché ! » / « Sweet lord, you play me false » (V, 1, 172), reproche Miranda à Ferdinand. Et elle renchérit, après qu'il a nié : « Yes, for a score of kingdoms you should wrangle » (V, 1, 174) / « Que si, vous le feriez, et pour simplement des royaumes ! ». Les échecs : passe-temps royal (la ville de Naples était connue pour en être un haut lieu) et allégorie de l'amour courtois certes, mais aussi métaphore miniature de l'appareil d'État… et de ses possibles dysfonctionnements.

Le succès de la « capture magique » est éclatant : tout comme la « machine de guerre », elle porte en elle les atouts qui lui permettent d'imposer sa négociation ou simplement ses conditions. Lorsque Prospero pardonne à son frère et demande restitution de son duché, il souligne qu'Antonio n'a pas le choix : « I do […] require / My dukedom of thee, which perforce I know / Thou must restore » (V, 1, 131-134) / « j'exige de toi mon duché, que d'ailleurs / Tu es bien obligé de me restituer ». Enfin, si la « machine de guerre » révèle le « devenir-divin » de Coriolan, la « capture magique » fait ressortir le « devenir-démiurge », ou

89. Les deux sens sont répertoriés par Alain Rey, *Dictionnaire historique de la langue française*, *op. cit.*, art. « fulgurant, ante », tome 2, p. 1528.

encore le « devenir-Prométhée »[90] de Prospero – on pense à son adieu aux elfes et aux esprits de l'île dans lequel il rappelle son plein pouvoir sur les éléments naturels.

Coriolan et Bolingbroke mettent en branle, chacun à sa manière, une « machine de guerre » pour rompre le ban, recouvrer leur droit et/ou assouvir leur soif de vengeance, avec le succès à court terme ou à moyen terme que l'on sait (assassinat de Coriolan par Aufidius et ses hommes ; guerre des Deux Roses sous le règne d'Henry VI). Hormis le cas spécifique de Prospero qui opère par « capture magique » et qui, semble-t-il, va retrouver ses droits et son duché – or, *The Tempest* n'est pas une pièce tragique mais une tragi-comédie –, les alternatives à la « machine de guerre » jusqu'ici évoquées ne sont guère concluantes. Cordelia et Mowbray trouvent la mort dans des conditions, certes, très différentes, mais l'on ne peut s'empêcher d'y voir deux figures sacrifiées sur l'autel de la loyauté inconditionnelle qu'ils vouent à leur bannisseur respectif : l'une (Cordelia) revenant pour lui porter secours, l'autre (Mowbray) n'enfreignant jamais son serment et entrant en guerre sainte jusqu'à épuisement. Par sa victoire sur Edmond, Edgar recouvre son identité et son statut, et se voit même proposer les rênes du royaume par Albany à la fin de la tragédie. Or, il est essentiel de se remémorer ce qui se passe avant le combat singulier : ce qui lui permet, avant tout, d'échapper à sa mise hors la loi et à son arrêt de mort, c'est sa *mètis*, sa capacité à se faire passer pour un mendiant de Bedlam. Autre réponse à la mise au ban. Autre alternative à la « machine de guerre ». Autre dynamique : non plus celle rapide de la riposte frontale, mais celle plus lente du détour, de la ruse, de la simulation et de la substitution – même résistance, stratégie autre.

---

90. Pierre Hadot dit de l'attitude prométhéenne qu'elle est « celle qui veut découvrir avec ruse et violence les secrets de la nature » ou encore « faire violence à la nature par des moyens artificiels », *Le Voile d'Isis. Essai sur l'histoire de l'idée de nature*, Paris, Gallimard, 2004, p. 109, 150.

Chapitre III

La dynamique de l'esquive et le détour par l'altérité

If but as well I other accents borrow
Than can my speech diffuse, my good intent
May carry through itself to that full issue
For which I razed my likeness.
King Lear (I, 4, 1-4)

Si seulement je sais aussi emprunter une autre voix,
Qui pourra travestir mon langage, mon honnête intention
Pourra s'acheminer vers le plein résultat
Pour lequel j'ai rasé mon aspect.

« La force contraint directement, la ruse contraint par un détour et souvent en emportant l'adhésion ou le consentement »[1]. L'intérêt de cette affirmation de Georges Balandier ne réside pas tant dans la reprise de l'opposition traditionnelle entre la force et la ruse, que dans l'idée de « contraindre par un détour ». On sait que « ruser » est, à l'origine, un terme de vénerie se référant à « la bête chassée qui emploie divers expédients pour échapper aux chasseurs et aux chiens »[2] – la métaphore se file notamment dans *King Lear* où Edgar, désormais hors la loi, se voit traqué comme un animal. C'est une stratégie de fuite, mais aussi de résistance, ce que souligne le verbe « contraindre ». C'est une dynamique de l'esquive qui se met en place pour résister à l'abus de pouvoir et éviter adroitement l'interdiction de

1. Georges Balandier, « Ruse et politique », dans Cause Commune, *La Ruse*, Paris, Union générale d'Éditions, 1977, p. 25.
2. Alain Rey, *Dictionnaire historique de la langue française* (1992), Paris, Dictionnaire Le Robert, 3 vol., 1998, art. « ruse », tome 3, p. 3336.

séjour ; elle sollicite donc le recours à la *mètis*, aux ruses de l'intelligence. L'esquive, comme la rupture de ban, est synonyme de transgression, mais de transgression immédiate (on ne part pas) et non à retardement (on revient après être parti et avoir constitué une force armée) : le banni sommé de quitter le territoire y demeure, laissant la sommation lettre morte. Le danger encouru n'est pas moindre, car celui qui esquive n'a pas de « machine de guerre » pour faire face s'il est découvert et sait qu'il encourt la mort instantanée.

Esquiver, c'est rester dans l'ici, refuser de suivre l'injonction d'« aller se faire voir ailleurs ». Il s'agit donc de changer de visage et de voix, de travestir son discours, de prendre une *persona* afin de produire du faux-semblant, autrement dit de se faire passer pour *autre* que ce qu'on est, que ce qu'on était au moment de la sentence, de renoncer à son identité identifiable pour en emprunter une radicalement différente. Rester, certes, mais à condition d'être *incognito* pour tromper l'œil politique, de se faire tout petit socialement, de favoriser, en termes deleuziens, la dynamique d'un « devenir-imperceptible »[3]. Faire taire celui qu'on bannit signifie d'abord l'effacer de son champ de vision – « Hors de ma vue ! » / « Out of my sight! » (I, 1, 155), ordonne Lear à Kent.

Devenir imperceptible certes, mais pour combien de temps ? Car, pris dans la durée, ce qui relève du camouflage a une incidence sur le vécu, suscite un ressenti, entraîne une expérience inédite. Dans *King Lear*, le détour par l'altérité sociale se vit sur le mode du déclassement et s'éprouve selon une dynamique de la dégradation – humiliation, infamie, ensauvagement, fantasme d'empoisonnement. On en arrive au paradoxe selon lequel l'ici est vécu comme un ailleurs, la terre natale s'apparente à un « no man's land » : la dynamique de l'esquive rapproche de l'expérience de l'exil, le « lisse » se découvre au sein du « strié », le sauvage au cœur du culturel – découverte propice au surgissement de l'inquiétante étrangeté.

3. Gilles Deleuze et Félix Guattari, *Mille Plateaux. Capitalisme et schizophrénie 2*, Paris, Éditions de Minuit, 1980, p. 284.

I. Rester dans l'ici mais se faire passer pour autre

« Ainsi Kent, ô princes, vous dit à tous adieu, / Il préservera son vieux style sous de nouveaux cieux » / « Thus Kent, O princes, bids you all adieu; / He'll shape his old course in a country new » (I, 1, 183-184). Alors qu'il avait publiquement annoncé son départ, Kent réapparaît déguisé, méconnaissable, précisant seulement qu'il a « rasé [son] aspect » / « razed [his] likeness » (I, 4, 4). Edgar, quant à lui, confie qu'il va prendre l'apparence d'un mendiant de Bedlam et renoncer à son identité – « Edgar I nothing am » (II, 2, 178) / « moi, Edgar, je ne suis rien » – pour échapper à la chasse au hors-la-loi qu'il est devenu. Kent et Edgar représentent tous deux ce que Jean Duvignaud appelle « le détour de l'indépendance masquée »[4]. Ils substituent à l'exclusion territoriale le détour identitaire : mouvement, bouleversement non plus spatial, mais social et mental : se faire passer pour autre chez soi. Aussi recourent-ils à la simulation qui, pour Francis Bacon, se trouve précisément là « où l'homme s'ingénie à feindre expressément d'être ce qu'il n'est pas », et dont les avantages sont d'« endormir l'opposition pour la surprendre » et de « s'assurer une retraite honorable »[5].

1. Renoncer à son identité pour en emprunter une autre

a. L'idée du « devenir-imperceptible »

Si la « machine de guerre » favorise tantôt le « devenir-animal », tantôt le « devenir-divin », il semble que l'esquive, elle, appelle un « devenir-imperceptible ». Demeurer dans son pays alors qu'on vient d'en être proscrit sous peine de mort, n'est-ce pas faire le choix de passer inaperçu coûte que coûte, de se désingulariser ? Autrement dit, « être comme tout le monde » au point de permettre la remarque suivante : « on a beau l'observer,

4. Jean Duvignaud, « Pourquoi *La Ruse* ? », dans Cause Commune, *La Ruse*, *op. cit.*, p. 16.
5. Francis Bacon, *Essais*, traduction et introduction de Maurice Castellain, « De la simulation et de la dissimulation », Paris, Aubier, coll. « Bilingue des classiques étrangers », 1948, p. 27, 29.

on ne remarque rien »[6]. Or, selon l'analyse de Gilles Deleuze et de Félix Guattari :

> [...] à l'issue d'une vraie rupture, on arrive... vraiment à être comme tout le monde. Et ce n'est pas facile du tout, ne pas se faire remarquer. Être inconnu, même de sa concierge et de ses voisins. Si c'est tellement difficile, être « comme » tout le monde, c'est qu'il y a une affaire de devenir. Ce n'est pas tout le monde qui devient comme tout le monde, qui fait de tout le monde un devenir. Il y faut beaucoup d'ascèse, de sobriété, d'involution créatrice : [...] se confondre avec les murs, éliminer le trop-perçu, le trop-à-voir[7].

Devenir comme tout le monde nécessite d'« involuer », c'est-à-dire de retourner à l'homogène, à l'uniforme, d'opérer un « passage du divers au même », une « assimilation des esprits entre eux », une « généralisation », une « universalisation »[8]. Il faut donc éliminer « tout ce qui enracine chacun (tout le monde) en lui-même »[9], ce qui suggère que répondre par l'esquive en devenant imperceptible, ce n'est pas *éviter* le déracinement de l'exil, c'est *déplacer* l'expérience du déracinement de l'ailleurs à l'intime, l'éprouver en son for intérieur : devenir étranger à soi-même en quelque sorte – ne devenir étranger qu'à soi-même dans son propre pays.

Car le « devenir-imperceptible » requiert aussi de « faire monde, [...] faire un monde, des mondes, c'est-à-dire trouver ses voisinages et ses zones d'indiscernabilité »[10]. Il ne s'agit pas seulement de devenir étranger à soi-même, mais d'être réceptif, de se faire réceptacle à l'altérité, à l'étrangeté du monde : s'en laisser traverser, imprégner. Kent se tourne vers le service, Edgar vers la mendicité : ils passent inaperçus en changeant radicalement de sphère sociale et en se tournant vers l'autre comme moyen

6. Gilles Deleuze et Félix Guattari, *Mille Plateaux. Capitalisme et schizophrénie 2*, *op. cit.*, p. 342.
7. *Id.*
8. André Lalande, *Vocabulaire technique et critique de la philosophie* (1926), Paris, PUF, coll. « Quadrige », 2006, art. « involution », p. 544.
9. Gilles Deleuze et Félix Guattari, *Mille Plateaux. Capitalisme et schizophrénie 2*, *op. cit.*, p. 342.
10. *Ibid.*, p. 343.

de subsistance. « Voisinages et zones d'indiscernabilité » : quoi de plus banal que le service dans une société féodale ? Que la folie hors les murs dans l'Angleterre élisabéthaine ? Michel Foucault a souligné « la liberté dans laquelle elle [la folie] venait au jour pendant la Renaissance. Alors elle était présente partout et mêlée à chaque expérience par ses images et ses périls »[11]. La remarque d'Edgar selon laquelle « [l]a campagne [lui] offre l'exemple et le précédent / Des mendiants de Bedlam » / « The country gives [him] proof and precedent / Of Bedlam beggars » (II, 2, 170-171) va dans ce sens. Alors, concluent Gilles Deleuze et Félix Guattari, « on est comme l'herbe : on a fait du monde, de tout le monde un devenir, parce qu'on a fait un monde nécessairement communicant, parce qu'on a supprimé de soi tout ce qui nous empêchait de nous glisser entre les choses, de pousser au milieu des choses »[12]. Or, les qualités requises pour le « devenir-imperceptible », à savoir l'adaptabilité et l'agilité, la capacité à se mêler au monde, à se mouvoir dans le mouvant, à ondoyer dans l'ondoyant, évoquent la pratique grecque de la *mètis*.

b. Quelque chose de la *mètis*

Qu'est-ce que la *mètis* ? C'est, répondent Marcel Dètienne et Jean-Pierre Vernant, « un certain type d'intelligence engagée dans la pratique, affrontée à des obstacles qu'il faut dominer en rusant pour obtenir le succès dans les domaines les plus divers de l'action »[13]. Ils ajoutent : « la *mètis* préside à toutes les activités où l'homme doit apprendre à manœuvrer des forces hostiles, trop puissantes pour être directement contrôlées, mais qu'on peut utiliser en dépit d'elles, sans jamais les affronter de face, pour faire aboutir par un biais imprévu le projet qu'on a médité »[14]. Afin d'éviter mise au ban, mise hors la loi et mise à

11. Michel Foucault, *Histoire de la folie à l'âge classique*, Paris, Gallimard, coll. « Tel », 1972, p. 195.
12. Gilles Deleuze et Félix Guattari, *Mille Plateaux. Capitalisme et schizophrénie 2*, *op. cit.*, p. 343-344.
13. Marcel Dètienne et Jean-Pierre Vernant, *Les Ruses de l'intelligence. La mètis des Grecs*, Paris, Flammarion, coll. « Champs », 1974, p. 8.
14. *Ibid.*, p. 57.

mort, Kent et Edgar optent pour l'esquive et biaisent en se faisant passer, l'un, pour un serviteur en quête de maître, l'autre, pour un fou sorti de l'asile de Bedlam. Ils sont bien, en cela, des êtres de *mètis* car :

> La *mètis* est elle-même une puissance de ruse et de tromperie. Elle agit par déguisement. [...] elle emprunte une forme qui masque, au lieu de le révéler, son être véritable. En elle l'apparence et la réalité, dédoublées, s'opposent comme deux formes contraires, produisant un effet d'illusion, *apátē*, qui induit l'adversaire en erreur et le laisse, en face de sa défaite, aussi éberlué que devant les sortilèges d'un magicien[15].

On pense au chapelet d'insultes que Kent/Caius déverse à Oswald et aux élucubrations sans queue ni tête d'Edgar/Poor Tom qui laissent leurs interlocuteurs respectifs perplexes. Qui pourrait s'imaginer que derrière le serviteur zélé et le mendiant délirant se dissimulent des comtes ?

Un certain type d'intelligence « engagée dans la pratique », soulignent Marcel Dètienne et Jean-Pierre Vernant : les êtres doués de *mètis* ne craignent pas de se frotter au réel, *a fortiori* quand ce réel leur est hostile et semble leur échapper. Il y a un certain courage aussi dans la ruse, quelque chose de l'ordre de la prise de risque. En bravant l'interdiction de rester dans leur pays, Kent et Edgar s'apprêtent à évoluer en terrain incertain, un terrain qui précisément appelle la *mètis* puisque celle-ci « s'applique à des réalités fugaces, mouvantes, déconcertantes, ambiguës, qui ne se prêtent ni à la mesure précise, ni au calcul exact, ni au raisonnement rigoureux »[16]. Avoir l'esprit de *mètis* dans ces circonstances signifie faire preuve de ruse, mais aussi être capable de repérer et de saisir l'instant propice, le *kairós*, pour que sa mise en œuvre ait toutes les chances de réussir. On voit comment Kent/Caius s'attire définitivement les faveurs de Lear en intervenant au bon moment pour lui prêter main forte et faire un croc-en-jambe au vil Oswald. Quant à Edgar, il saisit le *kairós* à plusieurs reprises : en se dissimulant dans la cavité

15. *Ibid.*, p. 29.
16. *Ibid.*, p. 10.

d'un tronc, en pensant à l'individu le plus abject pour échapper aux autorités qui le pourchassent, en faisant en sorte que la lettre d'Oswald, qui évoque le complot contre Albany, lui permette d'affronter son frère en combat singulier. Edgar et Kent s'approprient temporairement des traits de la *mètis* qui impliquent « certaines valeurs attribuées à la courbe, au souple, au tortueux, à l'oblique et à l'ambigu, par opposition au droit, au direct, au rigide et à l'univoque »[17] – par opposition aux règles de la *polís*[18]. On pourrait dire de la *mètis* ce que Michel Onfray dit du voyage, à savoir que c'est « une déclaration de guerre au quadrillage et au chronométrage de l'existence »[19]. On y privilégie les qualités intuitives, l'équivoque intelligente, l'approche subjective. Enfin, si la ruse du déguisement dupe si bien leur entourage respectif, c'est que rien ne laissait soupçonner, ni chez Kent ni chez Edgar, une telle souplesse, une telle aptitude à la polymorphie. À l'inverse, Kent incarnait les notions de devoir et d'honneur – « duty », « honour » (I, 1, 145, 146) – et symbolisait ainsi la droiture, la rectitude ; quant à Edgar, il passait pour le naïf de service, pour « un frère noble, / Dont la nature est si éloignée de faire le mal / Qu'il n'en soupçonne aucun » / « a brother noble, / Whose nature is so far from doing harms / That he suspects none » (I, 2, 156-158). D'autant que la *persona* qu'ils choisissent respectivement les met au-dessus de tout soupçon.

c. « Contrefaire » cet autre radicalement autre

Si l'on emploie « contrefaire » comme traduction libre de « counterfeit » et que l'on prend en compte la polysémie propre à l'anglais, ce verbe s'enrichit des sens suivants : « to put a false or deceiving appearance upon; to disguise, falsify », « to assume

17. *Ibid.*, p. 55.
18. Il n'est pas étonnant, précisent Marcel Dètienne et Jean-Pierre Vernant, que Platon, dans les *Lois*, condamne « la pêche à l'hameçon, la poursuite des animaux aquatiques, l'usage des nasses, la chasse aux oiseaux, ainsi que toutes les formes de chasse avec filets et pièges », parce que « toutes ces techniques développent des qualités de ruse et de duplicité qui sont aux antipodes des vertus que la cité des *Lois* exige de ses citoyens », *ibid.*, p. 40.
19. Michel Onfray, *Théorie du voyage. Poétique de la géographie*, Paris, Le Livre de Poche, coll. « Biblio Essais », 2007, p. 15.

the character of (a person, etc.); to pretend to be; to pass oneself off as »[20]. On retrouve des termes indices de *mètis* comme « false », « deceiving », « falsify », « pretend », ainsi que l'idée de se faire passer pour autre. « Contrefaire », c'est précisément ce que Coriolan ne peut se résoudre à faire, quand bien même la mise au ban lui en serait épargnée. Lorsqu'il dit à l'un des citoyens qu'il va « pratiquer les courbettes insinuantes et les saluts bien imités » / « practise the insinuating nod and be off to them most counterfeitly » (II, 3, 95-96), c'est-à-dire « imiter les séductions des démagogues, et en donner à foison aux amateurs » / « counterfeit the bewitchment of some popular man, and give it bountiful to the desirers » (II, 3, 97-98), il fait preuve d'ironie et ses propos ne dépassent pas l'effet d'annonce. Pourquoi ? Parce que « contrefaire », c'est dégradant, c'est être « [t]raître à [sa] nature » / « False to [one's] nature » (III, 2, 15). Cela implique de se plier à des simulacres qui sont monnaie courante dans la lie de la société, d'emprunter « [l]'esprit d'une putain » / « Some harlot's spirit » (III, 2, 114), « le sourire du fourbe » / « The smiles of knaves » (III, 2, 117) ou « la langue du mendiant » / « A beggar's tongue » (III, 2, 119). Coriolan préfère, on l'a vu, rester lui-même et partir ailleurs. Il se situe ainsi aux antipodes d'un Falstaff qui fait le mort sur le champ de bataille et dans lequel on peut voir esprit de *mètis*, ruse à la Renard, stratégie de survie ou vile couardise indigne d'un honnête homme[21]. En général, parce qu'il est associé à la figure du fourbe, du dissimulateur, celui qui « contrefait » a mauvaise presse. Il est donc *a priori* impensable que des hommes d'honneur comme Kent et Edgar puissent ne serait-ce qu'envisager de s'y associer. Leur *persona* témoigne d'une inversion hiérarchique radicale et, donc, inimaginable – serviteur sans le sou à la recherche d'un maître, mendiant insensé en quête de subsistance.

---

20. *Oxford English Dictionary Online*, Oxford University Press, 2009, art. « counterfeit, *v.* », 3., 5.

21. Voir sa célèbre tirade justifiant son « Tudieu, il était temps de faire semblant » / « 'Sblood, 'twas time to counterfeit » (V, 4, 112), dans *King Henry IV, Part One* (1597), éd. A. R. Humphreys, London, Routledge, coll. « The Arden Shakespeare », 1992 [1960] ; *Henry IV, Première Partie*, Présentation et traduction par Michel Grivelet, Paris, Aubier, coll. « Bilingue », 1983.

Or, leur *persona* pourrait, elle, susciter la suspicion et évoquer ces individus interlopes que Dogberry, dans *Much Ado About Nothing*, nomme par impropriété de langage des « personnes iquivoques » / « aspicious persons » (III, 5, 44)[22]. Tout serviteur en quête de service était considéré comme un « homme sans maître » (« masterless man »), c'est-à-dire, en termes juridiques, comme « étant sain de corps et robuste, apte au travail, n'ayant ni terre ni maître »[23]. Il tombait alors sous le coup des lois contre les vagabonds, encourant les ceps, le fouet et, en cas de récidive, la maison de correction de Bridewell. « Poor Tom », lui, n'est qu'un pauvre hère qui a perdu ses esprits et va son chemin, mendiant, parce que l'asile de Bedlam ne peut plus subvenir à ses besoins. Or, derrière lui se profile l'imposteur dénommé, par John Awdeley et ses successeurs, « abram men »[24], cet individu qui feint la folie pour vivre de mendicité et éviter de se faire arrêter, car c'est un mendiant bien portant – et non inapte – et donc coupable d'oisiveté. Il est intéressant de remarquer que ceux qui répondent au bannissement et à la mise hors la loi par l'esquive le font en prenant une *persona* qui appartient à la catégorie que Michel Foucault appelle « la pauvreté insoumise »[25]. Vue d'en haut, cette catégorie n'en reste pas moins le menu fretin dont les hautes sphères n'ont que faire et dont la « gestion » est déléguée à des intermédiaires. Lear ne s'est jamais soucié des

---

22. « Aspicious » pour « suspicious ». William Shakespeare, *Much Ado About Nothing*, éd. A. R. Humphreys, London, Routledge, coll. « The Arden Shakespeare », 1994 [1981]. La traduction est de François-Victor Hugo dans William Shakespeare, *Théâtre Complet*, Paris, Garnier Frères, tome II, 1961.
23. « An Acte for the Punishement of Vacabondes, and for the Releif of the Poore and Impotente » (14 Elizabeth, c.5) [1572], dans *Tudor Economic Documents: Being Select Documents Illustrating the Economic and Social History of Tudor England*, éd. R. H. Tawney and Eileen Power, 3 vol., t. II. « Commerce, Finance and the Poor Law », London, Longmans, Green and Co., 1924, p. 328 (ma traduction). Voir à ce sujet A. L. Beier, *Masterless Men: The Vagrancy Problem in England, 1560-1640*, London, Methuen, 1987.
24. Pour les descriptions du « abram man » dans les typologies, voir John Awdeley, *The Fraternity of Vagabonds* (1561), Thomas Harman, *A Caveat or Warning for Common Cursitors, Vulgarly Called Vagabonds* [1566], Thomas Dekker, *O per se O* (1612), dans *The Elizabethan Underworld* (1930), éd. A. V. Judges, London, Routledge and Kegan Paul, 1965, respectivement p. 53, 83-84, 371-373.
25. Michel Foucault, *Histoire de la folie à l'âge classique*, *op. cit.*, p. 86.

« [p]auvres miséreux nus » / « Poor naked wretches » (III, 4, 28) du temps de son règne, que ceux-ci soient étiquetés bons ou mauvais pauvres.

Or, à aucun moment, Kent/Caius et Edgar/Poor Tom ne sont ni tenus pour suspects, ni suspectés d'être ce qu'ils ne sont pas ; il semble qu'ils habitent leur nouveau personnage au point de le rendre extrêmement visible et volubile, et de produire ainsi un effet aveuglant.

2. Faire écran par l'excès, ou la dialectique ostentation/dissimulation

Le paradoxe du « devenir-imperceptible » dans *King Lear* revient, d'une part, à se montrer à l'endroit où il est le plus impensable que l'on se montre, à se mettre au service de la personne jusqu'alors la plus en vue – « au nez et à la barbe de » son bannisseur, pourrait-on dire –, d'autre part, à exhiber un corps quasi nu et franchement répulsif, comme supplicié, à l'exhiber en l'approchant au plus près d'autrui pour qu'il fasse office d'épouvantail. Contraindre à voir pour mieux aveugler, mais aussi contraindre à entendre pour mieux déstabiliser l'entendement ; tendre un trompe-l'œil désagréable au politique et l'assourdir de trop de discours décousu. La dissimulation se fait paradoxalement par l'ostentation de ce qui est au plus près de l'individu et, donc, le plus susceptible de le révéler : son corps (qui se dénude presque intégralement) et sa voix (qui sature l'espace auditif).

a. Exhiber un corps lisiblement cartographié

Si Kent annonce qu'il va « emprunter une autre voix, / Qui pourra travestir [son] langage » / « other accents borrow / That can [his] speech diffuse » (I, 4, 1-2), on ne sait rien de ses nouveaux vêtements de circonstance sinon que, plus avant dans la pièce, Cordelia les trouve tout à fait inadéquats à son véritable statut et lui enjoint d'en changer : « Be better suited. / These weeds are memories of those worser hours. / I prithee put them off » (IV, 6, 6-8) / « Habille-toi mieux : / Ces vêtements rappellent tes pires heures. / Je t'en prie, enlève-les ». En revanche, Edgar annonce d'emblée :

> My face I'll grime with filth,
> Blanket my loins, elf all my hairs in knots,
> And with presented nakedness outface
> The winds and persecutions of the sky. (II, 2, 166-169)

> [...] mon visage, je vais le grimer de boue,
> D'une couverture ceindre mes reins, embroussailler mes cheveux en boucles de lutin,
> Et, exposant ma nudité, braver
> Les vents et les persécutions du ciel.

Il faut se remémorer l'importance des codes vestimentaires et la sémiotique hiérarchique des étoffes à l'époque de la Renaissance pour comprendre que l'habit faisait le moine et les haillons, le gueux. Frances Elizabeth Baldwin a montré la prépondérance des lois somptuaires dans la législation Tudor et, en particulier, sous le règne d'Élisabeth Ire[26]. Dans ces lois, comme dans les proclamations royales qui les complétaient, on stigmatisait l'extravagance des vêtements et parures ou, dans les termes peu nuancés du puritain Philip Stubbs, « ce péché exécrable qu'est l'orgueil et l'excès vestimentaires »[27]. Les apprentis et les serviteurs, par exemple, ne pouvaient pas se vêtir des mêmes tissus que les nobles ; les nobles, quant à eux, devaient mettre fin à la surenchère qui avait cours dans le luxe de leur garde-robe. La proclamation du 6 juillet 1597 justifie cette réglementation complexe en avançant trois arguments :

> (1) le déclin de l'hospitalité dû aux sommes importantes consacrées à l'achat de vêtements ; (2) « la confusion des catégories sociales quand les plus démunis sont aussi richement vêtus que ceux qui sont mieux nés » ; (3) l'augmentation de la criminalité. L'orgueil que l'on prenait à porter de belles

---

26. Frances Elizabeth Baldwin, *Sumptuary Legislation and Personal Regulation in England*, Baltimore, The John Hopkins Press, coll. « John Hopkins University Studies in Historical and Political Science », 1926.
27. Philip Stubbes, *Anatomie of Abuses* (1583), Amsterdam and New York, De Capo Press, 1972, cité par Frances Elizabeth Baldwin, *ibid.*, p. 195 (ma traduction).

> parures aurait incité les classes les plus pauvres à voler et à cambrioler[28].

On comprend que c'est surtout le deuxième argument qui importait : il convenait de maintenir la lisibilité des différentes sphères sociales par des distinctions vestimentaires précises. Comme le souligne William C. Carroll, « les lois somptuaires de l'époque Tudor avaient pour but de définir, puis de confirmer et donc de fixer à jamais, l'équation précise et significative entre le tissu que l'on portait et le statut socioéconomique que l'on avait »[29]. On s'attend, par conséquent, à voir les comtes et leur descendance drapés de tissus aux broderies d'or et d'argent, de satin et de soie couleur pourpre, et non à peine couverts de hardes[30]. Et si l'on cherche à réguler les mises excessives ou injustifiées par la qualité et le rang, on ne s'intéresse guère à ceux qui n'ont « rien à se mettre sur le dos ». Porter des haillons, c'est déjà devenir imperceptible.

Quasi nu, les reins ceints d'une couverture, Edgar/Poor Tom opte pour la dialectique de l'ostentation et de la dissimulation : exhiber sa nudité pour mieux cacher qu'il est le fils hors la loi de Gloucester. Il ne se contente pas de dénuder son corps, il le met aussi à distance, il le rend autre, étranger à soi-même comme s'il s'en exilait : son corps devient « cet horrible aspect » /« this horrible object » (II, 2, 174). Il s'inspire des mendiants de Bedlam qui mutilent leur corps, soit par véritable folie, soit par ruse perverse, pour le rendre pitoyable et plus lucratif :

> The country gives me proof and precedent
> Of Bedlam beggars who with roaring voices
> Strike in their numbed and mortifièd arms

---

28. Frances Elizabeth Baldwin, *Sumptuary Legislation and Personal Regulation in England*, *op. cit.*, p. 226-227 (ma traduction). Le passage cité par l'auteur est tiré de William Jerdan (éd.), *The Rutland Papers*, dans *Camden Society Publications*, n° XXII, 1842, p. 247.
29. William C. Carroll, *Fat King, Lean Beggar: Representations of Poverty in the Age of Shakespeare*, Ithaca/London, Cornell University Press, 1996, p. 206 (ma traduction).
30. Voir dans Frances Elizabeth Baldwin, *Sumptuary Legislation and Personal Regulation in England*, *op. cit.*, p. 228-229, l'excellent récapitulatif de ce que hommes et femmes avaient ou pas le droit de porter selon leur rang.

> Pins, wooden pricks, nails, sprigs of rosemary,
> And with this horrible object from low farms,
> Poor pelting villages, sheep-cotes and mills
> Sometime with lunatic bans, sometime with prayers
> Enforce their charity. (II, 2, 170-177)
>
> La campagne m'offre l'exemple et le précédent
> Des mendiants de Bedlam, qui, avec des hurlements,
> Plantent dans leurs bras nus engourdis, insensibles,
> Épingles, échardes, clous, brindilles de romarin ;
> Et qui, sous cet horrible aspect, visitant d'humbles fermes,
> De pauvres petits villages, des bergeries, et des moulins,
> Tantôt par des imprécations de forcenés, tantôt par des prières,
> Forcent la charité.

Edgar se confectionne son costume d'insensé *à même le corps*. Il fait de son corps une sorte de cartographie de survie ; le prenant pour support, il le marque, le strie, le rend visible et lisible afin que l'on puisse s'y repérer et se dire : « aucun doute, c'est bien le corps d'un pauvre hère de Bedlam ». Il convient de rappeler qu'à l'époque élisabéthaine on identifiait principalement les vagabonds selon des critères corporels : soit ils étaient chétifs ou invalides, donc excusables, et étaient catalogués comme « impotent beggars », soit ils étaient en bonne santé et robustes, donc coupables de ne pas travailler, et entraient dans la catégorie condamnable des « sturdy beggars ». Si cette dernière catégorie s'obstinait à traîner ses savates et à mendier sans autorisation, on la marquait au fer rouge sur la poitrine (avec un « V » pour « Vagrant »), sur l'épaule (avec un « R » pour « Rogue »), ou on lui perforait le cartilage de l'oreille de façon à pouvoir l'identifier rapidement[31]. Dans l'un de ses derniers opuscules contre la pègre, Thomas Dekker détaille par le menu comment les « abram men », ces gueux robustes qui se faisaient passer pour des fous au sortir de l'asile de Bedlam, se scarifiaient le corps et le marquaient des lettres « E » et « R » (« Elizabeth Regina ») pour

31. Voir à ce sujet Pascale Drouet, *Le Vagabond dans l'Angleterre de Shakespeare, ou l'Art de contrefaire à la ville et à la scène*, Paris, L'Harmattan, coll. « L'Aire Anglophone », 2003.

être authentifiés, d'emblée, comme des mendiants de Bedlam et, donc, autorisés à demander l'aumône ça et là[32].

Quel effet produit « cet horrible aspect » qui va mendiant ou maudissant ? Il fait fuir. S'il est impensable de devenir littéralement invisible, il est, en revanche, possible de faire se détourner les regards. Il s'agit, dans un premier temps, de les attirer par la curiosité malsaine que déclenche une altérité répugnante, afin que, dans un second temps, ils ne s'en détournent que plus rapidement et plus sûrement – on sait qu'ils n'iront jamais y voir de plus près. Mises en avant avec ostentation, la sémiotique des hardes et la cartographie du corps font écran. S'ajoute à cela « tout un rapport obscur entre la folie et le mal »[33] qui donne davantage de raisons d'éviter le « Bedlam beggar » – « Poor Tom » se dit possédé par des démons. Ce qui fait écran, c'est aussi l'excès de discours qui accompagne le travestissement.

b. Le brouillage par la logorrhée

Kent/Caius et Edgar/Poor Tom se caractérisent par un flux de paroles, par une inflation verbale à peine intelligible parce qu'elle relève essentiellement de la parataxe ou qu'elle est comme dénuée de logique, donc qu'elle défie la raison, échappe à l'entendement : les locuteurs sont confrontés à des propos qui ne font pas sens d'emblée et qui les laissent perplexes. Autrement dit, des propos qui, si l'on reprend l'étymologie latine de « perplexus », ont eux-mêmes et produisent chez ceux qui les reçoivent quelque chose qui semble « embrouillé, embarrassé, obscur »[34]. À écouter Kent/Caius et Edgar/Poor Tom, on peine à démêler qui ils sont et l'on peut encore moins soupçonner qui ils étaient. Il y a, dans l'intention de rendre perplexe, une stratégie qui vise à déstabiliser l'autre, à le placer sur un terrain instable, à obscurcir son champ de vision. On pourrait suggérer que la logorrhée, qu'elle soit chapelet d'injures pour Kent/Caius ou

---

32. Thomas Dekker, *O per se O* (1612), dans A. V. Judges, *The Elizabethan Underworld*, *op. cit.*, p. 372.
33. Michel Foucault, *Histoire de la folie à l'âge classique*, *op. cit.*, p. 185.
34. Alain Rey, *Dictionnaire historique de la langue française*, *op. cit.*, art. « perplexe », tome 2, p. 2673.

propos décousus pour Edgar/Poor Tom, produit un effet similaire à l'encre noire que les seiches blanches émettent autour d'elles pour créer « une obscurité impénétrable au sein de laquelle elles se dissimulent, un nuage de nuit où se brouillent et se confondent toutes les routes de la mer »[35]. De même que les seiches qui « à travers l'*aporia* qu'elles ont créée, [...] trouvent leur propre *póros* »[36], le serviteur du roi et le fou de Bedlam, en créant autour d'eux une zone de perplexité, réussissent à passer pour ce qu'ils ne sont pas et, donc, à passer inaperçus.

Sommé d'expliquer son différend avec Oswald, Kent/Caius fait à Cornwall une démonstration de sa capacité à « emprunter une autre voix » / « go out of [his] dialect » (II, 2, 102). Emprunter une autre voix, c'est-à-dire à la fois altérer la sonorité, les inflexions et le phrasé de sa voix naturelle, changer de registre et produire un discours différent[37]. Les chapelets d'insultes que Kent/Caius lance à la tête du serviteur de Goneril – « qui comptent parmi les plus longs de toute l'œuvre de Shakespeare »[38], précise Nathalie Vienne-Guerrin – relèvent sans doute de la violence verbale qu'Évelyne Larguèche définit comme « une façon de s'adresser à l'autre où se mêlent excitation, agressivité, brutalité, exprimées par des mots mais qui sont généralement criés, hurlés, lancés, projetés, crachés, laissant une sensation de violence qui pour être qualifiée de verbale n'exclut pas la dimension de violence physique »[39]. Kent/Caius, en effet, tire rapidement son épée ; il ne se contente pas de traiter Oswald de « fils de pute, [de] couillon frisotté » / « you whoreson, cullionly barber-monger » (II, 2, 28-29), il le provoque et l'invective : « Draw, you rogue, or I'll so carbonado your shanks – draw, you rascal,

35. Marcel Dètienne et Jean-Pierre Vernant, *Les Ruses de l'intelligence. La mètis des Grecs*, *op. cit.*, p. 165.

36. *Id.*

37. « Dialect » : 1. « Manner of speaking, language, speech; *esp.* a manner of speech peculiar to, or characteristic of, a particular person or class; phraseology, idiom », Oxford University Press, 2009, *Oxford English Dictionary Online*.

38. Nathalie Vienne-Guerrin, « "'tis worse than murder" (II, 2, 213) : *King Lear* ou les derniers outrages », dans Pascale Drouet et Pierre Iselin (dir.), *« The true blank of thine eye ». Approches critiques de* King Lear, Paris, PUPS, 2009, p. 266.

39. Évelyne Larguèche, *Espèce de... ! Les lois de l'effet injure*, Chambéry, Laboratoire Langages Littératures Sociétés, coll. « Langages », n° 6, 2009, p. 39.

come your ways! » (II, 2, 33-34) / « Dégainez, fripouille, ou je vous entaille les tibias ! Dégainez, canaille, venez par ici ! ». Or, rappelle Évelyne Larguèche :

> L'invective va jusqu'à désigner une suite de mots sans lien entre eux (que ce soit celui du sens ou celui de la syntaxe), associée à une voix forte et à des gestes désordonnés quand il s'agit de la parole, ou à une structure complètement éclatée quand il s'agit de l'expression écrite, donnant une dimension de déchaînement incontrôlé[40].

Le fonctionnement paratactique du chapelet produit un double effet : il stigmatise et il mystifie par la forme et par le fond, il défie l'entendement, d'abord celui d'Oswald, puis celui de Cornwall au point que ce dernier se demande si ce serviteur a bien tous ses esprits – « What, art thou mad, old fellow? » (II, 2, 79) / « Quoi, es-tu fou, vieil homme ? ». Son nouveau registre, celui de l'injure et des images grotesques évoquant un « burlesque dégradant »[41] (on pense notamment à son intention de « piler en mortier cette grossière canaille, et en barbouiller le mur des chiottes » / « tread this unbolted villain into mortar and daub the wall of a jakes with him », II, 2, 59-60), ainsi que sa provocation en duel au débotté font contrepoint au combat singulier ritualisé qui opposera Edgar à Edmond : changement d'identité, changement de mœurs, inversion de registre. Il ressort de cette confrontation – c'est là l'ironie que perçoit le spectateur – que l'imposteur, celui dont la mise est inadéquate au rang, c'est Oswald. « De voir qu'un esclave comme lui porte l'épée, / Quand il n'a pas d'honneur » / « That such a slave as this should wear a sword, / Who wears no honesty » (II, 2, 66-67), s'indigne Kent. On pense aux codes de la chevalerie et aux lois somptuaires qui n'autorisaient le port de l'épée que conformément au statut hiérarchique[42]. Finalement mis aux ceps, non pas tant en raison de

40. *Id.*
41. Gérard Genette, *Palimpsestes. La littérature au second degré*, Paris, Éditions du Seuil, coll. « Points Essais », 1982, p. 186.
42. Le port de l'épée était interdit sauf pour « les fils de barons et tous ceux qui avaient un rang supérieur ; les gentilshommes qui servaient la reine dans sa demeure ou ses appartements privés ; ceux qui avaient travaillé dans des ambassades ; ceux dont le revenu net était, à vie, de 500 marks par an ; les chevaliers (pour ce qui concerne

ses intarissables injures interpellatives que pour humilier le roi à travers lui, voici Kent/Caius exposé à la vue de tous, livré à l'infamie, mais paradoxalement rendu insignifiant parce que celui qui est visé, c'est le roi – qu'il ne fait que servir.

Pour rendre sa *persona* de « Poor Tom » crédible, Edgar doit feindre la folie. Il y a tous types de fous. Lui choisit le volubile, le possédé, et donne libre cours à l'improvisation de propos décousus qui prennent la forme d'énigmes, de paradoxes, d'onomatopées, d'assertions sans queue ni tête comme « [d]auphin mon petit, mon petit, sese ! Laisse-le filer » / « Dauphin, my boy! Boy, *cessez*; let him trot by » (III, 4, 89-90), ou « Pillicock se percha sur le mont Pillicock ; halloo, halloo, loo, loo » / « Pillicock sat on Pillicock Hill; alow, alow, loo, loo » (III, 4, 71). Il se dit poursuivi par des démons (le terme « démon » / « fiend » revient comme un *leitmotiv* dans ses propos) et traversé par leurs injonctions. C'est, en fait, la voix de Samuel Harsnett que Shakespeare fait entendre, en s'inspirant des noms propres qu'il a trouvé dans son ouvrage de 1603, *A Declaration of Egregious Popish Impostures*. L'imposture dénoncée par Samuel Harsnett n'est autre que celle des prêtres catholiques qui, pour s'assurer du succès de leurs séances publiques d'exorcisme, avaient recours à des imposteurs soi-disant possédés dont ils allaient, naturellement, réussir à exorciser les démons[43]. Edgar/Poor Tom fait donc entendre plusieurs voix qui s'entremêlent : celle des imposteurs de mèche avec les prêtres catholiques, celle des « abram men » et celle des authentiques insensés de Bedlam. Une sorte de glissement synesthésique a lieu. Son intarissable ventriloquie produit un effet d'invisibilité : il n'est plus qu'un corps anonyme traversé par des voix diverses qui ne cessent de se faire entendre et qui le mettent en mouvement. Ce corps anonyme taraudé par des démons est donc sur le qui-vive : sa gestuelle, son comportement, ses déplacements donnent aussi

---

les dagues, les éperons, etc.) ; les capitaines » (ma traduction), Frances Elizabeth Baldwin, *Sumptuary Legislation and Personal Regulation in England*, *op. cit.*, p. 228.

43. Voir à ce sujet l'analyse de Stephen Greenblatt, « Shakespeare and the Exorcists », dans Stephen Greenblatt, *Shakespearean Negotiations: The Circulation of Social Energy in Renaissance England* (1988), Oxford, Clarendon Press, 1997, p. 94-128.

l'illusion d'un esprit dérangé, et cet aspect kinesthésique serait perceptible si l'on prenait en compte la dimension scénique.

Kent et Edgar se rejoignent dans la satire acerbe qu'ils font du serviteur vil. Edgar/Poor Tom prétend qu'avant de devenir fou il était « un chevalier servant » / « a servingman » (III, 4, 77) qui concentrait quasiment tous les vices : frivolité, débauche, luxure, vanité, duplicité, corruption. Le portrait doublement imaginaire qu'il en brosse – celui de la *persona* passée supposée rendre crédible la *persona* présente – fait écho aux propos injurieux de Kent/Caius renvoyant à Oswald l'image d'« un lascar prêt pour tout loyal service à faire le maquereau » / « one that wouldst be a bawd in way of good service » (II, 2, 17), et à la description sans concession qu'il fait de « ces fripouilles souriantes » / « Such smiling rogues as these » (II, 2, 67). À ce moment-là, leur verve, parce qu'elle prend l'aspect incisif de la satire, fait temporairement disparaître le personnage derrière le véhicule satirique – autre forme de ventriloquie, autre forme d'invisibilité.

Articuler un discours critique qui détourne l'attention vers celui qui est fustigé, déverser un flux verbal qui, aussi bien par son style que par son contenu, rend perplexe et déstabilise le locuteur, se faire passer pour quelque individu de rang social inférieur que mise vestimentaire et registre langagier attestent de façon incontestable, c'est, certes, réussir à dissimuler son identité et à passer inaperçu, mais n'est-ce pas aussi courir le risque de mettre en œuvre un processus de dégradation ?

II. Le détour par l'altérité, ou la dynamique de la dégradation

« Contrefaire » avec succès ne signifie pas que les conséquences en seront, elles, heureuses et supportables, d'autant que cette « contrefaçon » implique un déclassement et s'inscrit dans la durée. La dynamique de l'esquive se voit rapidement relayée par celle de l'humiliation et de la dégradation de l'humain : on chute dans l'échelle sociale et dans la Grande Chaîne du Vivant. Faire un détour par l'altérité tout en restant dans son pays, c'est découvrir non pas l'ailleurs mais le bas, « toucher le fond ». La dynamique horizontale de l'exil laisse place à la dynamique verticale de l'abaissement – la question qui se posera plus tard sera de savoir si l'on peut s'en relever.

1. Les conséquences humiliantes du déclassement

a. Chuter dans l'échelle sociale et la Grande Chaîne du Vivant

Lorsque Kent décide de troquer ses habits de comte contre ceux de serviteur, il initie une dynamique de déclassement qui ne tarde guère à le dépasser. Dans la scène des ceps, on le traite de « valet » / « knave » (II, 2, 127) et on le malmène en conséquence. « Knave » s'entend au sens de « valet » – « A boy or lad employed as a servant; hence, a male servant or menial in general; one of low condition. (Freq. opposed to *knight.*) » –, mais aussi de « filou » – « An unprincipled man, given to dishonourable and deceitful practices; a base and crafty rogue »[44]. Au déclassement et à la perte des privilèges s'ajoute une dégradation morale qui relève de l'insulte. Kent s'entend qualifié de « [b]estiale crapule » / « beastly knave » (II, 2, 63) : la chute sociale s'accompagne métaphoriquement d'une chute dans l'ordonnancement hiérarchique de l'univers, dans la Grande Chaîne du Vivant, comme s'il n'appartenait plus au règne humain mais animal[45]. D'ailleurs, lui-même fait remarquer à Regan : « Why, madam, if I were your father's dog / You should not use me so » (II, 2, 126-127) / « Ah ! madame, si j'étais le chien de votre père, / Vous ne me traiteriez pas de la sorte ».

Edgar aussi en est rendu à ce point. S'il commence par voir en sa *persona* « l'aspect le plus vil et le plus pauvre / Que jamais la misère, dégradant l'homme, ait inventé / Pour le rapprocher

44. *Oxford English Dictionary Online*, Oxford university Press, 2009, art. « knave, *n.* », 2., 3.

45. Selon E. M. W. Tillyard, les différents échelons de cet ordonnancement, ou de ce qu'il appelle « The Links in the Chain », sont : 1) « Angels and Ether », 2) « The Stars and Fortune », 3) « The Elements », 4) « Man », 5) « Animals Plants and Metals », *The Elizabethan World Picture: A study of the idea of order in the age of Shakespeare, Donne and Milton*, New York, Random House, coll. « Modern Library Paperbacks », 1959, p. 37-82.

de la bête » / « the basest and most poorest shape / That ever penury in contempt of man / Brought near to beast » (II, 2, 164-166), il précise plus tard à Albany :

> The bloody proclamation to escape
> That followed me so near [...]
> [...] taught me to shift
> Into a madman's rags, t'assume a semblance
> That very dogs disdained. (V, 3, 174-179)
>
> La sanglante proclamation qui m'obligeait à fuir
> Et me talonnait de si près [...]
> [...] me suggéra de revêtir
> Les haillons d'un dément, de prendre un aspect
> Que même les chiens méprisaient.

Plus bas qu'un chien : comble du mépris, déchéance suprême. Pour Edgar non plus, la dégradation ne s'arrête pas lorsqu'il prend l'apparence d'un pauvre hère de Bedlam. *A priori*, le mendiant fait contrepoint au roi pour former avec lui une paire contrastive : chacun se trouve à une extrémité de l'échelle sociale et sert de borne à la verticalité du spectre hiérarchique. William C. Carroll a souligné cette symétrie présidant à la représentation de la société élisabéthaine :

> Le monarque, situé au plus haut de la hiérarchie sociale et légale, se comprend en contrepoint de la figure qui se trouve au plus bas de l'ensemble du système hiérarchique, celle qui ne vaut rien socialement et métaphysiquement parlant : celle du mendiant. Et le mendiant s'entend en contrepoint de la figure qui se situe tout en haut de l'échelle hiérarchique : celle du monarque[46].

Or, dans *King Lear*, le mendiant n'est pas n'importe quel mendiant : il sort de l'asile – « Madman and beggar too » (IV, 1, 31) / « Un fou et un mendiant aussi ». Il semble que le fou de Bedlam n'appartienne même plus à la hiérarchie sociale, qu'il en ait été exclu. William C. Carroll ajoute que « les notions de perte, d'exil, de souffrance et d'avilissement tiennent toutes entières dans

46. William C. Carroll, *Fat King, Lean Beggar: Representations of Poverty in the Age of Shakespeare*, *op. cit.*, p. 9 (ma traduction).

l'appellation de Pauvre Tom »[47]. L'insensé forcé de mendier sa pitance se voit relégué dans un ailleurs où l'humain est en faillite et où l'animalité se fait saillante. Ce qui signifie plusieurs choses. Les références à l'animal que « Poor Tom » est devenu suggèrent que la dialectique initiale de l'inclusion et de l'exclusion s'est déplacée vers celle du civilisé et du sauvage. Associées aux termes « contempt » et « disdained », ces références soulignent la chute morale et socio-économique d'Edgar/Poor Tom : ce dernier est désormais vil dans les deux acceptions du terme, « méprisable » et « de plus basse condition »[48]. Quand Lear le compare à ses compagnons et à lui-même, il conclut : « thou art the thing itself. Unaccommodated man is no more but such a poor, bare, forked animal as thou art » (III, 4, 95-97) / « toi tu es la chose même. L'homme sans apprêt n'est rien de plus qu'un pauvre animal, nu, et fourchu tel que toi ». Il perçoit en « Poor Tom » la quintessence du dénuement – au sens premier de « mise à nu » et au sens figuré de « privation totale »[49]. Enfin, le mendiant de Bedlam est comme ensauvagé par sa folie, car à la Renaissance, rappelle Michel Foucault, « la folie emprunte son visage au masque de la bête » et « c'est une sorte d'image de l'animalité qui hante alors les hospices »[50].

Les métaphores animales qui disent la dégradation de l'homme et le basculement radical vers l'inhumain sont nombreuses dans *King Lear*. On pense, en particulier, à Gloucester qui, une fois énucléé, n'a d'autre choix que de « flaire[r] / Son chemin vers Douvres » / « smell / His way to Dover » (III, 7, 91-92). Le voici qui se retrouve non hors du territoire mais hors de l'abri familier, livré aux aléas du monde extérieur, exposé à la violence des éléments. Par contrepoint, l'âme charitable de Cordelia s'exprime à travers l'image du chien que l'on secourt, fût-il hargneux : « Mine enemy's dog, though he had bit me, should have stood / That night against my fire » (IV, 6, 30-31) /

47. *Ibid.*, p. 190.
48. Alain Rey, *Dictionnaire historique de la langue française*, *op. cit.*, art. « vil, vile », tome 3, p. 4072.
49. *Ibid.*, art. « dénuer », tome 1, p. 1039.
50. Michel Foucault, *Histoire de la folie à l'âge classique*, *op. cit.*, p. 197.

« Le chien de mon ennemi, / Même s'il m'avait mordue, aurait passé une pareille nuit / Près de mon feu ». Si Edgar envisage calmement d'affronter les intempéries, de « braver / Les vents et les persécutions du ciel » / « outface / The winds and persecutions of the sky » (II, 2, 168-169), Kent et Lear, eux, pressentent et ressentent rapidement les limites de l'homme livré aux éléments déchaînés. Le constat immédiat de Kent, à savoir que « [l]a nature de l'homme ne saurait endurer / Cette violence ni cet effroi » /« Man's nature cannot carry / Th'affliction nor the fear » (III, 2, 47-48), annonce la question rhétorique de Lear :

> Poor naked wretches, wheresoe'er you are,
> That bide the pelting of this pitiless storm,
> How shall your houseless heads and unfed sides,
> Your looped and windowed raggedness, defend you
> From seasons such as these? (III, 4, 28-32)
>
> Pauvres miséreux nus, où que vous soyez,
> À souffrir d'être lapidés par cet orage impitoyable,
> Comment vos têtes sans abri, vos flancs sans nourriture,
> Vos haillons criblés de trous et de fenêtres, vous défendront-ils
> Contre un temps pareil ?

Le processus de la dégradation est accentué par le refus d'hospitalité, en dépit de requêtes insistantes et réitérées. Lear ne trouve plus désormais que porte close. Les propos de Kent témoignent, de façon emblématique, cette hospitalité refusée :

> [...] I to this hard house –
> More harder than the stones whereof 'tis raised,
> Which even but now, demanding after you,
> Denied me to come in – return and force
> Their scanted courtesy. (III, 2, 62-66)
>
> [...] vers cette dure maison
> (Plus dure que les pierres dont elle est bâtie,
> Et qui à l'instant, comme je vous demandais,
> A refusé de me recevoir) je retourne forcer
> Leur ladre courtoisie.

Ce n'est sans doute pas un hasard si la pièce fut jouée à Whitehall pour première fois le 26 décembre 1606, jour de la Saint Stephen, « fête que l'on associait le plus étroitement avec l'offre traditionnelle d'hospitalité »[51]. Leah S. Marcus précise :

> Le jour de la fête de la Saint Stephen [...], les grands de ce monde étaient censés prendre en pitié les souffrances du petit peuple. Ce jour-là, on cassait la tirelire des pauvres : on ouvrait les boîtes dans lesquelles on avait conservé les collectes faites tout au long de l'année et on faisait une distribution d'argent. Les pauvres se rassemblaient, formaient des groupes et se rendaient d'une maison à l'autre pour y demander la charité qu'on ne pouvait leur refuser qu'à ses risques et périls. Les personnes riches qui respectaient l'esprit dans lequel ce jour se déroulait mettaient leur fierté à accueillir chez eux autant d'invités que leur demeure pouvait en contenir[52].

Or, dans *King Lear*, non seulement on ne secourt pas son prochain, mais on le punit pour le moindre écart. Chuter dans l'échelle sociale et dans la Grande Chaîne du Vivant, pour ceux qui ont choisi la dynamique de l'esquive, c'est aussi rendre le risque de subir l'humiliation qu'inflige un passage par les instruments punitifs.

b. En passer par des instruments punitifs dégradants

Après avoir copieusement invectivé Oswald et usé de franc-parler envers Cornwall, Kent/Caius est mis aux ceps – en anglais : « the stocks ». Instrument punitif très usité tout au long du XVIe siècle, les « stocks » se composent de deux planches rudimentaires ajustées à la verticale pour créer un système de clapet qui permet d'emprisonner les chevilles dans les trous prévus à cet effet. L'individu mis aux ceps, souvent assis à même le sol, est contraint à l'immobilité, exposé à la vindicte publique, faisant ainsi l'expérience de l'infamie : « en lui, sur lui, l'acte de justice doit devenir lisible pour tous »[53]. Cette lisibilité disait en

---

51. Leah S. Marcus, *Puzzling Shakespeare: Local Reading and Its Discontent*, Berkeley, University of California Press, 1988, p. 154 (ma traduction).
52. *Id.*
53. Michel Foucault, *Surveiller et Punir. Naissance de la prison*, Paris, Gallimard, coll. « Tel », 1975, p. 53.

général : « je suis coupable d'être un vagabond et donc condamnable pour mon errance et mon oisiveté », ou « je suis coupable d'être un fauteur de trouble ou un petit truand, et donc condamnable pour mes actes transgressifs et mes larcins ». La peine par les « stocks » remonte à la loi de 1495 contre les vagabonds et les mendiants, « An Acte Agaynst Vacabounds and Beggers », dans laquelle il est stipulé que les autorités devront :

> [...] faire les investigations requises et appréhender ou faire appréhender tous ces vagabonds oisifs et ces individus suspects ayant un mode de vie suspect, pour les mettre aux ceps et les y laisser pendant 3 jours et 3 nuits sans rien d'autre que du pain et de l'eau pour toute subsistance ; et après les 3 jours et 3 nuits susmentionnés, ils seront libérés des ceps et relâchés, avec l'ordre express d'éviter la ville ; et si d'aventure ils sont à nouveau pris en flagrant délit dans la même ville ou circonscription, ils devront pareillement être mis dans les ceps pour 6 jours avec le même régime que celui précédemment décrit ; et si des individus quels qu'ils soient procurent autre chose que du pain et de l'eau à ces malfaisants mis aux ceps de la façon qui a été mentionnée ci-dessus, ou encouragent les dits prisonniers dans leur mauvaise conduite, ils s'exposeront à chaque fois à une amende de 12 pence[54].

C'est ce que Gloucester explicite dans le Quarto quand il tente de faire remarquer à Cornwall son erreur :

> Your purposed low correction
> Is such as basest and contemnèd wretches
> For pilf'rings and most common trespasses
> Are punished with. (Scene 7, 132-135)

> [...] la peine infamante que vous projetez
> Est celle dont on punit les êtres les plus vils et les plus méprisés
> Pour des larcins et de vulgaires délits.

On saisit mieux le côté dégradant qu'il y a à être mis aux ceps pour Kent/Caius, d'autant que l'inadéquation se lit à deux niveaux : en tant que comte et en tant que serviteur du roi.

---

54. « An Acte Agaynst Vacaboundes and Beggers » (11 Henry VII., c. 2) (1495), dans *Tudor Economic Documents: Being Select Documents Illustrating the Economic and Social History of Tudor England*, éd. R. H. Tawney et Eileen Power, *op. cit.*, tome II. « Commerce, Finance and the Poor Law », p. 298-299 (ma traduction).

Gloucester prévient Cornwall que « [l]e roi son maître ne pourra que mal prendre / D'être si humilié en la personne de son messager, / Qu'on puisse l'entraver de la sorte » / « The King his master needs must take it ill / That he, so slightly valued in his messenger, / Should have him thus restrained » (II, 2, 131-133). Ce que Lear remarque, en effet, dès qu'il aperçoit Kent/Caius dans les ceps : « What's he that hath so much thy place mistook / To set thee here ? » (II, 2, 188-189) / « Qui donc a méconnu ton rang / Au point de te placer là ? ». Pour le Fou, l'emprisonnement par les « stocks » évoque un assujettissement qui réduit l'homme à la bête et l'inscrit dans un paradigme animalier : « Ha, ha, he wears cruel garters! Horses are tied by the heads, dogs and bears by th' neck, monkeys by th' loins, and men by th' legs. When a man's overlusty at legs, then he wears wooden nether-stocks » (II, 2, 184-187) / « Ah, ah ! il porte de cruelles jarretières. On attache les chevaux par la tête, les chiens et les ours par le cou, les singes par les reins, et les hommes par les jambes : quand un homme a les jambes trop agiles, on lui met des chaussettes de bois ». Même si c'est Lear qui est visé à travers son messager – « tu touches à Kent, tu touches au roi »[55] –, c'est Kent/Caius qui fait l'expérience humiliante des ceps.

En tant que fou errant, Edgar/Poor Tom encourt lui aussi le châtiment des « stocks ». Son lot, comme il le rappelle, est d'être « fouetté dans chaque paroisse, et mis aux ceps, châtié et emprisonné » / « whipped from tithing to tithing, and stocked, punished, and imprisoned » (III, 4, 119-120). Trois facteurs œuvrent à la souffrance et à l'avilissement du corps humain : la loi et les peines qu'elle préconise, les éléments déchaînés et la folie qui entraîne l'automutilation. À en croire Edgar/Poor Tom, la folie elle-même serait une forme de châtiment qui aurait frappé le serviteur plein de vices qu'il dit avoir été. La folie ajoute à la peine une dimension imaginaire, certes, mais tout aussi intenable. Le mendiant de Bedlam s'imagine la proie de démons, la

55. Nathalie Vienne-Guerrin, « "'tis worse than murder" (II, 2, 213) : *King Lear* ou les derniers outrages », dans Pascale Drouet et Pierre Iselin (dir.), *« The true blank of thine eye ». Approches critiques de* King Lear, *op. cit.*, p. 265.

victime de supplices qu'ils lui infligent : « Poor Tom, whom the foul fiend hath led through fire and through flame, through ford and whirlpool, o'er bog and quagmire; that hath laid knives under his pillow and halters in his pew, set ratsbane by his porridge » (III, 4, 49-52) / « Pauvre Tom ? Que le noir démon a mené à travers le feu et la flamme, à travers les gués et les tourbillons, par les marécages et les bourbiers, qui a glissé des couteaux sous son oreiller, une corde pour se pendre dans le vide, et mis de la mort-aux-rats dans sa soupe ». Les tortures qu'il évoque pourraient métaphoriquement renvoyer aux mauvais traitements que subissaient les pauvres hères internés dans l'asile de Bedlam et que Gãmini Salgado résume comme suit : « La façon dont on tentait de soigner la folie au seizième siècle était aussi brutale qu'inefficace »[56]. Analysant les pratiques inhumaines de l'internement, Michel Foucault, quant à lui, souligne que l'animalité de la folie est alors maîtrisée par « le *dressage* et l'*abêtissement* » dont le but, précise-t-il, « n'est pas d'élever le bestial vers l'humain, mais de restituer l'homme à ce qu'il peut avoir de purement animal »[57].

Dans les ceps, on est mis au pain et à l'eau ; dans l'asile de Bedlam, les insensés sont sous-nourris, et c'est la raison pour laquelle on les autorise à sortir pour aller mendier au-dehors leur pitance. La dynamique de la dégradation et le détour par l'altérité conduisent à faire l'expérience du ventre qui crie famine.

2. Dis moi ce que tu manges, je te dirai qui tu es (devenu)

Celui qui se dissimule sous les haillons du pauvre éprouve un déclassement ; il encourt aussi le risque de ne plus manger à sa faim. La dégradation est d'ordre social et symbolique, mais aussi naturel et biologique. Par ce qu'il mange ou ne mange pas, l'homme se déshumanise, s'animalise, s'ensauvage, alimente sa folie.

---

56. Gãmini Salgado, *The Elizabethan Underworld*(1992), Stroud, Sutton Publishing, 1997, p. 198-199 (ma traduction). Voir en particulier le chapter 10 « Bridewell and Bedlam », p. 187-206. Voir également Ken Jackson, *Separate Theaters: Bethlem ("Bedlam") Hospital and the Shakespearean Stage*, Newark, University of Delaware Press, 2005.

57. Michel Foucault, *Histoire de la folie à l'âge classique*, *op. cit.*, p. 200. Les italiques sont de l'auteur.

a. La dégradation alimentaire et l'échec de la charité

Pour rendre sa *persona* crédible et échapper à la mort, Edgar exhibe un corps qui s'apparente à celui des fous faméliques. Son discours contribue à souligner privation et maigreur extrême, et, en cela, il participe pleinement de sa mise en scène. Avant d'être éprouvée physiologiquement, la faim sert donc d'accessoire. C'est, néanmoins, un processus de dégradation alimentaire qui se fait jour.

Les images de réplétion, sur lesquelles s'ouvrait *King Lear*, sont remplacées par l'évocation d'ersatz ; l'abondance est relayée par l'immangeable, ou par « ce qui est biologiquement mangeable [mais] pas culturellement comestible »[58], selon Claude Fischler. L'énumération des aliments dont Edgar/Poor Tom est censé se nourrir témoigne, en effet, de ce qui n'est « pas culturellement comestible » :

> Poor Tom, that eats the swimming frog, the toad, the tadpole, the wall-newt and the water; that in the fury of his heart, when the foul fiend rages, eats cowdung for salads, swallows the old rat and the ditch-dog, drinks the green mantle of the standing pool. (III, 4, 115-119)
>
> Pauvre Tom, qui mange de la grenouille nageuse, le crapaud, le têtard, le lézard de muraille et le lézard d'eau ; qui dans sa fureur, quand le noir démon fait rage, mange la bouse de vache en guise de salade, avale le vieux rat et le chien crevé, boit le blanc [*sic*] manteau des marais stagnants.

La dégradation alimentaire doit dire le vacillement de la raison, mais aussi la mise au ban de la société et la chute dans la Grande Chaîne du Vivant. On pense, à nouveau, à l'analyse de Claude Fischler : « Incorporer un aliment, c'est, sur un plan réel comme sur un plan imaginaire, incorporer tout ou une partie de ses propriétés : nous devenons ce que nous mangeons. L'incorporation fonde l'identité »[59]. En ce qui concerne Edgar, l'évocation de

58. Claude Fischler, *L'Homnivore. Le goût, la cuisine, le corps*, Paris, Éditions Odile Jacob, 2001, p. 31.
59. *Ibid.*, p. 66.

l'incorporation fonde sa *persona*, car « ce n'est pas seulement que le mangeur incorpore les propriétés de la nourriture : symétriquement, on peut dire que l'absorption d'une nourriture incorpore le mangeur dans un système culinaire et donc dans le groupe qui le pratique, à moins qu'il ne l'en exclut irrémédiablement »[60]. Par ce qu'il dit manger, Edgar s'associe donc étroitement à la catégorie marginale des mendiants de Bedlam. Ces aliments infâmes – infâmes au sens où ils provoquent le dégoût – deviennent quasi contre-nature, et il est significatif qu'ils soient repris, sous des formes plus métonymiques, dans *Macbeth* pour être absorbés par le chaudron bouillonnant des sorcières. Il est clair que la sphère de l'appétit ne rejoint jamais celle de l'appétence : on reste dans le registre du besoin élémentaire dénaturé, sans jamais atteindre celui de la satisfaction – et encore moins celui de la satiété[61].

Ce qu'Egar/Poor Tom dit devoir ingurgiter suggère, en outre, la difficulté d'être secouru et de vivre d'aumônes, et valide la pertinence de son oxymore « forcer la charité ». Il n'est pas impossible que « Poor Tom » subisse les retombées de l'évolution de la façon dont on pensait alors la charité. Peut-être se trouve-t-il pris entre la charité individuelle qui avait cours au Moyen Âge et la charité étatisée qui se développe à la Renaissance. Comme l'analyse Michel Foucault, « Dieu ne se cache plus sous les haillons du pauvre » ; ce qui tend à disparaître, c'est « la peur de refuser un morceau de pain à Jésus mourant de faim, cette crainte qui avait animé toute la mythologie chrétienne de la charité, et donné son sens absolu au grand rituel médiéval de l'hospitalité »[62]. Or, le modèle de charité étatisée qu'aurait pu représenter l'asile de Bedlam s'avère être un échec : on relâche les insensés pour qu'ils aillent mendier ailleurs, car l'institution ne parvient pas à leur

---

60. *Id.*
61. Voir les définitions de Michel Cépède et d'Hugues Gounelle, dans *La Faim*, Paris, PUF, coll. « Que sais-je ? », 1970. Appétit : « état physiologique généralement lié au déficit alimentaire corrélatif à la sensation de faim », p. 7. Appétence : « état physiologique d'un sujet qui [...] éprouve une satisfaction ou un plaisir à la consommation », p. 8. Satiété : « état physiologique inverse de l'appétit », p. 8.
62. Michel Foucault, *Histoire de la folie à l'âge classique*, *op. cit.*, p. 88.

assurer une subsistance minimale. On se souvient du tableau grimaçant qu'en avait brossé Thomas Dekker dans la première partie de *The Honest Whore* en 1604. La voix qu'y fait clairement entendre l'un des internés est celle de la famine : « Alas! I am a poor man: a very poor man! I am starved, and have had no meat by this light, ever since the great flood; I am a poor man »[63] / « Hélas ! Je ne suis qu'un pauvre homme, un très pauvre homme ! Je meurs de faim, je n'ai pas mangé de viande depuis cette lumière, jamais depuis le grand déluge. Je ne suis qu'un pauvre homme ». La sous-nutrition creuse son corps qu'il exhibe comme pièce à conviction : « for look you, here be my guts: these are my ribs – you may look through my ribs – see how my guts come out! »[64] / « car, regardez, voici mes tripes : ce sont mes côtes – vous pouvez voir au travers de mes côtes – voyez comme mes côtes sont saillantes ! ». S'ensuit une querelle entre deux fous prêts à s'entredévorer pour un morceau de « porridge »[65]. Ce qui suggère que loin de guérir la maladie mentale Bedlam contribue à l'entretenir.

b. Alimenter la dégradation mentale

Quand Edgar évoque les « Bedlam beggars » dont il va s'inspirer, la privation alimentaire se lit en filigrane dans la description métonymique des bras nus, insensibles, quasi morts, peut-être rongés par la gangrène. L'insensé interné à Bedlam et le mendiant errant font une expérience similaire en termes de sous-alimentation. Cette sous-alimentation entraîne une dégradation double, à la fois corporelle et mentale. Dans *Le Pain sauvage. L'imaginaire de la faim de la Renaissance au XVIIIe siècle*, Piero Camporesi rappelle les effets à long terme de la carence et des troubles alimentaires :

> Les désastres d'une épidémie de famine, d'une disette septennale [...] laissaient des traces trop profondes pour pouvoir être

63. Thomas Dekker, *The Honest Whore, Part the First*, dans *Thomas Dekker*, éd. Ernest Rhys, London, T. Fisher Unwin, coll. « The Mermaid Series », non daté, V, 2, p. 181 [pas de découpage par vers] (ma traduction).

64. *Id.*

65. *Ibid.*, V, 2, p. 183.

> effacées d'un jour à l'autre. Le « triomphe de l'abondance » n'était qu'un *topos* littéraire, une hyperbole triomphaliste qui se vérifiait rarement dans la réalité. La détérioration accélérée de la santé physique et mentale, au cours des années d'inanition et d'hébétude, marquait pour beaucoup un processus irréversible vers le désordre et la dégradation intellectuelle que le retour à la « norme », aux bas niveaux de sous-alimentation quotidienne, ne réussissait pas à effacer. On sortait péniblement du chaos alimentaire, comme d'un labyrinthe physiologique tourmenté, on émergeait très lentement de l'obscurité fangeuse du voyage au pays des privations et de l'indigence. Les dégâts, dans le corps malade de cette société fiévreuse, étaient souvent irréparables[66].

Cela ne fait qu'alimenter la folie, comme il le précise plus loin : « la faim [...] produit de très profonds déséquilibres de la psychologie et de l'imagination : de cette hallucination forcée ont jailli des rêves additionnels et tridimensionnels qui viennent compenser la misère au quotidien »[67].

La dégradation alimentaire est telle que l'esprit perturbé se créé son théâtre exacerbé où l'immangeable atteint son paroxysme avec la crainte du poison. Edgar/Poor Tom, non content d'énumérer les aliments contre-nature qu'il serait contraint d'ingurgiter, fait surgir le fantasme de l'empoisonnement : le démon qui le persécute place de la mort-aux-rats prêt de sa pitance et « moisit le froment » / « mildews the white wheat » (III, 4, 105-106). Cette hantise d'une culture céréalière, base de l'alimentation, contaminée par des champignons ou des mauvaises herbes, est reprise par Coriolan, sous forme de métaphore filée, le blé désignant les patriciens, l'ivraie, les plébéiens :

> I say again,
> In soothing them we nourish 'gainst our Senate
> The cockle of rebellion, insolence, sedition,
> Which we ourselves have ploughed for, sowed, and scattered

---

66. Piero Camporesi, *Le Pain sauvage. L'imaginaire de la faim de la Renaissance au XVIIIe siècle* [*Il Pane Selvaggio*, 1980], traduit de l'italien par Monique Aymard, Paris, Éditions le Chemin vert, 1981, p. 87.
67. *Ibid.*, p. 158.

By mingling them with us, the honoured number
Who lack not virtue, no, nor power, but that
Which they have given to beggars. (III, 1, 71-77)

Je vous redis
Qu'en les cajolant, nous fortifions contre le sénat
L'ivraie de la rébellion, de l'insolence, de la sédition,
Que nous avons nous-mêmes jetée dans le sillon, semée,
éparpillée,
En les mêlant à nous, les gens honorables
À qui ne manquent ni vertu, non, ni pouvoir, hormis celui
Que nous avons cédé à des gueux.

Cette contamination métaphorique évoque un procédé qui avait cours en temps de famine : le mélange de l'ivraie au blé pour faire du pain, ce qui, en fonction du dosage, provoquait une ivresse plus ou moins grande. Citant Croce, Piero Camporesi précise que « quand on panifiait par nécessité les mélanges les plus impurs et les plus hétérogènes, toutes les aventures toxiques étaient possibles et l'ivraie "maligne" "contre les murs fait souvent battre la tête des gueux" »[68]. Aussi n'est-il pas étonnant que la couronne d'herbes et de fleurs qui ceint la tête dérangée de Lear se compose « de fumeterre luxuriant et d'herbes des champs, / De bardanes, de ciguë, d'orties, de fleurs de coucou, / D'ivraie, et de toutes les folles herbes qui poussent / Dans notre blé nourricier » / « with rank fumitor and furrow-weeds, / With burdocks, hemlock, nettles, cuckoo-flowers, / Darnel, and all the idle weeds that grow / In our sustaining corn » (IV, 3, 3-6), succédanés nécessaires à la survie lors des disettes et symboles d'un monde sens dessus dessous. Le bon pain ne pourra être mangé que lorsque l'imposture et le chaos auront laissé place à la justice et à l'harmonie. C'est en ces termes qu'Albany défie Edmond : « There is my pledge. I'll make it on thy heart, / Ere I taste bread, thou art in nothing less / Than I have here proclaimed thee » (V, 3, 86-88) / « Voici mon gage. Je prouverai sur ta poitrine, / Avant de toucher à nouveau un aliment, que tu es bien / Ce qu'ici je t'ai proclamé ».

68. *Ibid.*

Le déclassement, l'expérience humiliante des instruments punitifs, le refus d'hospitalité et l'absence de charité, la dégradation alimentaire qui risque d'en entraîner une mentale, c'est en général ce qu'on imagine comme conséquences d'un exil en territoire hostile, non ce qu'on s'attend à éprouver en son propre pays. Parce qu'elle se met en marche dans l'ici et non dans l'ailleurs, la dynamique de l'avilissement fait surgir quelque chose qui n'est pas sans rappeler l'inquiétante étrangeté freudienne.

3. Quelque chose de l'inquiétante étrangeté

a. « Pathetic fallacy » et *unheimlich* freudien

La tempête, dans *King Lear*, favorise le surgissement de l'inquiétante étrangeté. On se souvient de Lear qui apostrophe les éléments comme s'ils étaient du vivant, créant ainsi des effets de « pathetic fallacy » selon l'expression inventée par John Ruskin en 1856[69] :

> Blow, winds, and crack your cheeks! Rage, blow,
> You cataracts and hurricanoes, spout
> Till you have drenched our steeples, drowned the cocks!
> You sulph'rous and thought-executing fires,
> Vaunt-couriers of oak-cleaving thunderbolts,
> Singe my white head; and thou all-shaking thunder,
> Strike flat the thick rotundity o'th' world,
> Crack nature's moulds, all germens spill at once
> That makes ingrateful man. (III, 2, 1-9)
>
> Soufflez, vents, à crever vos joues ! Faites rage, soufflez,
> Vous trombes d'eau et déluges, jaillissez
> Jusqu'à inonder nos clochers, et noyer leurs girouettes !
> Vous, sulfureux éclairs prompts comme la pensée,
> Avant-coureurs de la foudre qui fend le chêne,
> Brûlez ma tête blanche ! Et toi, tonnerre qui tout ébranle,
> Aplatis l'épaisse rotondité du monde,
> Fracasse les moules de la Nature, disperse d'un seul coup tous les germes
> Qui font l'homme ingrat !

69. Voir M. H. Abrams, *A Glossary of Literary Terms* (1971) 5e édition, New York, Holt, Rinehart and Winston, Inc., 1988, art. « pathetic fallacy », p. 129.

Son attitude peut évoquer un animisme primitif, une « tendance à peupler le monde d'esprits anthropomorphes »[70], que Freud montre propice à l'émergence de l'étrange. Pris à son tour dans la tempête, Kent en fait une description qui garde des traces d'animisme et qui dit l'irruption de l'effrayant dans un univers familier :

> The wrathful skies
> Gallow the very wanderers of the dark
> And make them keep their caves. Since I was man
> Such sheets of fire, such bursts of horrid thunder,
> Such groans of roaring wind and rain I never
> Remember to have heard. (III, 2, 42-47)

> Les cieux courroucés
> Épouvantent jusqu'aux rôdeurs des ténèbres,
> Et leur font garder leur tanière. Depuis que je suis homme,
> De telles nappes de feu, de tels fracas d'un horrible tonnerre,
> De tels geignements de vent hurlant et de pluie, jamais
> Je ne me rappelle en avoir entendu.

Il fait l'expérience de « l'étrangement inquiétant », c'est-à-dire de « quelque chose dans quoi, pour ainsi dire, on se trouve tout désorienté »[71].

Freud définit l'inquiétante étrangeté comme « cette variété particulière de l'effrayant qui remonte au depuis longtemps connu, depuis longtemps familier »[72]. C'est ce que l'on ressent quand « le familier peut devenir étrangement inquiétant »[73], quand le *unheimlich* (ce qui met mal à l'aise et suscite une épouvante angoissée) surgit au cœur du *heimlich* (le familier, l'apprivoisé par rapport au sauvage, le non étranger, ce qui fait partie de la maison, le calme confortable, l'intime, le dissimulé). S'inspirant de Schelling, Freud ajoute : « Serait *unheimlich* tout ce

70. Sigmund Freud, *L'Inquiétante Étrangeté*, dans *L'Inquiétante Étrangeté et autres essais* [*Das Unheimliche*, 1919], traduit de l'allemand par Bertrand Féron, Paris, Gallimard, coll. « folio Essais », 1985, p. 245.
71. *Ibid.*, p. 216.
72. *Ibid.*, p. 215.
73. *Id.*

qui devait rester un secret, dans l'ombre, et qui en est sorti »[74]. C'est comme si, tout à coup, l'altérité surgissait au cœur du même, l'endroit devenait l'envers, comme si l'on se retrouvait inopinément dans l'envers du décor, l'envers du royaume de Lear : la lande enténébrée, les éléments déchaînés, l'ensauvagement de l'humain et sa propension à la folie, tout ce que la carte exhibée lors du partage initial du territoire omettait de montrer, tout ce qui aurait été censuré (le privatif « *un* » pouvant se lire comme un indice de refoulement) pour que le royaume apparaisse idéal.

b. Incertitudes, entre-deux et motif du double

L'inquiétante étrangeté procède d'une soudaine sensation d'entre-deux se traduisant par un mouvement d'oscillation, d'une certaine ambiguïté générique comme, par exemple, « une incertitude intellectuelle quant à savoir si quelque chose est animé ou inanimé, et que l'inanimé pousse trop loin sa ressemblance avec le vivant »[75]. Ne serait-ce pas ce que Lear ressent juste avant de s'éteindre, quand il croit déceler un souffle de vie chez Cordelia : « This feather stirs. She lives » « V, 3, 239) / « Cette plume bouge, elle vit ! » ? Quand il croit voir imperceptiblement trembler ses lèvres : « Do you see this? Look on her. Look, her lips. / Look there, look there » (V, 3, 285-286) / « Voyez-vous cela ? Regardez-la, regardez, ses lèvres, / Regardez, regardez ! » ? Freud précise plus avant dans sa réflexion que « [c]e qui paraît au plus haut point étrangement inquiétant à beaucoup de personnes est ce qui se rattache à la mort, aux cadavres et au retour des morts, aux esprits et aux fantômes »[76]. On pense au fantôme du père d'Hamlet qui apparaît près des remparts d'Elseneur et aux sorcières que Macbeth et Banquo trouvent sur leur chemin. Edgar/Poor Tom semble produire un effet similaire sur le Fou de Lear qui le prend pour un esprit. L'incertitude qui se fait alors jour n'est pas entre l'animé et l'inanimé, le vivant et le mort,

74. *Ibid.*, p. 222.
75. *Ibid.*, p. 234.
76. *Ibid.*, p. 246.

mais entre l'humain et le démoniaque. Après la fausse chute de Gloucester du haut de la falaise de Douvres, Edgar dépeint ainsi son ancienne *persona* : « methoughts his eyes / Were two full moons. He had a thousand noses, / Horns whelked and wavèd like the enragèd sea. / It was some fiend » (IV, 5, 69-72) / « il me sembla que ses yeux / Étaient deux pleines lunes ; qu'il avait mille nez, / Des cornes entortillées et ondulées comme la mer en furie. / C'était quelque démon ».

Cette « incertitude intellectuelle » devant quelque chose qu'on ne peut définir précisément, circonscrire dans une représentation mentale rassurante, qui semble en perpétuelle oscillation, perpétuellement entre-deux, peut se voir renforcée par une indétermination spatiale. « L'entre-deux », précise Michel Onfray, « génère [...] une géographie particulière, ni ici, ni ailleurs, une histoire propre, ni enracinée, ni atopique, un espace nouveau, ni fixe, ni insaisissable, un temps autre, ni mesurable, ni lisse, une communauté nouvelle, ni stable, ni durable »[77]. Le « no man's land » du royaume de Lear figure cette « géographie particulière » dans laquelle Lear n'est ni chez lui, ni à l'étranger, et la rencontre entre le roi déchu et Edgar/Poor Tom, cette « communauté nouvelle, ni stable, ni durable ».

Edgar/Poor Tom suscite également un sentiment d'inquiétante étrangeté en raison de sa folie. Michel Foucault montre qu'à la fin du Moyen Âge, le thème de la folie se substitue à celui de la mort : « C'est toujours du néant de l'existence qu'il est question, mais ce néant n'est plus reconnu comme terme extérieur et final, à la fois menace et conclusion ; il est éprouvé de l'intérieur, comme la forme continue et constante de l'existence »[78]. Le fou se fait porteur symbolique de mortalité : « La tête est déjà vide, qui deviendra crâne. La folie, c'est le déjà-là de la mort »[79]. « Poor Tom » engendre une inquiétante étrangeté parce qu'il devient l'entre-deux du vivant et du mort, mais aussi parce qu'il extériorise l'altérité que chacun recèle

---

77. Michel Onfray, *Théorie du voyage. Poétique de la géographie*, *op. cit.*, p. 41.
78. Michel Foucault, *Histoire de la folie à l'âge classique*, *op. cit.*, p. 31-32.
79. *Ibid.*, p. 31.

secrètement en soi-même. « Le profane », souligne Freud, « se voit là confronté à la manifestation de forces qu'il ne présumait pas chez son semblable, mais dont il lui est donné de ressentir obscurément le mouvement dans les coins reculés de sa propre personnalité »[80]. L'étranger serait en soi. Il y aurait un vague effet de miroir, une sorte d'attraction mimétique – qui pourrait évoquer le motif du double que Freud classe parmi « ces motifs producteurs d'inquiétante étrangeté, les plus saillants »[81]. Si l'on pense à la rencontre de Lear et de « Poor Tom » sur la lande, cette attraction mimétique serait comme « une intériorisation du dehors ». On retrouverait le motif du double tel que Michel Foucault l'entendait et que Gilles Deleuze synthétise comme suit :

> le double n'est jamais une projection de l'intérieur, c'est au contraire une intériorisation du dehors. Ce n'est pas un dédoublement de l'Un, c'est un redoublement de l'Autre. Ce n'est pas une reproduction du Même, c'est une répétition du Différent. Ce n'est pas l'émanation d'un JE, c'est la mise en immanence d'un toujours autre ou d'un Non-moi. Ce n'est jamais l'autre qui est un double, dans le redoublement, c'est moi qui me vis comme le double de l'autre : je ne me rencontre pas à l'extérieur, je trouve l'autre en moi[82].

Lear se perçoit soudain comme autre, proche du « Bedlam beggar ». Le voici qui veut, comme lui, être aussi nu qu'un vers et qui s'apprête à se dévêtir : « Off, off, you lendings! Come, unbutton here » (III, 4, 97-98) / « Au diable, au diable, choses d'emprunt ! Allons, déboutonnez-moi ». Il le « redouble », se vit comme son double. Parce qu'à errer sur la lande, Lear n'est ni chez lui, ni en exil, on pourrait dire que « dans l'entre-deux, quand les repères de la civilisation disparaissent, le corps tend à retrouver ses marques naturelles [...], le corps va vers sa vérité profonde et viscérale, animale »[83]. Tout se passe comme si, sous l'emprise grandissante de la folie, Lear découvrait

80. Sigmund Freud, *L'Inquiétante Étrangeté*, dans *L'Inquiétante Étrangeté et autres essais*, *op. cit.*, p. 249.
81. *Ibid.*, p. 236.
82. Gilles Deleuze, *Foucault* (1986), Paris, Les Éditions de Minuit, 2004, p. 105.
83. Michel Onfray, *Théorie du voyage. Poétique de la géographie*, *op. cit.*, p. 41.

une partie jusqu'alors cachée de lui-même, son « moi inimaginable »[84] dirait Emmanuel Housset, car à ce moment précis : « ce n'est pas tant le moi qui se pose des questions à lui-même que le moi qui se laisse mettre en question, d'une façon bien plus radicale, par le monde, et, du même coup, il découvre l'excès de ce qu'il peut devenir par rapport à ce qu'il imaginait être »[85]. L'ensauvagement, le dénuement et le néant de la folie surgissent chez celui qui est censé en être, biologiquement et symboliquement, le plus éloigné, qui est censé être le garant de la civilité, de la prospérité, de la raison (pas seulement d'état) : le roi. « Spectacle pitoyable chez la plus humble créature, / Mais chez un roi, on en reste muet » / « A sight most pitiful in the meanest wretch, / Past speaking in a king » (IV, 5, 194-195), commente l'un des gentilshommes.

La prise de conscience d'une condition humaine nivelée par la mort passe par une phase d'inquiétante étrangeté qui rappelle le vertige mental créé par Hamlet lorsqu'il revisite la chaîne alimentaire, après le meurtre de Polonius : « We fat all creatures else to fat us, and we fat ourselves for maggots. Your fat king and your lean beggar is but variable service – two dishes, but one table » (IV, 3, 22-25) / « nous engraissons toutes les autres créatures pour nous engraisser, et nous nous engraissons nous-mêmes pour les asticots. Roi gras et mendiant maigre ne font que varier le menu : deux plats pour une seule table »[86]. C'est tout un schéma de pensée, une façon de hiérarchiser la société, de structurer le microcosme qui s'effondre et fait vaciller celui qui en est témoin. L'ébranlement des certitudes et la perte des repères, phénomènes généralement associés à l'exil, s'éprouvent au cœur même du royaume : faire l'expérience inquiétante de l'entre-deux, se mettre à ressentir l'ici comme un ailleurs.

84. Emmanuel Housset, *L'Intériorité d'exil. Le soi au risque de l'altérité*, Paris, Éditions du cerf, coll. « La nuit surveillée », 2008, p. 313.

85. *Id.*

86. Traduction de Jean-Michel Déprats dans William Shakespeare, *Tragédies I (Œuvres complètes, I)*, *op. cit.*, p. 671-991.

III. L'ici vécu comme un ailleurs

Se sentir étranger chez soi : perdre ses marques microcosmiques et macrocosmiques, percevoir l'endroit où l'on vit sous un angle radicalement autre, en percevoir l'envers ou, en termes deleuziens, voir émerger le « lisse » au sein même du « strié ». Pour certains, cette expérience est étroitement associée au temps vécu et à une mise en perspective temporelle (*King Richard II*) ; pour d'autres, elle relève du scénario catastrophe (*Coriolanus*) ; pour d'autres encore, elle se vit dans une sorte de « no man's land » (*King Lear*), dans un espace que Gilles Deleuze et Félix Guattari diraient « haptique » et non optique. Ce qui est pressenti dans *King Richard II* et dans *Coriolanus* sur le mode de la prophétie ou de la projection subjective se réalise pleinement dans *King Lear*.

1. Pressentiments : l'ici déjà dénaturé ou en voie de l'être

a. Le royaume de Richard II, ou la temporalité malmenée

On ignore comment Bolingbroke ressent le temps qu'il passe en exil avant de revenir avec sa « machine de guerre » ; en revanche, on sait qu'en Angleterre, son père trouve le temps long au point d'y laisser sa vie. Avant de mourir, John of Gaunt fait clairement entendre au roi qu'il ne s'y retrouve plus dans son royaume : Richard II perturbe à la fois « le temps cyclique de la fête » et « le temps linéaire de l'histoire »[87], et la perception que John of Gaunt a de son environnement proche et du territoire national s'en ressent. Dès la scène de la double sentence, Richard II n'était-il pas « associé au pouvoir destructeur du temps ("tempus edax rerum") sans rien posséder par ailleurs des qualités positives d'un temps qui était conçu et connu pour son côté réparateur et révélateur ("Time the healer and the revealer") »[88] ?

---

87. François Laroque, *Shakespeare et la fête. Essai d'archéologie du spectacle dans l'Angleterre élisabéthaine*, Paris, PUF, 1988, p. 275.
88. François Laroque, « Temps et contretemps dans *Richard II* », dans Guillaume Winter (dir.), *Autour de* Richard II *de William Shakespeare*, Arras, Artois Presses Université, 2005, p. 31.

Suite à la mise au ban de son fils, John of Gaunt perd l'appétit et n'arbore plus que « la maigreur squelettique des tenants du Carême »[89]. Comme il l'explique à Richard II :

> Within me Grief hath kept a tedious fast,
> And who abstains from meat that is no gaunt?
> [...]
> The pleasure that some fathers feed upon
> Is my strict fast – I mean my children's looks,
> And therein fasting hast thou made me gaunt. (II, 1, 75-81)
>
> En moi le chagrin observe un jeûne austère,
> Et qui peut s'abstenir de manger sans être décharné ?
> [...]
> Le plaisir dont certains pères se nourrissent,
> Je veux dire la vue de mes enfants, j'en fais stricte abstinence,
> Et ce jeûne m'a décharné comme un gant.

La douleur de la séparation s'éprouve indépendamment de la localisation du sujet. Qu'on soit d'un côté ou de l'autre de la frontière, cela ne change rien au chagrin engendré par la rupture de filiation ; l'ici ou l'ailleurs, c'est « du pareil au même » puisque seule la perte compte et donne son absence de relief à l'existence. Or, ce qui fait néanmoins naître l'impression d'un ailleurs, c'est que le temps ne se vit plus de la même façon, qu'il n'est plus qu'une longue et unique période de Carême, une éternité de Carême, qu'il a perdu sa découpe cyclique comme s'il n'y avait plus ni « rythme pendulaire », ni « structure calendaire »[90]. John of Gaunt ressent une sorte d'aplanissement ou plutôt d'étirement temporel qui pourrait illustrer la notion bergsonienne de temps vécu et subjectif (par opposition au temps mesuré et objectif), de durée hétérogène (par opposition à la durée homogène). Autrement dit, et pour reprendre les mots de Hamlet, « [l]e temps est disloqué » / « [t]he time is out of joint » (I, 5, 196). Mais le reproche principal que John of Gaunt fait à Richard II, c'est de ne pas s'inscrire dans la continuité de l'histoire d'Angleterre, de

---

89. François Laroque, *Shakespeare et la fête. Essai d'archéologie du spectacle dans l'Angleterre élisabéthaine*, *op. cit.*, p. 53.
90. *Ibid.*, p. 86, p. 110.

ne pas s'en montrer le noble héritier. Or, nier la diachronie, c'est modifier la perception de l'espace.

John of Gaunt met en perspective le territoire en l'inscrivant dans la temporalité, en rétablissant une vision diachronique, en rappelant que c'est l'historicité et sa mémoire qui font l'identité et la valeur nationales. La terre d'Angleterre porte en elle le passé héroïque de souverains comme Richard Cœur de Lion et Edouard Ier pour leur engagement dans les croisades et leurs hauts faits militaires. Elle est ainsi, pour John of Gaunt :

> This blessed plot, this earth, this realm, this England,
> This nurse, this teeming womb of royal kings,
> Feared by their breed and famous by their birth,
> Renowned for their deeds as far from home,
> For Christian service and true chivalry. (II, 1, 50-54)

> Cette parcelle bénie, cette terre, ce royaume, cette Angleterre,
> Cette nourrice, cette matrice féconde en princes royaux,
> Redoutés pour leur race, fameux par leur naissance,
> Renommés pour leurs exploits
> Au service de la Chrétienté et de la vraie chevalerie.

La vision de Richard II, en revanche, est purement synchronique : elle ne prend en compte que le présent et le court-terme, elle pare au plus pressé. C'est ainsi que l'ensemble du territoire se retrouve affermé, « donnée à bail [...] / Tout comme une tenure ou une petite ferme » / « leased out [...] / Like to a tenement or pelting farm » (II, 1, 59-60), couvert de honte par « les taches d'encre des contrats, des parchemins pourris » / « inky blots and rotten parchment bonds » (II, 1, 64). Autrement dit, sous Richard II, la problématique a changé : il ne s'agit plus d'aller explorer l'ailleurs pour se l'approprier et agrandir le territoire national, de faire la conquête du « lisse » et d'en apprendre la maîtrise, mais d'exploiter l'ici, de le segmenter, de lui imposer un excès de « striage » qui produit un effet de rétrécissement. Comme le suggère François Laroque, « [l]e corps desséché [de Gaunt] renvoie en creux à une carte désormais rétrécie et chiffonnée »[91].

---

91. François Laroque, « *Richard II* : le corps et la carte », dans Henri Suhamy (dir.), *Richard II. William Shakespeare*, *op. cit.*, p. 75.

Cette exploitation mercantile, cette pressurisation financière, donne l'image d'une terre, certes, monnayable, mais qui a perdu son âme et sa majesté, l'envergure conquérante qui faisait sa renommée, sa dimension imaginaire qui rejoignait le mythique et le sacré et faisait d'elle « [c]et autre Éden, ce demi-paradis » / « This other Eden, this demi-paradise » (II, 1, 42).

L'ici est vécu comme un ailleurs par John of Gaunt en raison de la double négation de l'héritage, de la double rupture de filiation : entre un père et son fils (plan personnel), entre un souverain et ses prédécesseurs (plan politique). Cette double négation rompt le cycle de la transmission, de la passation qui assure généralement la continuité, et semble ignorer toute structure temporelle : le passé est nié, l'avenir, compromis ; seul subsiste le hors-temps d'un présent qui s'étale, comme si la division tripartite passé/présent/futur ne faisait plus sens. Avec sa prophétie, John of Gaunt tente de réintroduire une notion de futur et de réinscrire un sens de la durée :

> His rash fierce blaze of riot cannot last,
> For violent fires soon burn out themselves;
> Small showers last long but sudden storms are short;
> He tires betimes that spurs too fast betimes;
> With eager feeding food doth choke the feeder. (II, 1, 33-37)
>
> La rage et l'impétueux brasier de ses débordements ne peuvent pas durer,
> Car les feux brûlants se consument eux-mêmes.
> Les pluies fines durent longtemps, mais les orages soudains sont brefs ;
> Il se fatigue de bonne heure celui qui de bonne heure éperonne trop fort son cheval ;
> Nourriture avidement engloutie étouffe le glouton.

John of Gaunt s'éteint en pressentant le désastre à venir, devant un roi qui fait la sourde oreille et sans revoir son fils ; il s'éteint comme en terre étrangère.

C'est comme d'une terre étrangère que Coriolan est banni, et son scénario catastrophe d'une Rome dépossédée de sa romanité par le peuple et ses tribuns fait écho au sentiment de

John of Gaunt d'un royaume dénaturé et à son pressentiment d'un roi déposé – à cette différence près que l'Histoire ne donne pas raison à Coriolan.

b. Rome et le tribunat, ou l'extinction de la *polís*

Pour Coriolan, la menace populaire représente l'altérité sociale et culturelle qui surgit au cœur du même et qui suffit, à elle seule, à dénaturer Rome, à en changer la topographie symbolique avec un Forum (devenu par homonymie « faux Rome ») qui aurait barre sur le Capitole, à en faire un ailleurs pour les patriciens puisque, selon la question rhétorique de Sicinius, « [q]u'est-ce que la cité, sinon le peuple ? » / « [w]hat is the city but the people ? » (III, 1, 200). Cette « déterritorialisation » appelle l'image d'une ville dont les verticales hiérarchiques disparaissent :

> This is the way to lay the city flat,
> To bring the roof to the foundation,
> And bury all which yet distinctly ranges
> In heaps and piles of ruin. (III, 1, 204-207)
>
> Voilà le moyen de jeter bas une cité,
> D'effondrer le toit sur les fondations,
> Et d'enterrer ce qui se dresse et se distingue encore
> Sous un amas et un tas de décombres.

Si une nouvelle verticalité se fait jour (« heaps and piles »), c'est celle qui dit la victoire des plébéiens sur les patriciens. Cet effondrement ne serait pas seulement hiérarchique, mais aussi éthique : Rome ne serait plus Rome parce que le peuple ne partage pas les valeurs et les exigences patriciennes. Comme le souligne Jane Kingsley-Smith, « les patriciens défendent une conception conservatrice et aristocratique de Rome qui exclut les plébéiens. Leur Rome se définit par les codes de la romanité, par les vertus que sont la constance, l'honneur, l'art de la guerre, le courage et le sacrifice de soi-même, vertus qui, comme on le répète invariablement, font défaut aux plébéiens »[92]. C'est bien ce que laisse entendre Coriolan quand il rudoie les citoyens parce

92. Jane Kingsley-Smith, *Shakespeare's Drama of Exile*, *op. cit.*, p. 138 (ma traduction).

qu'ils ne sont « pas plus sûrs, non, / Que le charbon de feu sur la glace, / Ou que grêle au soleil » / « no surer, no, / Than is the coal of fire upon the ice, / Or hailstone in the sun » (I, 1, 169-171). L'ici devient l'ailleurs parce que les valeurs s'inversent, que c'est le « tripatouillage » / « palt'ring » (III, 1, 60) qui, désormais, mène Rome, que rien n'empêche les corbeaux de venir piquer les aigles à coups de bec, que tout va de travers.

C'est un peu comme si la *polís* se métamorphosait en *nomos* au sens deleuzien du terme : « Le *nomos* est la consistance d'un ensemble flou : c'est en ce sens qu'il s'oppose à la loi, ou à la *polís*, comme un arrière-pays, un flanc de montagne ou l'étendue vague autour d'une cité »[93]. Si le champ de bataille est un espace « lisse » où Coriolan peut s'ébattre en toute gloire, « la cité est l'espace strié par excellence »[94]. Or, tout se passe comme si le peuple avait une fonction de « dé-striage ». Il fonctionne comme un ensemble flou, comme une foule, celle de « la multitude aux mille têtes » / « the many-headed multitude » (II, 3, 15), qui réintroduit du « lisse », de l'instable, du chaotique[95]. Il incarne le versatile, le mouvant, et il affole l'aiguille de la boussole, comme le pressent le Troisième Citoyen : « if all our wits were to issue out of one skull, they would fly east, west, north, south, and their consent of one direct way should be at once to all the points o'th' compass » (II, 3, 19-22) / « si tous nos esprits devaient s'échapper d'un seul crâne, ils s'envoleraient vers l'est, l'ouest, le nord, le sud, et la seule unité de direction consisterait à partir tous ensemble vers tous les points de la boussole ». On pense à la dialectique de l'espace « lisse » et de l'espace « strié » telle que la présentent Gilles Deleuze et Félix Guattari :

> Comment l'espace ne cesse pas d'être strié sous la contrainte de forces qui s'exercent en lui ; mais comment aussi il développe d'autres forces et dégorge de nouveaux espaces lisses à travers le

---

93. Gilles Deleuze et Félix Guattari, *Mille plateaux. Capitalisme et schizophrénie 2*, *op. cit.*, p. 472.

94. *Ibid.*, p. 601.

95. Ce n'est pas un hasard si Elias Canetti inclut la mer, espace lisse par excellence, parmi les métaphores qu'il propose de la foule. Voir Elias Canetti, *Crowds and Power* [*Masse und Macht*, 1960], traduit de l'allemand par Carol Stewart, New York, Farrar, Straus and Giroux Editions, 1984, p. 80-81.

> striage. Même la ville la plus striée dégorge des espaces lisses : habiter la ville en nomade, ou en troglodyte. Il suffit parfois de mouvements, de vitesse ou de lenteur, pour refaire un espace lisse. Et, certes, les espaces lisses ne sont pas en eux-mêmes libératoires. Mais c'est en eux que la lutte change, se déplace, et que la vie reconstitue ses enjeux, affronte de nouveaux obstacles, invente de nouvelles allures, modifie les adversaires.[96]

Cette analyse permet d'appréhender de façon plus théorique les rapports conflictuels entre plébéiens et patriciens dans *Coriolanus*. Si le peuple et ses tribuns parviennent à réintroduire des espaces « lisses » pour faire évoluer les règles de la cité, ils ouvrent dans le même temps une brèche pour l'ennemi, pour l'envahisseur à même de transformer l'ici en ailleurs, puisqu'ils bannissent leur plus valeureux défenseur. La force « dé-striante » des plébéiens est ainsi ambivalente, à double tranchant. Coriolan quitte donc une cité qui, pour lui, n'est plus ce qu'elle était et qu'il met au ban sans regret : « Despising / For you the city, thus I turn my back. / There is a world elsewhere » (III, 3, 134-136) / « Méprisant / La cité à cause de vous, je lui tourne le dos. / Il y a un monde ailleurs ».

Hors frontières, chez les Volsques à Antium, Coriolan poursuit la logique d'inversion qu'on lui a imposée chez lui et fait de l'ailleurs son ici : « My birthplace hate I, and my love's upon / This enemy town » (IV, 4, 23-24) / « Mon pays natal, je le hais, et mon amour se porte / Sur cette ville ennemie ». Il le fait temporairement, préoccupé qu'il est par sa « machine de guerre » – la réversibilité parfaite n'est qu'une illusion d'optique. Selon Jane Kingsley-Smith, « il peut soit attendre que son pays redécouvre le besoin qu'il a de lui, et mettre l'accent sur le fait que c'est Rome qui est *en exil* jusqu'à son retour, soit choisir de détruire ce simulacre corrompu qu'est devenue Rome afin d'affirmer lui-même sa propre authenticité »[97]. Coriolan, on le sait, choisit la seconde option.

---

96. Gilles Deleuze et Félix Guattari, *Mille plateaux. Capitalisme et schizophrénie 2*, *op. cit.*, p. 624-625.
97. Jane Kingsley-Smith, *Shakespeare's Drama of Exile*, *op. cit.*, p. 152 (ma traduction). Les italiques sont de l'auteur.

Le scénario catastrophe de Coriolan ne se réalise ni dans la pièce, ni dans l'Histoire. Comme le précise Annabel Patterson : « la création d'un tribunat ne conduisit [...] ni à une guerre civile, ni à la destruction de quoi que ce soit à l'exception de celle de Coriolan lui-même ; au contraire, elle déboucha sur quatre siècles et demi de gouvernement républicain »[98]. *King Lear* présente une structure inverse : rien n'est pressenti ou prophétisé, mais l'ici, sans prévenir, est vécu comme un ailleurs, comme un hors-carte.

2. Quand la carte édénique se change en « no man's land »

« Derrière l'arsenal toponymique des cartes géographiques se cachent d'incroyables variations sur le thème de la subjectivité »[99]. Cette remarque de Michel Onfray trouve une double résonance dans *King Lear* : d'abord, lors du partage du royaume, quand la carte a valeur de vitrine subjective ; ensuite, quand la carte s'efface devant l'épreuve du réel qui révèle une lande inhospitalière où chacun est livré à son expérience individuelle et prend conscience que « toutes les cartes sont des abrégés qui ne sont fidèles ni à l'espace ni au temps »[100]. Lorsque Lear répartit son royaume entre ses filles, il présente l'ensemble du territoire comme idéal, quasi édénique. On se croirait en présence d'une corne d'abondance où regorgent des « forêts ombreuses » / « shadowy forests », des « plaines fertiles » / « champaigns riched », des « rivières poissonneuses » / « plenteous rivers », de « vastes prairies » / « wide-skirted meads » (I, 1, 62-63). Jane Kingsley-Smith précise : « Régnant en maître sur la carte d'Albion, il [Lear] évoque le Dieu de *La Genèse* régnant en maître sur sa Création et exerçant son pouvoir créatif en générant la division. Au commencement du monde tout était parfait ; de même, l'Albion fantasmée de Lear est uniformément belle »[101]. Cette

98. Annabel Patterson, *Shakespeare and the Popular Voice*, Oxford, Basil Blackwell, 1989, p. 126 (ma traduction).
99. Michel Onfray, *Théorie du voyage. Poétique de la géographie*, *op. cit.*, p. 87.
100. Ronald Shusterman, « Introduction : des états des lieux », dans Ronald Shusterman (dir.), *Cartes, Paysages, Territoires*, *op. cit.*, p. 14.
101. Jane Kingsley-Smith, *Shakespeare's Drama of Exile*, *op. cit.*, p. 123 (ma traduction).

représentation fantasmée va servir de repoussoir à la « réalité » de certaines parties du pays (lande enténébrée, espace indistinct séparant la demeure de Gloucester des falaises de Douvres) où errent les laissés-pour-compte de la société qu'évoquent la *persona* d'Edgar et l'adresse de Lear aux « [p]auvres miséreux nus » / « [p]oor naked wretches » (III, 4, 28). Aux frontières internes bien délimitées qu'avait envisagées Lear et aux portes qui se ferment, affirmant avec force un refus d'hospitalité métonymique d'une mise au ban territoriale, s'oppose l'espace incertain de la lande. Au lieu d'un territoire fertile, se découvrent l'aridité et l'hostilité d'un « no man's land » qui déshumanise, ensauvage et évoque une sorte de hors-lieu, ou encore ce qu'Yves Bonnefoy appellerait « ces contrées d'en dehors des cartes »[102], une zone non cartographiée, un espace « lisse ».

a. Perte de repères, émergence du « lisse »

Il convient de rappeler d'emblée l'absence de localisation précise. Pour Robert Ellrodt, « le vague de l'espace contribue à l'universalité tragique »[103] – il contribue aussi à l'émergence du « lisse » et de sa puissance « déterritorialisante » dont les personnages vont faire l'épreuve. La lande se présente comme un espace ouvert, avare de repères, dont la nuit réduit de surcroît la visibilité. « Hélas ! la nuit vient, et les vents glacés / Se déchaînent furieusement ; à des lieues à la ronde / Il y a à peine un buisson » / « Alack, the night comes on, and the high winds / Do sorely ruffle. For many miles about / There's scarce a bush » (II, 2, 464-466), fait remarquer Gloucester, en vain. Sans compter que les éléments déchaînés vont se charger d'ajouter au brouillage des repères microcosmiques et macrocosmiques. Le portrait de Lear apostrophant la tempête, que brosse le gentilhomme,

102. Yves Bonnefoy, « Roland, mais aussi bien Angélique », préface à L'Arioste, *Roland furieux* I, traduction de Francisque Reynard, Paris, Gallimard, coll. « Folio classique », 2003, p. 14.

103. Robert Ellrodt, « Notice pour *Le Roi Lear* », dans William Shakespeare, *Tragédies, Œuvres complètes, II*, Édition publiée sous la direction de Jean-Michel Déprats avec le concours de Gisèle Venet, Paris, Gallimard, coll. « Bibliothèque de La pléiade », 2002, p. 1355.

souligne l'absence de délimitation entre ciel et terre, terre et mer, la dissolution de toute ligne d'horizon :

> Contending with the fretful elements;
> Bids the wind blow the earth into the sea
> Or swell the curlèd waters 'bove the main,
> That things might change or cease. (III, 1, 3-6)
>
> Aux prises avec les éléments courroucés ;
> Il donne l'ordre aux vents d'engloutir la terre dans la mer,
> Ou de soulever les eaux bouclées au-dessus du continent,
> Afin que tout change ou périsse.

L'absence de repères et le bouleversement de l'agencement cosmique se disent également dans l'oxymore célèbre de Lear lorsqu'il s'adresse aux éléments : « Then let fall / Your horrible pleasure » (III, 2, 17-18) / « Que se déverse donc / Votre horrible plaisir ». C'est ainsi tout l'espace qui, semble-t-il, « se désarchitecture »[104].

Deux lieux pourraient néanmoins faire office de repères, dans la mesure où ils offrent un refuge. D'une part, une dépendance de la demeure de Gloucester « où [les] attendent un bon feu et un repas » / « where both fire and food is ready » (III, 4, 136). Or, l'hospitalité transgressive de Gloucester est de courte durée ; ses hôtes ne passent chez lui, si l'on peut dire, qu'en coup de vent. D'autre part, la hutte que Kent présente ainsi à Lear : « Some friendship will it lend you 'gainst the tempest » (III, 2, 61) / « Contre la tempête elle vous prêtera quelque amitié ». Cette hutte pourrait être à la lande ce que la grotte est au labyrinthe dans l'imaginaire bachelardien : « En accentuant les différences, on peut dire que les images de la grotte relèvent de l'imaginaire du repos, tandis que les images du labyrinthe relèvent de l'imagination du mouvement difficile, du mouvement angoissant »[105]. Cette distinction pourrait valoir pour la lande et la hutte. Or, il est intéressant de constater que, malgré les

---

104. Ce verbe est inspiré du néologisme de Michel Onfray, « s'architecturer », dans *Théorie du voyage. Poétique de la géographie*, *op. cit.*, p. 105.

105. Gaston Bachelard, *La Terre et les rêveries du repos*, Paris, Corti, coll. « Les Massicotés », 1948, p. 207

invitations réitérées de Kent, Lear refuse d'y entrer. Hormis le Fou envoyé en éclaireur, personne ne s'y risque, mais quelqu'un en sort comme un diable hors de sa boîte : Edgar/Poor Tom. Dans *Separate Theaters: Bethlem (« Bedlam ») Hospital and the Shakespearean Stage*, Ken Jackson montre que la hutte est étroitement liée à la folie et a valeur de « micro-Bedlam ». Il suggère que « Shakespeare associe la réticence soudaine et quelque peu confuse qu'éprouve Lear à entrer dans la hutte au combat intérieur que mène le Roi pour garder ses esprits »[106]. Autrement dit, l'unique refuge naturel rencontré sur la lande est synonyme d'errance mentale, d'ensauvagement (celui de la folie) et d'enfermement (celui de l'asile). Il se place sous le signe de l'ambivalence et rejoint la dialectique du refuge et de l'effroi analysée par Gaston Bachelard : « La dialectique du refuge et de l'effroi a besoin de *l'ouverture*. On veut être protégé, mais on ne veut pas être enfermé. L'être humain sait à la fois les valeurs du *dehors* et du *dedans* »[107]. Et le personnage qui y a élu domicile et qui en jaillit, délogé par le Fou, est, tel un insensé, sur le qui-vive, sans cesse en mouvement, ajoutant au chaos ambiant – c'est, en fait, un nouvel élément perturbateur qui surgit de ce qui avait l'apparence d'un repère.

La lande de *King Lear* s'éprouve comme un espace « lisse », mouvant, ouvert, mais sans ligne d'horizon – littéralement et métaphoriquement. Elle est relayée, plus tard, par les abords de Douvres où l'on est confronté à la même absence de visibilité. Pour retrouver Lear, Cordelia enjoint à ses hommes de « [f]ouiller chaque arpent de terrain dans les hauts épis du champ » / « Search every acre in the high-grown field » (IV, 3, 7). On ne s'étonnera pas que, revenu de sa folie, Lear confie à sa fille : « I know not / Where I did lodge last night » (IV, 6, 60-61) / « je ne sais pas [non plus] / Où j'ai logé la nuit dernière ». Il est significatif que la seule perspective évoquée dans la pièce soit celle que l'on a du haut, puis du bas, de la falaise, c'est-à-dire

---

106. Ken Jackson, *Separate Theaters: Bethlem ("Bedlam") Hospital and the Shakespearean Stage*, *op. cit.*, p.171 (ma traduction).

107. Gaston Bachelard, *La Terre et les rêveries du repos*, *op. cit.*, p. 209. Les italiques sont de l'auteur.

une perspective intenable : d'une part, parce qu'elle donne le vertige et pourrait, donc, s'avérer fatale ; d'autre part, parce qu'elle n'est qu'une illusion et n'existe que par l'imaginaire que fait naître la description d'Edgar. On évolue comme en espace nomade – et non sédentaire. Rappelons la distinction qu'opèrent Gilles Deleuze et Félix Guattari : « l'espace sédentaire est strié, par des murs, des clôtures et des chemins entre les clôtures, tandis que l'espace nomade est lisse, seulement marqué par des "traits" qui s'effacent et se déplacent avec le trajet »[108]. Il n'est pas surprenant que l'espace nomade favorise une pensée nomade, c'est-à-dire une pensée « qui se déploie dans un milieu sans horizon comme espace lisse, steppe, désert ou mer »[109]. Dans *King Lear*, cette pensée nomade, poussée à l'extrême, pourrait être celle de la folie – qui permet la satire sociale, c'est-à-dire la critique acerbe d'un espace sédentaire peut-être trop « strié », ou mal « strié ».

Sans horizon, sans visibilité, on passe d'une perception optique à une perception « haptique », car « ce qui occupe l'espace lisse, ce sont les intensités, les vents et les bruits, les forces et les qualités tactiles et sonores »[110].

b. Espace « haptique » et empathie

De la dualité entre le « lisse » et le « strié » découle la distinction entre espace « haptique » et espace optique, entre vision proche et vision lointaine. « Haptique » vient du verbe grec *haptein* qui signifie toucher. Dans l'espace dit « haptique », toutes les antennes sensorielles sont sollicitées : on perçoit essentiellement avec les autres sens que la vue qui n'est plus l'organe dominant pour se repérer. Pour Gilles Deleuze et Félix Guattari, cela participe d'une esthétique nomade :

> C'est d'abord la « vision rapprochée », par différence avec la vision éloignée ; c'est aussi bien l'« espace tactile », ou plutôt

---

108. Gilles Deleuze et Félix Guattari, *Mille plateaux. Capitalisme et schizophrénie 2*, *op. cit.*, p. 472.
109. *Ibid.*, p. 469.
110. *Ibid.*, p. 598.

> l'« espace haptique », par différence avec l'espace optique. Haptique est un meilleur mot que tactile, puisqu'il n'oppose pas deux organes des sens, mais laisse supposer que l'œil peut lui-même avoir cette fonction qui n'est pas optique. [...] C'est le Lisse qui nous paraît à la fois l'objet d'une vision rapprochée par excellence et l'élément d'un espace haptique (qui peut être visuel, auditif autant que tactile). Au contraire, le Strié renverrait à une vision plus lointaine, et à un espace plus optique – même si l'œil à son tour n'est pas le seul organe à avoir cette capacité[111].

On pourrait percevoir dans *King Lear*, dans les scènes qui se déroulent sur la lande et dans celles qui présentent Gloucester énucléé, quelque chose de cette esthétique nomade.

La lande enténébrée et balayée par la tempête se fait, en effet, espace « haptique » : on y entend le fracas du tonnerre, on y est aux prises avec le vent et la pluie, on n'y voit goutte ou, plutôt, on y est réduit à une vision très proche. Gilles Deleuze et Félix Guattari précisent :

> Là où la vision est proche, l'espace n'est pas visuel, ou plutôt l'œil lui-même a une fonction haptique et non optique : aucune ligne ne sépare la terre et le ciel qui sont de même substance ; il n'y a pas d'horizon, ni de fond, ni perspective, ni limite, ni contour ou forme, ni centre ; il n'y a pas de distance intermédiaire, ou toute distance est intermédiaire[112].

L'adjectif « foul » est employé par Kent puis repris par Lear : « Who's there, besides foul weather? » (III, 1, 1) / « Qui est là à part le mauvais temps ? », « O, ho, 'tis foul! » (III, 2, 23) / « Oh ! oh ! C'est infâme ! ». Cet adjectif peut se lire comme l'indice d'un espace « haptique » si on l'entend au sens premier du terme : « grossly offensive to the senses, physically loathsome »[113]. Les verbes monosyllabiques auxquels Lear recourt pour apostropher la tempête la font littéralement entendre : « blow », « crack », « rage » (III, 2, 1), « spout » (III, 2, 2), « spit » (III, 2, 13) / « souffler », « crever », « faire rage », « jaillir », « cracher ».

111. *Ibid.*, p. 614-615.
112. *Ibid.*, p. 616.
113. *Oxford English Dictionary Online*, Oxford University Press, 2009, art. « foul, *a.*, *adv.* et *n.* », A. *adj.* I. 1.

L'expérience est, pour commencer, essentiellement sonore. Puis, elle devient physique. Lear découvre les sensations de froid et d'humidité à travers « cet orage querelleur / [Qui] [le] pénètre jusqu'à l'os » / « this contentious storm / [That] invades [him] to the skin » (III, 4, 6-7). Son appréhension du réel se fait immédiate, instinctive, intuitive ; le voici, comme dirait Michel Onfray, « soumis à l'épreuve phénoménologique »[114]. Quant à Gloucester, une fois privé de vue, il est condamné à errer dans une dimension « haptique ». On pense à l'expérimentation que fait Boris Cyrulnik et qui nous aide à imaginer ce que peut être la découverte d'un environnement « haptique » :

> J'ai eu l'occasion de faire une expérimentation dans le noir absolu et j'ai été surpris par ma nouvelle manière de percevoir autour de moi et en moi un monde sensoriel instantanément différent. Bien sûr, je n'osais pas marcher, et il a fallu m'aider. Dès qu'on m'a adressé la parole, je n'ai pas pu faire autrement que de tendre l'oreille, et cette posture d'immobilisation a supprimé toutes les synchronies mimiques et gestuelles de mes conversations. J'étais devenu une oreille. J'étais devenu un nez aussi puisqu'il a suffi qu'un collègue débouche une bouteille pour que je sente aussitôt, très fortement, une odeur d'acide acétique ! [...] Et j'étais devenu un capteur de chaleur car, lorsque le déboucheur est passé derrière moi, j'ai senti, comme une évidence palpable, la chaleur de son corps, son volume et sa distance par rapport à moi. Le goût des aliments avait changé dans le noir : je palpais avec mon nez, je reniflais la fièvre des autres et je percevais avec acuité le moindre tremblement de leur voix. Il a suffi de faire revenir la lumière, très lentement, pour que mon enveloppe sensorielle perde ce pouvoir de compensation. J'ai pensé aux autistes ou aux surdoués qui associent facilement les couleurs et les sons, la musique et les odeurs, et croient que la parole est un objet sensoriel. Peut-être existe-t-il un mode de reprogrammation, de refrayage, de retraçage des circuits cérébraux ? La plasticité cérébrale est plus grande que l'on croyait, mais elle n'est pas infinie[115].

---

114. Michel Onfray, *Théorie du voyage. Poétique de la géographie*, *op. cit.*, p. 52.
115. Boris Cyrulnik, *De chair et d'âme* (2006), Paris, Odile Jacob, coll. « Poches », 2008, p. 118.

La détresse morale de Gloucester est telle que la question de la « plasticité cérébrale » ne se pose même pas.

De façon significative, c'est dans cet espace « haptique » que les personnages se découvrent une aptitude à l'empathie[116], une capacité à s'identifier à autrui, à ressentir ce qu'il ressent, à faire un détour intérieur par l'altérité. Là, ils ont su renoncer, selon les termes d'Emmanuel Housset, à leur « intériorité d'île » ou « intériorité bloquée », ils ont enfin pu faire le choix d'une « intériorité ouverte [...], capable d'accueillir ce qu'elle n'attend pas, capable de l'ailleurs d'autrui et du monde »[117]. Dans son ouvrage sur Husserl, le philosophe propose de l'empathie la définition suivante :

> L'empathie [*Einfühlung*] désigne la relation de l'*ego* à l'*alter ego*, c'est-à-dire le mode de l'intuition de l'*alter ego*. Elle marque à la fois la proximité des subjectivités individuelles et leur radicale séparation. L'empathie est donc le lieu de la constitution du sens autrui à partir de moi-même en dépit du fait que les vécus de l'autre je sont toujours différents des miens et qu'aucune communication ne peut surmonter leur extériorité[118].

Lorsqu'ils se trouvent en présence de « Poor Tom », Lear et Gloucester rencontrent leur *alter ego*, comprennent le « sens autrui ». Ils apprennent à se décentrer d'eux-mêmes pour découvrir le monde de l'autre. « Pour que l'empathie se développe », précise Boris Cyrulnik, « il faut qu'un autre nous attire, sinon c'est le narcissisme qui nous protégera d'une altérité impossible à affronter »[119]. La récurrence du verbe « feel » dans les discours respectifs de Lear puis de Gloucester est, à cet égard, significative. D'abord, lorsque que Lear apostrophe les riches sous une forme allégorique :

---

116. Traduction de « Einfühlung », concept développé au XIXe siècle par des théoriciens allemands. Voir M. H. Abrams, *A Glossary of Literary Terms*, *op. cit.*, art. « Empany and Sympathy », p. 49.
117. Emmanuel Housset, *L'Intériorité d'exil. Le soi au risque de l'altérité*, *op. cit.*, p. 25, p. 189.
118. Emmanuel Housset, *Husserl et l'énigme du monde*, Paris, Éditions du Seuil, coll. « Points Essais », 2000, p. 259-260.
119. Boris Cyrulnik, *De chair et d'âme*, *op. cit.*, p. 164.

Take physic, pomp,
Expose thyself to feel what wretches *feel*,
That thou mayst shake the superflux to them
And show the heavens more just. (III, 4, 33-36)

Guéris-toi, faste,
Accepte d'éprouver ce qu'éprouvent les miséreux,
Afin de pouvoir répandre sur eux ton superflu,
Et de montrer les Cieux plus justes.

Ensuite, lorsque Gloucester invoque les cieux :

Let the superfluous and lust-dieted man
That slaves your ordinance, that will not see
Because he does not feel, feel your power quickly.
So distribution should undo excess,
And each man have enough. (IV, 1, 61-65)

Que l'homme gorgé de biens et repu de plaisirs,
Qui asservit vos lois, et qui ne veut point voir
Parce qu'il ne sent point, ressente au vif votre pouvoir.
Ainsi le partage détruirait l'excès,
Et chacun aurait assez.

C'est un conseil similaire que Lear donne à Gloucester lorsqu'ils se croisent aux abords de Douvres : « A man may see how this world goes with no eyes; look with thine ears » (IV, 5, 142-143) / « Un homme peut voir comment va le monde sans ses yeux : regarde avec tes oreilles ». Et il poursuit : « See how yon justice rails upon yon simple thief. Hark in thine ear: change places, and handy-dandy, which is the justice, which is the thief? » (IV, 5, 143-145) / « Vois comme ce juge là-bas réprimande ce pauvre bougre de voleur. Écoute, que je te dise à l'oreille : change-les de place et, passez muscade, qui est le juge, qui est le voleur ? ». Par-delà l'effet premier de synesthésie, on comprend qu'il faut peut-être se méfier d'un espace optique susceptible de présenter des trompe-l'œil. Il est possible que la vision rapprochée, propre à l'espace « haptique », permette une appréhension plus fine du réel grâce à laquelle des contresens induits par un espace au « striage » discutable seraient déjoués.

Cette empathie, conduisant à la compassion, aurait pu se lire comme le signe que Lear et Gloucester avaient trouvé leur « identité d'exil » puisque « de cette identité d'exil, la compassion témoigne au plus haut point, car, en elle, l'immensité de ce qui nous saisit nous révèle en même temps notre enfermement en nous-mêmes et l'exigence absolue de se porter au secours d'autrui »[120]. Mais *King Lear* est une tragédie, une des plus sombres : la compassion n'y ouvre pas de nouvel horizon, elle n'est pas le « mode extrême » de cet « être pour autrui » qui « nous donne un avenir »[121].

La dynamique de l'esquive, qui devait permettre de rester dans l'ici pour éviter l'ailleurs, se révèle une plongée dans l'inconnu, dans le « lisse », dans l'insoupçonné du familier, une découverte de l'altérité dans ce qu'elle peut avoir de plus humiliant, un sentiment de « déterritorialisation » qui, paradoxalement, s'éprouve sur le territoire même. Les conditions de l'esquive ne s'avèrent, en fin de compte, pas moins éprouvantes que celles de l'exil, même si elles permettent de gagner en expérience, en compréhension de l'autre et du monde. La question qui se pose est donc celle de la pertinence de cette dynamique ou, plutôt, de ses limites. Combien de temps ce détour va-t-il durer ? Combien de temps pourra-t-on l'endurer ?

Car cette dynamique de l'esquive, qui déclenche un processus de dégradation de l'intime et de ses repères extérieurs, met en jeu ce que Gaston Bachelard nomme « la psychologie de la pesanteur » et qui « comporte une évidente dialectique suivant que l'être se soumet aux lois de la pesanteur ou qu'il y résiste »[122]. Il n'est pas du tout sûr, dans ces pièces tragiques de Shakespeare, que l'être y résiste, que « le psychisme humain se spécifie par une volonté de redressement »[123].

---

120. Emmanuel Housset, *L'Intériorité d'exil. Le soi au risque de l'altérité*, *op. cit.*, p. 315.
121. *Id.*
122. Gaston Bachelard, *La Terre et les rêveries de la volonté. Essai sur l'imagination de la matière* (1948), Paris, Corti, coll. « Les Massicotés », 2004, p. 333.
123. *Id.*

Chapitre IV

La dialectique de l'endurance et de l'épuisement, et les phénomènes de lâcher-prise

O you mighty gods,
This world I do renounce, and in your sights
Shake patiently my great affliction off!
King Lear (IV, 5, 34-36)

Ô vous, dieux puissants !
Je renonce à ce monde, et sous vos yeux
Je dépose sans plainte ma grande affliction.

Jusqu'à présent, seules les formes actives de réaction à la mise au ban ont été prises en compte : d'un côté, stratégie de retour et de riposte, frontale et agressive ; de l'autre, stratégie de détour et d'esquive, quasi imperceptible. Dans la dynamique de la riposte, la question de l'endurance ne se pose pas : la « machine de guerre » est synonyme de vitesse, elle est *comme déjà là*, s'imposant devant une résistance adverse embryonnaire et déjà défaillante. Cette machine semble dotée d'une puissance pétrifiante qui rendrait vaine toute opposition, comme si c'était « gagné d'avance » (rien ne résiste aux forces respectives de Bolingbroke et de Coriolan). La dynamique de l'esquive, en revanche, déclenche un processus de déclassement et de dégradation qui pose la question de l'endurance, mais d'une endurance participant d'une stratégie, c'est-à-dire tenant plus du calcul conjoncturel que de la vertu personnelle, du moins au début (Kent/Caius et Edgar/Poor Tom endurent pour survivre et être en adéquation avec leur *persona* respective).

C'est une troisième forme de réaction que ce chapitre va aborder, une forme qu'on pourrait dire non pas passive, car elle n'est pas un état d'abandon, mais moins active au sens où elle ne se manifeste pas dans le champ visible de l'action, mais dans l'intériorité de l'individu, dans l'espace mental qui lui est propre, dans l'espace imaginaire que déroule sa pensée, dans la façon dont il spatialise cette dernière. Aussi le terme de « dialectique » paraît-il plus approprié que celui de « dynamique ». Se met en place une dialectique de l'endurance et de l'épuisement qui peut, lorsque l'intensité de la « déterritorialisation » devient insupportable, donner lieu à des phénomènes de décrochage – décrochage étant entendu dans son emploi intransitif[1]– ou de lâcher-prise : « non-vouloir-saisir »[2] (Richard II), tentation de suicide (Gloucester, Kent), folie (Lear), arrêt cardiaque (Gloucester, Lear). Au terme des trois pièces tragiques que sont *King Richard II*, *King Lear* et *Coriolanus*, deux catégories se dessinent : celle de ceux qui réussissent à repousser toujours plus loin les limites du pire et celle de ceux qui finissent par s'épuiser et décrochent – soit, en termes génétiques, celle des « gros transporteurs de sérotonine » et celle des « petits transporteurs de sérotonine »[3]. La dialectique de l'endurance et de l'épuisement prend donc le relais de la dialectique initiale de l'inclusion et de

---

1. Voir Alain Rey, *Dictionnaire historique de la langue française* (1992), Paris, Dictionnaire Le Robert, 3 vol., 1998, art. « croc », tome 1, p. 956. Alain Rey souligne les sens opposés du verbe « décrocher » selon qu'il a un emploi intransitif ou transitif : « se détacher et tomber » (intransitif), « obtenir après un effort » (transitif).
2. Le terme est de Roland Barthes dans *Fragments d'un discours amoureux*, *op. cit.*, p. 275.
3. Boris Cyrulnik, *De chair et d'âme*, *op. cit.*, p. 31. Le neurologue précise : « Le déterminant génétique de la vulnérabilité a été détecté pour la première fois chez les humains et l'année suivante chez les singes. Il s'agit d'une région localisée sur le chromosome 17 où des allèles permettent l'association de deux gènes ayant des emplacements identiques sur chaque chromosome. Les allèles façonnent les protéines cellulaires qui les entourent, en les dépliant ou en les torsadant, ce qui leur donne une forme particulière. Il s'ensuit que certains gènes, en façonnant des protéines longues, leur permettent de transporter beaucoup de sérotonine (5-HTT Long) alors que d'autres deviendront des petits porteurs de sérotonine (5-HTT Short). On sait que la sérotonine joue un rôle majeur dans l'humeur gaie ou dépressive. En quantité suffisante, elle favorise la transmission synaptique et stimule les désirs, la motricité, le traitement des fonctions cognitives, la vivacité des apprentissages. Elle peut modifier l'appétit, régulariser les stades du sommeil lent et augmenter les sécrétions neuroendocriniennes », p. 25-26.

l'exclusion ; les enjeux politiques et territoriaux se déplacent vers le théâtre de l'intime, vers la force d'âme, vers les rouages de l'intériorité. Il s'agit toujours de franchir – ou pas – une frontière, mais sa nature est autre avec un questionnement autre lui aussi : quelles sont les limites de l'endurable ? Autrement dit, jusqu'à quand cette dialectique est-elle tenable ? Quels en sont les points de rupture ?

I. L'espace mental à la rescousse

Qu'appelle-t-on « espace mental » ? L'espace « qui se fait dans l'esprit », « qui a rapport aux fonctions intellectuelles », qui met en jeu l'« ensemble des facultés psychiques »[4]. Ce sont les ressources de l'intellect, les étendues de l'imaginaire, le territoire de l'intime, tout ce qui constitue notre intériorité. Forcé de faire l'épreuve de la « déterritorialisation », l'individu se transporte, trouve refuge dans un espace mental qui lui est propre et qu'il contrôle par sa pensée sans cesse en mouvement. La pensée opère alors, selon l'expression de Gilles Deleuze et Félix Guattari, un « striage de l'espace mental »[5] qui vient compenser l'expérience déstabilisante et douloureuse du « lisse », ou encore l'expérience du réel en ce qu'il est « ce que je n'attends pas »[6]. Elle se fait boussole et balise un espace intérieur ; la mise en place d'une structure mentale se substitue à un vécu inattendu et ressenti comme déstructurant. Emmanuel Housset pose l'hypothèse selon laquelle, « [f]ace à une extériorité comprise comme une adversité qu'il s'agit d'affronter chaque jour, l'homme disposerait d'un abri "anti-monde extérieur" avec son intériorité »[7]. Or, le philosophe distingue deux types d'intériorité : une intériorité close et une intériorité ouverte, une « intériorité d'île » et une « intériorité d'exil », lesquelles désignent deux attitudes : « soit

4. Alain Rey, *Dictionnaire historique de la langue française*, *op. cit.*, art. « mental », tome 2, p. 2195, 2196.

5. Gilles Deleuze et Félix Guattari, *Mille plateaux. Capitalisme et schizophrénie 2*, Éditions de Minuit, 1980, p. 469.

6. Emmanuel Housset, *L'Intériorité d'exil. Le soi au risque de l'altérité*, Paris, Éditions du Cerf, coll. « La nuit surveillée », 2008, p. 21.

7. *Ibid.*, p. 12.

tout ramener à soi dans une tâche infinie, soit dire ce qui est en le laissant être dans son altérité »[8]. Lorsque l'espace mental est appelé à la rescousse dans ces pièces tragiques de Shakespeare, il trahit essentiellement une « intériorité d'île » et se décline sur un mode ambivalent : stratégie d'endurance qui, afin de rendre supportable le monde extérieur, crée l'illusion temporairement salutaire de recomposer ce monde à sa guise et de se l'approprier (John of Gaunt qui revisite la mise au ban douloureuse de son fils en agréable voyage), ou échappatoire dans son monde propre, ce qui équivaut à un double décrochage du réel et de la raison (repli sur soi de Richard II dans sa cellule ; folie de Lear errant à travers ce qui fut son royaume).

1. Le « striage » mental comme stratégie de résistance

a. Repenser le réel, ou l'influence du stoïcisme et ses limites

Quand ils sont bannis, Kent et Coriolan inversent l'ordre de mise au ban : ils s'achemineront non pas vers l'exil mais vers la liberté, non pas vers un territoire ennemi mais vers une terre d'adoption. Pour faire face à l'adversité, Volumnia sert jusqu'à satiété des préceptes de circonstance sur l'intérêt d'éprouver les âmes bien trempées, afin qu'elles se distinguent du commun des mortels. Ces préceptes, Coriolan les lui rappelle, non sans ironie, avant son départ :

> You were used
> To say extremities was the trier of spirits,
> That common chances common men could bear,
> That when the sea was calm all boats alike
> Showed mastership in floating; fortune's blows
> When most struck home, being gentle wounded craves
> A noble cunning. You were used to load me
> With precepts that would make invincible
> The heart that conned them. (IV, 1, 3-11)

> Vous me disiez
> Que l'extrémité est l'épreuve des caractères ;

8. *Ibid.*, p. 25.

> Que les malheurs communs sont pour les hommes communs ;
> Que, lorsque la mer est calme, tous les bateaux
> Maîtrisent également les flots. Lorsque la Fortune
> Frappe ses coups au cœur, il faut un esprit magnanime
> Pour recevoir noblement ses blessures. Vous me chargiez toujours
> De préceptes capables de rendre invincible
> Le cœur qui en serait pénétré.

C'est la voix de l'héroïsme coûte que coûte qui doit caractériser le héros romain et dire sa valeur, son honneur sans failles ; c'est aussi, en sourdine, celle du stoïcisme qui préconise la fortitude face à l'adversité, la « fermeté d'âme »[9].

Lorsque Bolingbroke est mis au ban par Richard II, John of Gaunt essaie non seulement de relativiser la sentence, mais aussi de la renverser : « Think not the King did banish thee, / But thou the King » (I, 3, 279-280) / « Ne pense pas que le roi t'a banni, / Mais que toi tu as banni le roi ». Il tente de transformer le principe de réalité en principe de plaisir : « Call it a travel that thou tak'st for pleasure » (I, 3, 262) / « Dis-toi que c'est un voyage que tu fais pour le plaisir ». Il s'agit de se représenter le réel autrement : non de l'appréhender dans ce qu'il peut avoir de nu et de cru, mais de le voir par le prisme d'une construction imaginaire, c'est-à-dire de l'altérer par une conviction intérieure, par un choix interprétatif. C'est ce que suggèrent les injonctions réitérées de John of Gaunt à son fils : « Call it » (I, 3, 262) / « Dis-toi », « Think not » (I, 3, 279) / « Ne pense pas que », « say » (I, 3, 282) / « dis-toi que », « suppose » (I, 3, 283) / « suppose », « imagine » (I, 3, 286) / « Imagine ». Se substitue au réel un « monde de l'imagination », c'est-à-dire « un monde du comme si, un monde affranchi de situations spatiales et temporelles absolues »[10]. Endurer, ce ne serait pas souffrir le réel tel qu'il nous est jeté au visage à un instant précis, dans un endroit donné, mais affirmer sur lui le pouvoir de la représentation mentale,

9. André Lalande, *Vocabulaire technique et critique de la philosophie* (1926), Paris, PUF, coll. « Quadrige », 2006, art. « stoïcisme », p. 1029. Voir aussi Malcolm Hebron, *Key Concepts in Renaissance Literature*, Basingstoke, Palgrave Macmillan, 2008, art. « stoicism », p. 110-112.

10. Emmanuel Housset, *Husserl et l'énigme du monde*, Paris, Éditions du Seuil, coll. « Points Essais », 2000, p. 126.

l'emprise de l'interprétation subjective. Il semble significatif que John of Gaunt inscrive explicitement son discours, certes, dans le sillage du stoïcisme, quand il se persuade que « [t]ous les lieux que l'œil du ciel visite / Sont pour le sage autant de ports et de havres heureux » / « All places that the eye of heaven visits / Are to a wise man ports and happy havens » (I, 3, 275-276), mais aussi dans celui du néostoïcisme qui, à la Renaissance, remettait la doctrine de Zénon de Citium au goût du jour. Jean-Baptiste Gourinat précise :

> Un trait domine dans le néostoïcisme, qui se veut généralement une conciliation du stoïcisme antique et du christianisme, et ce trait peut surprendre étant donné l'importance du déterminisme dans la philosophie stoïcienne : l'insistance sur l'autonomie humaine. Mais cela s'explique en partie par l'importance des thèmes de la constance et de la tranquillité de l'âme. [...] La manière dont le stoïcisme libère l'homme des troubles a été assimilée à une capacité à le soustraire au destin, si bien que le stoïcisme apparaît comme une philosophie du libre arbitre. [...] Le néostoïcisme ne se limite donc pas à une éthique de la constance, car il est inséparable de réflexions sur le déterminisme et la liberté, qui permettent la *restauration* de tout le système même au prix de quelques aménagements. Mais ce sont de tels aménagements qui font précisément que l'on a affaire à un *néo*-stoïcisme[11].

Ce que John of Gaunt, en héritier d'Épictète, tente peut-être de faire comprendre à son fils, c'est que nos pensées dépendent de nous, que nous en sommes maîtres. L'autonomie et le libre arbitre qui restent au banni s'expriment dans la liberté de repenser le réel et de lui donner une signification choisie, dans la volonté de tenir la douleur à distance, de la rendre plus supportable, voire endurable, en appliquant la maxime suivante : « For gnarling Sorrow hath less power to bite / The man that mocks at it and sets it light » (I, 3, 292-293) / « Car le chagrin hargneux mord moins férocement / Celui qui s'en moquant le traite légèrement » – et l'on sait désormais que « [l]a neuro-imagerie permet

11. Jean-Baptiste Gourinat, *Le Stoïcisme*, Paris, PUF, coll. « Que sais-je », 2007, p. 114-115. Les italiques sont de l'auteur.

d'observer comment une croyance parvient à modifier les circuits neurologiques de la douleur »[12].

Or, on ne peut s'empêcher de déceler quelque chose de subversif dans les propos de John of Gaunt, quelque chose de l'ordre de la prolepse ironique. On pense, naturellement, à l'inversion radicale bannisseur/banni, riche d'ironie dramatique quand on est au fait de la rupture de ban et de la déposition à venir. On pense aussi à la suggestion que le père fait à son fils de repenser son exil en un voyage d'agrément, avec pour pré-requis implicite la trempe du voyageur solitaire. Cette suggestion prend, à notre époque, un relief particulier avec l'analyse que Michel Onfray propose dans sa *Théorie du voyage* :

> Le voyageur concentre ces tropismes millénaires : le goût pour le mouvement, la passion pour le changement, le désir forcené de mobilité, l'incapacité viscérale à la communion grégaire, la rage de l'indépendance, le culte de la liberté et la passion pour l'improvisation de ses moindres faits et gestes, il aime son caprice plus que celui de la société dans laquelle il évolue à la manière d'un étranger, il chérit son autonomie placée nettement au-dessus du salut de la cité qu'il habite en acteur d'une pièce dont il ne méconnaît pas la nature farcesque. Loin des idéologies du village natal et de la terre, du sol de la nation et du sang de la race, l'errant cultive le paradoxe de la forte individualité et n'ignore pas que se joue là l'opposition rebelle et radieuse aux lois collectives[13].

Parce que son voyageur contemporain semble posséder toutes les qualités requises – la forte individualité n'étant pas des moindres – pour envisager une « machine de guerre », il pourrait évoquer les personnages de Bolingbroke et de Coriolan.

Repenser le réel, certes, mais en termes d'action et d'efficace ; être maître de sa pensée et de son interprétation, mais franchir l'étape suivante en imposant au réel son empreinte. Autrement dit, la véritable liberté ne peut être de pensée que si elle est appuyée et validée par l'action. Bolingbroke souligne,

---

12. Boris Cyrulnik, *De chair et d'âme*, Paris, Odile Jacob, coll. « Poches », 2008, p. 181.
13. Michel Onfray, *Théorie du voyage. Poétique de la géographie*, Paris, Le Livre de Poche, coll. « Biblio Essais », 2007, p. 14-15.

sans complaisance, les limites de l'échappée conceptuelle. Il n'y voit qu'une construction paradoxale vouée à rester imaginaire, une figure de style – l'oxymore – trahissant un déni du réel. Il remet ainsi en cause un stoïcisme misant sur la capacité de l'individu à l'insensibilité, à « l'invulnérabilité à l'égard des "maux" extérieurs »[14] :

> O, who can hold a fire in his hand
> By thinking on the frosty Caucasus?
> Or cloy the hungry edge of appetite
> By bare imagination of a feast?
> Or wallow naked in December snow
> By thinking on fantastic summer's heat? (I, 3, 294-299)
>
> Oh, qui peut tenir le feu dans sa main
> En pensant au Caucase glacé ?
> Ou rassasier le vorace tranchant de l'appétit
> Par la seule imagination d'un banquet ?
> Ou se rouler nu dans la neige de décembre
> En se représentant la chaleur de l'été ?

Bolingbroke ne croit pas aux « patiences anesthésiques » qui, comme le précise Philippe Grosos, « sont de celles qui, soit, étant insensibles, anesthésient la souffrance, soit, patientant pour toute chose, acceptent tout, c'est-à-dire renoncent à tout. Patience de toutes les compromissions, cette patience – pour l'homme qui veut soi-même et plus que tout *durer* – est celle qui renonce à la "condition même de l'homme", c'est-à-dire à sa sensible finitude comme à sa dignité »[15]. Bolingbroke ne patientera pas. Il ne croit pas aux principes stoïciens qui préconisent un « suprême détachement face à l'événementialité du monde » [16]. Si le « striage » mental comme stratégie d'endurance ne convainc pas le fils, il s'avère un échec pour le père qui le préconisait mais se voit, plus tard, contraint de reconnaître qu'« [e]

---

14. Jean-Baptiste Gourinat, *Le Stoïcisme*, *op. cit.*, p. 98.
15. Philippe Grosos, *L'Inquiète Patience. Essai sur le temps requis*, Chatou, Éditions de la Transparence, 2004, p. 19. Les italiques sont de l'auteur. Philippe Grosos reprend l'expression de « patience anesthésique » de Charles Péguy, dans *Œuvres en prose complètes*, tome III, *Note conjointe sur M. Descartes et la philosophie cartésienne*, éd. Robert Burac, Paris, Gallimard, coll. « Bibliothèque de La Pléiade », 1992, p. 1294.
16. *Ibid.*, p. 21.

n [lui] le chagrin observe un jeûne austère » / « Within [him] Grief hath kept a tedious fast » (II, 1, 75), avant de s'éteindre d'épuisement.

Or, il est intéressant de remarquer que celui qui propose de repenser le réel, de tenter de lui résister en lui substituant son propre espace mental, est aussi celui qui a une conscience aiguë de l'histoire et de la géographie du royaume, celui qui sait se faire chorographe[17].

b. Vers une nouvelle cartographie

Lorsqu'il fait l'éloge du royaume, John of Gaunt se représente l'Angleterre comme « [c]ette pierre précieuse sertie dans une mer d'argent » / « This precious stone set in the silver sea » (II, 1, 46). Sa métaphore s'éloigne de la réalité, c'est-à-dire de ce qu'est littéralement devenu le territoire sous le règne de Richard II. Or, cette réalité, voici qu'il l'exprime aussi sous forme métaphorique :

> England, bound in with the triumphant sea,
> Whose rocky shore beats back the envious siege
> Of wat'ry Neptune, is now bound in with shame,
> With inky blots and rotten parchment bonds. (II, 1, 61-64)
>
> L'Angleterre, que ceinture la mer triomphante,
> Dont la côte rocheuse repousse le siège hostile
> De l'humide Neptune, est maintenant ceinturée par la honte,
> Par les taches d'encre des contrats, des parchemins pourris.

John of Gaunt a en lui quelque chose du chorographe qui fait coexister réel et imaginaire, comme les cartographes du XVIe siècle. David Ducros a mis en lumière le statut ambivalent

17. David Ducros rappelle l'organisation de la géographie en trois catégories issues de la division ptoléméenne : la cosmographie (astronomie descriptive), la chorographie (description d'un pays) et la topographie (représentation graphique, avec indication du relief). Voir David Ducros, « Mapping the Kingdom : les cartographes élisabéthains et l'image de la nation », dans Ronald Shusterman (dir.), *Cartes, Paysages, Territoires*, Pessac, Presses universitaires de Bordeaux, 2000, p. 130. Pour une définition plus approfondie de la cosmographie, de la géographie, de la chorographie, de la topographie et de l'arpentage, voir François de Dainteville, *Le Langage des géographes. Termes, signes, couleurs des cartes anciennes, 1500-1800*, Paris, Éditions A. et J. Picard, 2002.

de la carte à la Renaissance, cette carte qui « emprunte en effet autant aux sciences mathématiques qu'à l'art pictural », et a constaté que la cartographie ne se bornait pas à une représentation réaliste :

> [...] si l'emplacement des lieux, les contours des territoires, sont généralement bien restitués, on remarque cependant que les collines ont l'aspect de gigantesques taupinières, que le tracé des rivières est considérablement accentué, et que les océans sont peuplés de monstres marins aux proportions inquiétantes. Où s'arrête le réel ? Où commence l'imaginaire[18] ?

Grâce à son espace mental, John of Gaunt appréhende la richesse du territoire indépendamment du contrôle politique qui en est fait. C'est une image similaire, toujours de sertissage, qu'il suggère à son fils pour repenser la sombre réalité du bannissement : « The sullen passage of thy weary steps / Esteem as a foil wherein thou art to set / The precious jewel of thy home return » (I, 3, 265-267) / « La sombre procession de tes pas fatigués / Tiens-là pour la monture où tu sertiras / Le précieux joyaux de ton retour ». Par sa pensée, par ses facultés de représentation, c'est-à-dire de recomposition, John of Gaunt essaie de résister à une sentence politique dont les conséquences sont géographiques : la mise au ban. C'est le politique qui décide de l'orientation géographique, qui a le pouvoir de mettre hors-carte. Or, John of Gaunt fait comme si l'espace mental pouvait redessiner l'espace réel sans tenir compte du sceau du monarque, l'appréhender sans passer par le prisme de la condamnation politique.

Son attitude peut évoquer celle des cartographes qui succédèrent à Christopher Saxton et être mise en parallèle avec l'évolution de la cartographie. Les cartes de Saxton, éditées en 1579, présentent avant tout une image politique de l'Angleterre, « une invasion du pictural par le politique »[19], pour reprendre les

18. David Ducros, « "Mapping the kingdom" : les cartographes élisabéthains et l'image de la nation », dans Ronald Shusterman (dir.), *Cartes, Paysages, Territoires*, *op. cit.*, p. 129

19. *Ibid.*, p. 133.

termes de David Ducros ; elles sont « un support visuel sur lequel se construit un discours d'autorité », « l'instrument par lequel le royaume peut être efficacement gouverné »[20] ; elles revendiquent « le territoire comme la possession du monarque », rappelant que « l'autorité de la reine s'exerce sur toutes les parties du royaume, sans exception », que « l'attachement à la patrie est indissociable du devoir d'allégeance »[21]. C'est l'héritage du cadre médiéval dans lequel, écrit François Laroque, « le corps du roi et la carte du royaume s'identifient l'un à l'autre et se superposent »[22]. Or, dans les dernières années du règne d'Élisabeth Ire, cette tendance évolue avec les travaux de John Norden et de John Speed : « On y perçoit [...] une volonté sincère de replacer l'homme au cœur de la représentation, de lui permettre, par le biais de la cartographie, de se réapproprier le territoire »[23]. Ce qui signifie que « les armes royales sont repoussées vers la marge, comme si leur intérêt apparaissait tout à coup secondaire, comme si une autre forme d'autorité, celle du territoire, cherchait à s'affirmer et à se substituer à celle du pouvoir politique »[24]. Que fait John of Gaunt quand il loue le royaume d'Angleterre ? Il rappelle que c'est la terre qui fait le politique et non l'inverse, qu'elle est « [c]ette nourrice, cette matrice féconde en princes royaux » / « This nurse, this teeming womb of royal kings » (II, 1, 51). Il déplore que la géographie dépende à ce point du politique et laisse entendre que l'amour de la terre ne va pas nécessairement de pair avec le devoir d'allégeance, que le rapport authentique du sujet au territoire national peut avoir lieu sans la médiation pesante du politique.

20. *Id.*

21. *Ibid.*, p. 132.

22. François Laroque, « *Richard II* : le corps et la carte », dans Henri Suhamy (dir.), *Richard II. William Shakespeare*, *op. cit.*, p. 71.

23. David Ducros, « Mapping the Kingdom : les cartographes élisabéthains et l'image de la nation », dans Ronald Shusterman (dir.), *Cartes, Paysages, Territoires*, *op. cit.*, p. 136.

24. *Id.*

Il est donc paradoxalement possible de voir dans le discours de John of Gaunt et dans l'évolution de la cartographie, qui nous convient à regarder le territoire par le prisme d'un espace mental s'éloignant d'une définition politique, une même forme de résistance – aussi symbolique soit-elle. On ignore si Bolingbroke a recours à des cartes pour préparer sa rupture de ban. Ce qui semble certain, en revanche, c'est que pour lui la résistance passe par l'action, une action qui se déroule sur un espace physique et qui va pousser le bannisseur lui-même dans ses retranchements imaginaires, dans ses délires mentaux.

2. Prise de conscience et lâcher-prise (ou pas ?)

Les destins de Richard II et de Lear invitent à la comparaison. Victimes de l'effet talion de la « déterritorialisation », figures tragiques du bannisseur banni, Richard II est déposé tandis que Lear est mis hors de chez ses filles. Que l'un finisse ses jours dans un lieu clos (la prison de Pomfret) ou que l'autre semble voué à errer à travers un territoire « haptique » (son ancien royaume dévasté), tous deux sont pris dans des espaces dénués de visibilité. Cette absence d'horizon suscite chez les rois déchus à la fois une prise de conscience et un lâcher-prise. Prise de conscience, d'une part, d'un dysfonctionnement passé auquel il n'est plus temps de remédier. « Oui, j'ai déréglé le temps et maintenant le temps me dérègle » / « I wasted time, and now doth Time waste me » (V, 5, 49), constate Richard dans sa cellule. Quant à Lear, il reconnaît sur la lande : « O, I have ta'en / Too little care of this » (III, 4, 32-33) / « Oh ! je me suis / Trop peu préoccupé de cela ». Lâcher-prise, d'autre part, au sens où ils « laissent échapper »[25], l'un, sa couronne, l'autre, sa raison, où ils perdent pied, c'est-à-dire où ils perdent le contrôle non seulement de l'espace dans lequel ils se meuvent, mais aussi de ce qu'ils sont au plus intime d'eux-mêmes. Richard II sombre dans l'entropie : il rentre

25. Alain Rey, *Dictionnaire historique de la langue française*, *op. cit.*, art. « lâcher », tome 2, p. 1952.

en lui-même[26] et monologue. Lear est gagné par la folie : il sort de lui-même et devient ventriloque. Il semble qu'ils présentent alors les deux types d'intériorité extrême qu'analyse Emmanuel Housset. En se repliant sur lui-même, Richard II ramène toute altérité à soi et n'exhibe qu'une « intériorité close », une « intériorité [qui] consiste à faire de soi-même un spectacle »[27]. Lear, en revanche, déploie une « intériorité ouverte » à l'excès, un espace mental s'offrant à tous les vents, « un lieu où une altérité peut se manifester »[28], cette altérité étant ici celle de la folie, de l'inquiétante étrangeté.

a. Intériorité close, repli sur soi, « non-vouloir-saisir »

On se souvient du motif de la sourde oreille : Richard II n'a jamais été attentif aux autres, tout au plus a-t-il écouté les flatteurs qui lui renvoyaient ses propres paroles et les attentes de son ego en échos doucereux. Dès le début de la pièce tragique, il incarne « l'intériorité bloquée en elle-même et incapable d'être disponible à l'altérité du monde »[29]. À la fin de la pièce, cette « intériorité bloquée en elle-même » est clairement donnée à entendre avec le monologue que fait Richard II dans la prison de Pomfret où, par la force des choses, « il n'y a pas d'autre créature que [lui]-même » / « [there] is not a creature but [himself] » (V, 5, 4).

Le repli sur soi qu'opère Richard II dans sa cellule est la conséquence de son attitude dès lors qu'il est confronté à la rupture de ban de Bolingbroke : le lâcher-prise, ou encore ce que Roland Barthes appelle « le N.V.S. »[30] mais qui s'appliquerait ici à la sphère politique et non au champ amoureux. C'est-à-dire que Richard II donne l'impression d'abandonner tout vouloir-saisir à l'égard du pouvoir : il trouve refuge dans son propre espace

26. C'est l'une des acceptions du terme : « action de rentrer en soi-même », *ibid.*, art. « entropie », tome 1, p. 1258.
27. Emmanuel Housset, *L'Intériorité d'exil. Le soi au risque de l'altérité*, *op. cit.*, p. 15.
28. *Id.*
29. *Ibid.*, p. 172.
30. Le « non-vouloir-saisir ». Roland Barthes, *Fragments d'un discours amoureux*, *op. cit.*, p. 275.

mental sans envisager un possible champ d'action. Lors de la rencontre de Flint Castle, il s'interroge sur l'attitude à tenir et anticipe sa propre déposition :

> What must the King do now? Must be submit?
> The King shall do it. Must he be deposed?
> The King shall be contented. Must he lose
> The name of King? I'God's name, let it go. (III, 3, 143-146)
>
> Que doit faire le roi à présent ? Doit-il se soumettre ?
> Le roi le fera. Doit-il être déposé ?
> Le roi s'y résoudra. Doit-il perdre
> Le nom de roi ? Par Dieu, qu'il l'abandonne.

Le « non-vouloir-saisir » fonctionne bien comme « un substitut retourné du suicide »[31] : Richard II se dit prêt à troquer « [son] vaste royaume pour une petite tombe, / Une petite, petite tombe, une tombe obscure » / « [his] large kingdom for a little grave, / A little, little grave, an obscure grave » (III, 3, 153-154). Le geste que fait Richard II en laissant tomber le miroir, dans la scène de la déposition, devient emblématique de son lâcher-prise. Et quand il constate « le voilà, brisé en mille éclats » / « there it is, cracked in an hundred shivers » (IV, 1, 289), on comprend qu'il parle aussi de lui-même, qu'il théâtralise son intériorité mise en pièces.

En route vers la prison qui s'éprouve pour lui comme un exil, Richard II – comme John of Gaunt l'avait fait pour son fils avant le départ de ce dernier – invite Isabel à repenser le réel dans un double mouvement, d'abord rétrospectif :

> Learn, good soul,
> To think our former state a happy dream,
> From which awaked, the truth of what we are
> Shows us but this. (V, 1, 17-20)
>
> Apprends, chère âme,
> À penser que notre grandeur d'autrefois n'était qu'un rêve heureux,
> Et qu'en nous réveillant, la vérité de ce que nous sommes
> Ne nous montre que ceci.

31. *Id.*

Puis, prospectif :

> Good sometimes queen, prepare thee hence for France.
> Think I am dead, and that even here thou tak'st,
> As from my death-bed, thy last living leave. (V, 1, 37-39)
>
> Chère femme qui fus reine, prépare-toi à partir pour la France.
> Pense que je suis mort, et qu'ici-même, comme si j'étais sur
> mon lit de mort,
> Tu me dis adieu pour la dernière fois de ta vie.

John of Gaunt tentait tout à la fois d'adoucir le réel et de lui offrir une forme de résistance. Richard II, pour sa part, le durcit, le noircit et prétend s'en détacher radicalement – « Think I am dead ». Or, une fois dans sa cellule, s'il semble échapper à la réalité de son emprisonnement et de son isolement, c'est par le petit théâtre mental qu'il entend mettre en place de façon permanente :

> My brain I'll prove the female to my soul,
> My soul the father, and these two beget
> A generation of still-breeding thoughts;
> And these same thoughts people this little world,
> In humours like the people of this world,
> For no thought is contented. (V, 5, 6-11)
>
> De ma cervelle je ferai la femelle de mon esprit,
> Mon esprit sera le père et ces deux-là engendreront
> Une génération de pensées se reproduisant sans cesse,
> Et ces mêmes pensées peupleront ce petit monde,
> Semblables en leurs humeurs au peuple de ce petit monde ;
> Car aucune pensée ne trouve en soi sa plénitude.

Mais son théâtre tourne à vide. L'illusion ne prend pas, il s'en rend compte et constate : « Thus play I in one person many people, / And none contented » (V, 5, 31-32) / « Ainsi à moi tout seul je joue maints personnages, / Dont aucun n'est content ». L'échappée temporaire le ramène impitoyablement à la perte, au néant, à ce qu'il est devenu : rien. Elle échoue à tromper le temps. Pour Clotilde Thouret, le contenu mais aussi la forme participent d'un trompe-l'œil :

> […] parce que le propos est pris dans sa mise en scène explicite, parce que la composition du discours intérieur est exhibée, le discours équivaut en fait à la paraphrase d'un monologue que Richard se refuse à faire. Aucun « je » ne prend plus en charge les paroles : elles sont attribuées aux pensées que le personnage anime comme des marionnettes. Le discours s'énonce en disant précisément qu'il ne s'énonce pas[32].

Même le cadre est faux et l'on pourrait dire, en filant la métaphore, qu'il n'y a plus d'accroche. Clotilde Thouret conclut : « Ce monologue nous place ainsi devant l'effondrement d'un sujet qui prétendait se constituer lui-même, et devant l'effacement d'une subjectivité en lieu et place de ce qui devrait témoigner de sa présence »[33].

La prise de conscience de n'être plus rien engendre un repli sur soi qui passe, chez Richard, par une théâtralisation narcissique. Chez Lear, elle déclenche une ouverture, une traversée de l'être par la folie qui, si elle se traduit, elle aussi, par une mise en scène du personnage, permet surtout une percée temporaire dans les coulisses du théâtre social. Autrement dit, l'espace mental que donne à voir la folie fonctionne comme un miroir du réel, y fait retour, le perce à jour. L'intériorité ouverte à l'excès par la folie donne accès à un regard sans complaisance sur la société.

b. Le « mode limite de la folie »[34], le paradoxe de « reason in madness »

Poussé à bout par l'ingratitude et l'inflexibilité de ses filles, Lear se délocalise mentalement avec violence : « No, rather I abjure all roofs, and choose / To be a comrade with the wolf and owl, / To wage against the enmity o'th'air » (II, 2, 373-375) / « Non, plutôt abjurer tout abri, et choisir / D'affronter l'inimitié de l'air, / Avoir pour compagnon le loup et la chouette ». Cette

---

32. Clotilde Thouret, « Le trompe-l'œil du monologue de la prison, ou le reflet du miroir brisé », dans Pascale Drouet (dir.), *Shakespeare au XXe siècle : Mises en scène, mises en perspective de* King Richard II, *op. cit.*, p. 130.
33. *Ibid.*, p. 134.
34. L'expression est d'Emmanuel Housset, *L'Intériorité d'exil. Le soi au risque de l'altérité*, *op. cit.*, p. 181.

délocalisation mentale va se vivre sur le mode de la « déterritorialisation », car Lear se prive ainsi de ce que Jean-David Devaux appelle son « espace-sujet », c'est-à-dire l'« espace vécu », l'« espace enrichi et déformé par le filtre perceptif et psychologique », l'« espace du mélange d'instants et de références, instance qui devient substance »[35]. Cet « espace-sujet », c'est celui qui « concentre de l'être à l'intérieur des limites qui le protègent »[36]. La représentation que Lear, en tant que monarque, a des autres catégories spatiales (transcendantale, physique et sociale) s'en trouve affectée – on pense à son apostrophe animiste aux éléments, à sa vision apocalyptique de la tempête, au procès imaginaire qu'il intente à ses filles dans le Quarto. Le fait qu'il se trouve soudainement plongé dans un espace « lisse » et sombre dans la folie ajoute à la déformation de sa perception spatiale[37]. Il semble dès lors logique, si l'on peut dire, que Lear devienne fou, qu'il s'évade dans le hors-monde que constitue son univers mental altéré.

Le discours de Lear se fait autre, tout empreint de folie et guidé par elle, parce que Lear découvre chez ses filles une attitude radicalement autre (ingrate, irrespectueuse, inhumaine) que celle qu'il escomptait et qu'à partir de ce moment-là il n'est plus, pour reprendre les termes d'Emmanuel Housset, qu'« un individu exposé sans retrait possible à une altérité face à laquelle il demeure sans prise »[38]. En quelque sorte, face à l'altérité, Lear passe d'une intériorité bloquée (lors de la scène du partage du royaume, il n'écoute personne si ce n'est lui-même et la flatterie qu'il commande) à une intériorité ouverte, mais trop ouverte, soit « totalement livrée à l'extériorité sans aucune distance possible »[39] (sur la lande, il s'identifie à « Poor Tom » jusqu'à la déraison). La folie de Lear semble alors relever davantage du traversé-par que du lâcher-prise. D'une part,

---

35. Jean-David Devaux, *Les Espaces de la folie*, Paris, L'Harmattan, 1996, p. 12.
36. *Id.* L'auteur reprend ici l'analyse de Gaston Bachelard dans *La Poétique de l'espace* (1957), Paris, PUF, coll. « Quadrige », 1994.
37. *Ibid.*, p. 9.
38. Emmanuel Housset, *L'Intériorité d'exil. Le soi au risque de l'altérité*, *op. cit.*, p. 171.
39. *Ibid.*, p. 172.

parce que Lear manifeste sa volonté d'endurer : « I will be the pattern of all patience. / I will say nothing » (III, 2, 36-37) / « je serai le modèle de toute patience, / Je ne dirai rien ». D'autre part, parce que *ça* parle à travers lui et que *ça* articule une critique morale et sociopolitique pertinente : « Oh ! bon sens et délire mêlés, / Raison dans la folie » / « O, matter and impertinency mixed – / Reason in madness! » (IV, 5, 164-165), commente Edgar en aparté. L'univers mental de Lear se fait espace alternatif : il met en cause l'espace mal « strié » de la société qui se révèle alors trompe-l'œil et s'approche au plus près du réel en laissant derrière soi les apparences. Comme le souligne Kiernan Ryan, « par sa "folie" désenchantée, Lear s'expulse dans un espace libre situé hors du cadre perceptuel imposé par une société de classes, un espace dans lequel il est bientôt rejoint par l'aveugle Gloucester, une fois que ce-dernier a, lui aussi, appris à "voir... sensiblement" »[40].

C'est lorsque Lear est devenu « [a]ussi fou que la mer en furie » / « As mad as the vexed sea » (IV, 3, 2) qu'il délivre sa diatribe contre les vices impunis de la société et qu'il retrouve paradoxalement l'usage du « je »[41] : « I am the King himself » (IV, 5, 83-84) / « Je suis le roi en personne ». C'est un « je » qui dit son statut royal, mais aussi la nouvelle conscience de sa vulnérabilité, de son humanité : « I am not ague-proof » (IV, 5, 102) / « je ne suis pas à l'abri de la fièvre ». Aussi peut-on penser que, dans *King Lear*, « la folie est un mode limite du pouvoir de dire je, de se représenter et de se maîtriser »[42], ainsi que le mode limite d'une acuité personnelle portée sur la société.

Si les univers mentaux respectifs de John of Gaunt, de Richard II et de Lear s'apparentent de l'extérieur (d'un point de vue rationnel) à des échappatoires utopiques, à des « non-vouloir-saisir »

---

40. Kiernan Ryan, « 'King Lear': The Subversive Imagination », dans Kiernan Ryan (dir.), *King Lear*, Basingstoke, Palgrave, coll. « New Casebooks », 1993, p. 79 (ma traduction ; pour la citation dans la citation, « see... feelingly », c'est celle de Jean-Michel Déprats).
41. L'idée est de Charlotte Coffin.
42. Emmanuel Housset, *L'Intériorité d'exil. Le soi au risque de l'altérité*, *op. cit.*, p. 170.

morbides ou à des décrochages de logique, ils constituent néanmoins une forme de résistance dans la mesure où ils sont le lieu psychique d'une circulation qui défie l'agencement et les limites physiques. Ils permettent de relier des espaces inattendus entre eux et de tisser des liens insoupçonnés, au lieu d'opérer des scissions, de mettre en place des cloisons étanches, de s'isoler dans l'ailleurs de l'exclusion. Comme « la folie circulante » à l'époque médiévale, ils figurent « le lieu imaginaire du passage »[43]. Ce qui se joue dans ces espaces mentaux, qu'ils soient le produit de l'imaginaire conscient ou de la folie pure, c'est la recréation d'une libre circulation qui échappe à la dialectique tranchée de l'inclusion et de l'exclusion, et qui pourrait aider à repousser les limites de l'endurance.

II. Limites de l'endurance, manifestations de l'épuisement

> But I will punish home.
> No, I will weep no more. – In such a night
> To shut me out? Pour on, I will endure.
> In such a night as this! O Regan, Goneril,
> Your old kind father, whose frank heart gave all –
> O, that way madness lies. Let me shun that.
> No more of that. (III, 4, 16-22)

> Mais je saurai punir comme il faut :
> Non, je ne pleurerai plus. Par une nuit pareille,
> Me laisser dehors ? Déverse-toi ! J'endurerai tout :
> Par une nuit pareille ! Ô ! Régane, Goneril,
> Votre bon vieux père, dont le cœur généreux vous donna tout,
> Oh ! c'est par là que guette la folie ; fuyons cela ;
> Assez.

Tout encore frappé de stupeur devant l'attitude contre-nature de ses filles, Lear tente tant bien que mal de se raisonner, d'éviter la déraison, de mettre en place une stratégie de défense – « I will endure ». Il opte pour l'endurance, l'aptitude à « résister

43. Judith Revel, *Le Vocabulaire de Foucault*, Paris, Ellipses, coll. « Vocabulaire de... », 2009, art. « folie », p. 56.

à la fatigue, à la souffrance »[44] et, dans le cas présent, à supporter l'insupportable au moyen du déni – « Let me shun that. / No more of that ». Le déni, dont le risque à long terme est de conduire au délire, est utilisé dans l'immédiat pour combattre la stupeur de Lear : éviter que l'engourdissement et l'inertie n'aient raison de lui et ne fassent le lit de la folie, nier ce qui relève de l'aberrant et ne fait pas sens. La dialectique de l'indignation et de la résignation, qu'on sent à l'œuvre dans les propos de Lear, va s'orienter vers une dialectique de l'endurance et de l'épuisement, épuisement physique et psychique, mais aussi intellectuel : comment continuer à trouver un sens à ce qui nous entoure ? Endurer, c'est « souffrir avec patience »[45], repousser toujours plus loin les limites de l'épuisement, puiser dans ses propres ressources jusqu'à s'épuiser, jusqu'à éprouver la crise du sens. Dans *King Lear*, « [l]e monde inquiétant de la folie révèle l'étonnante fragilité du monde "normal" et la nécessité de sans cesse porter le sens du monde, dans l'exigence surhumaine de ne pas céder à la fatigue »[46]. Lear et Gloucester – et, dans une moindre mesure, John of Gaunt et Richard II – sont mis à l'épreuve… jusqu'à épuisement. Se posent alors les questions suivantes : à quel moment l'endurance atteint-elle ses limites ? Quelle durée peut-elle endurer ? Quel pic d'intensité peut-elle atteindre ? Quelles sont les manifestations de l'épuisement ?

1. Endurer la durée, supporter le supplice

« Résister à la fatigue, à la souffrance » s'inscrit nécessairement dans le temps – « durer », c'est aussi « résister aux atteintes du temps »[47]. Quand cette durée de résistance est vécue comme interminable, celui qui endure en vient à s'apparenter à une figure de supplicié, voire de miraculé si l'on a en mémoire le commentaire de Kent à la mort de Lear : « The wonder is he hath endured

44. Alain Rey, *Dictionnaire historique de la langue française*, *op. cit.*, art. « endurer », tome 1, p. 1238.
45. *Id.*
46. Emmanuel Housset, *L'Intériorité d'exil. Le soi au risque de l'altérité*, *op. cit.*, p. 182.
47. Alain Rey, *Dictionnaire historique de la langue française*, *op. cit.*, art. « durer », tome 1, p. 1147.

so long. / He but usurped his life » (V, 3, 291-292) / « Le miracle est qu'il ait enduré si longtemps : / Il usurpait sa vie ». Pour des pièces tragiques comme *King Lear*, où les dieux païens semblent absents, et *King Richard II*, où la doctrine du droit divin est remise en question, l'analyse de Bernard Noël peut venir à l'esprit :

> Depuis qu'il n'y a plus de figure centrale, c'est-à-dire de figure divine, on garde la nostalgie du centre parce que c'est plus simple qu'il y ait du centre. Pour savoir où l'on va. Il me semble qu'il n'y a plus d'infini. Il y a de l'interminable. Le problème de l'homme est d'assumer cet interminable[48].

Tout se passe comme si le supplice se substituait à toute forme de transcendance salvatrice.

a. *King Richard II* ou le « théâtre de la dégradation »

Dans sa cellule à Pomfret, Richard II fait l'expérience du temps qui n'en finit pas de s'égrener, comme si ce temps était déréglé et infiniment ralenti, soulignant par son étirement le néant du roi déposé et le supplice qu'est son ressenti – l'étirement temporel pourrait se lire comme une variante métaphorique du supplice de l'écartèlement. Richard II pressent ce que peut être la durée dans son extensibilité maximale, interminable comme l'étrange mécanisme perpétuel qu'il a l'impression d'être devenu :

> I wasted time, and now doth Time waste me;
> For now hath Time made me his numb'ring clock.
> My thoughts are minutes, and with sighs they jar
> Their watches on unto mine eyes, the outward watch,
> Whereto my finger, like a dial's point,
> Is pointing still, in cleansing them from tears.
> Now, sir, the sound that tells what hour it is
> Are clamorous groans which strike upon my heart,
> Which is the bell. So sighs, and tears, and groans
> Show minutes, times, and hours. But my time
> Runs posting on in Bolingbroke's proud joy,
> While I stand fooling here, his jack o'the clock. (V, 5, 49-60)

48. Bernard Noël, *L'Espace du poème. Entretiens avec Dominique Sampiero*, Paris, P.O.L, 1998, p. 19.

> Oui, j'ai déréglé le temps et maintenant le temps me dérègle.
> Car maintenant le temps a fait de moi l'horloge qui le mesure ;
> Mes pensées sont des minutes, et par des soupirs scandent
> Fébrilement leurs périodes dans mes yeux, ce visible cadran
> Que mon doigt comme une aiguille
> Pointe toujours, du fait qu'il en essuie les larmes,
> Or monsieur, le son qui indique l'heure
> C'est la clameur des gémissements qui cognent contre mon cœur,
> Lequel est le timbre… Ainsi soupirs, larmes et gémissements
> Marquent les minutes, les heures et les périodes. Mais mon temps
> Court la poste, chevauchant l'orgueilleuse joie de Bolingbroke,
> Tandis que je bouffonne ici, et suis son jacquemart d'horloge.

Comme le souligne François Laroque : « Le souverain qui est normalement le “primum mobile”, la source de tout mouvement autour de lui, a perdu son autonomie et son pouvoir d'initiative pour devenir un pantin au service de la nouvelle machinerie du pouvoir qui a confisqué l'ordre du temps à son profit »[49]. Réduit à un jaquemart, Richard II s'éprouve à contre-emploi, à contre-temps. La mesure rompue, l'harmonie faussée, la discordance musicale – métaphores des dysfonctionnements du temps de son règne – lui deviennent aussi insupportables que le miroir qui lui renvoyait son reflet. Cette discordance, cette musique « aigre » / « sour » (V, 5, 42) – soit ce qui s'entend comme : « extremely distasteful or disagreeable »[50] – prendrait presque une dimension de supplice :

> This music mads me! Let it sound no more;
> For though it have holp madmen to their wits,
> In me it seems it will make wise men mad. (V, 5, 61-63)
>
> Cette musique me rend fou. Qu'elle s'arrête,
> Car bien qu'elle ait aidé des fous à retrouver l'esprit,
> En moi il semblerait qu'elle rendra fou le sage.

49. François Laroque, « Temps et contretemps dans *Richard II* », dans Guillaume Winter (dir.), *Autour de Richard II de William Shakespeare*, *op. cit.*, p. 40.
50. *Oxford English Dictionary Online*, Oxford University Press, 2009, art. « sour, *a.* and *n.* », A. adj. II. 5. a.

On pense à l'usage pervers que Ferdinand fait de la musique et du chant discordant dans *The Duchess of Malfi*, lorsqu'il impose à sa sœur emprisonnée « la clameur démente / [...] de ces fous » / « the wild consort / Of madmen » (IV, 2, 1-2) – fous qui produisent, en outre, « un air funèbre » / « *a dismal kind of music* » (V, 2, didascalie entre 60 et 61)[51]. Le but affirmé de Ferdinand est de supplicier sa sœur avant de la faire assassiner.

Il suffit de replacer la scène de la prison dans la chronologie de la pièce tragique pour comprendre qu'elle est l'aboutissement d'un lent processus de dégradation. Roland Barthes ne s'y trompe pas quand il écrit : « *Richard II* n'est pas l'histoire d'un roi précipité, c'est celle d'une longue descente au malheur »[52]. Il précise :

> Le théâtre tragique est toujours un théâtre de la dégradation, le malheur s'y dévoile de figure en figure, car ce qui est proprement tragique, ce n'est pas que l'homme soit abattu, c'est qu'il soit entraîné dans une connaissance de sa disgrâce [...]. Ceci est très exactement le cas de *Richard II*, où le roi triomphant *connaît* peu à peu la ligne de son malheur ; il importe donc que cette connaissance soit discursive, que le roi désinvolte se pénètre par transissement progressif du froid de sa mort, et qu'à chaque coup du sort, un peu plus du roi malheureux ressorte, et colore davantage le roi prédateur[53].

C'est ce qui est à l'œuvre dans la longue deuxième scène du troisième acte (avec l'enchaînement des mauvaises nouvelles apportées par Salisbury et Scroop) et qui n'en finit pas de culminer dans la scène de la déposition. Car la déposition n'est pas le coup de grâce. La question rhétorique de Richard qui semble la clore, « Que reste-t-il d'autre ? » / « What more remains ? » (IV, 1, 222), trouve une réponse inattendue :

---

51. John Webster, *The Duchess of Malfi* (1614), éd. John Russell Brown, Manchester, Manchester University Press, coll. « The Revels Plays », 1996 [1974]. La traduction est celle de Gisèle Venet : John Webster, *La Duchesse d'Amalfi*, introduction, traduction et notes de Gisèle Venet, Paris, Les Belles Lettres, coll. « Théâtre anglais de la Renaissance », 1992.
52. Roland Barthes, *Écrits sur le théâtre*, textes réunis et présentés par Jean-Loup Rivière, Paris, Éditions du Seuil, 2002, « Fin de *Richard II* », p. 65.
53. *Id.* Les italiques sont de l'auteur.

No more, but that you read
These accusations, and these grievous crimes
Committed by your person and your followers
Against the state and profit of this land,
That, by confessing them, the souls of men
May deem that you are worthily deposed. (IV, 1, 222-227)

Rien d'autre que de lire
Ces accusations, et ces crimes graves
Commis par votre personne et par vos partisans
Contre l'État et l'intérêt de ce pays :
Afin que par cette confession les hommes puissent en conscience
Estimer que votre déposition est légitime.

L'humiliation de la confession publique est plus que Richard II ne peut endurer. L'insistance de Northumberland se vit comme un harcèlement qui a tout du supplice, au point que Richard II s'écrie : « Fiend, thou torments me ere I come to hell! » (IV, 1, 270) / « Démon, tu me tortures avant que j'arrive en enfer ». Le miroir, qu'il substitue en fin de compte aux écrits infamants et finit par briser, marque symboliquement, après sa destitution politique, la destruction de son intériorité. Mais resteront encore à endurer les adieux à sa reine, l'emprisonnement à Pomfret, l'image de son propre cheval se laissant fièrement monté par Bolingbroke et l'assaut des assassins.

Dans *King Lear*, la dégradation se vit sous la forme d'une surenchère dans le pire, et le supplice, s'il donne toujours lieu à des métaphores, prend une tournure très littérale.

b. « All the world's a rack » : les suppliciés de *King Lear*

O gods! Who is't can say 'I am at the worst'?
I am worse than e'er I was.
[...]
And worse I may be yet. The worst is not
So long as we can say 'This is the worst'. (IV, 1, 25-28)

Ô dieux ! Qui peut dire : « Je suis au comble du malheur » ?
Je suis plus malheureux que jamais.
[...]
Et je peux être plus malheureux encore : le malheur n'est pas à son comble
Tant qu'on peut dire : « C'est là le comble ».

Alors qu'il venait de prendre du recul par rapport à sa propre situation, de relativiser sa souffrance en se disant qu'« [a]u comble du malheur, / L'être le plus déchu, le plus abattu par la Fortune, / Garde toujours espoir, ne vit pas dans la crainte » / « To be worst, / The low'st and most dejected thing of forturne, / Stands still in esperance, lives not in fear » (IV, 1, 2-4), Edgar/ Poor Tom doit, contre toute attente, faire face à une vision d'horreur : celle de son propre père énucléé. Ainsi, l'humiliation du déclassement et la dégradation alimentaire que sa *persona* lui impose ne sont pas le comble du malheur. Dans *King Lear*, la notion d'interminable rejoint celle du pire ; le superlatif devient relatif pour laisser place à un autre superlatif qui, à son tour, devient relatif, et ainsi de suite. Pour Rosalie Colie, « *King Lear* est une pièce sur la vie dans ce dans tout ce qu'elle inflige de plus atroce »[54]. La dimension de supplice est également soulignée par François Laroque qui voit dans cette tragédie « la descente aux enfers des vieux pères »[55]. Quant à Nathalie Vienne-Guerrin, elle fait ressortir le paradoxe d'une endurance qui alimente le supplice : « La pièce met en scène des mécanismes de résistance ("endure", "patience") qui diffèrent l'anéantissement du supplicié. Ironiquement, ce sont ces mécanismes de résistance et d'évitement qui rendent cette entreprise "pire que le meurtre" en prolongeant le supplice »[56]. La réflexion d'Edgar vient à l'esprit :

> O, our lives' sweetness,
> That we the pain of death would hourly die
> Rather than die at once! (V, 3, 175-177)

> [O]h ! faut-il que nos vies soient douces,
> Pour que nous préférions à toute heure souffrir mille morts
> Plutôt que de mourir d'un coup !

54. Rosalie L. Colie, « The Energies of Endurance: Biblical Echo in *King Lear* », dans Rosalie C. Colie et F. T. Flahiff (dir.), *Some Facets of King Lear: Essays in Prismatic Criticism* (1974), Toronto and Buffalo, University of Toronto Press, 1975, p. 119 (ma traduction).

55. François Laroque, « *King Lear*, le cercle vicieux », dans Pascale Drouet et Pierre Iselin (dir.), *« The true blank of thine eye ». Approches critiques de* King Lear, *op. cit.*, p. 258.

56. Voir Nathalie Vienne-Guerrin, « "'tis worse than murder" (II, 2, 213) : *King Lear* ou les derniers outrages », dans *ibid.*, p. 272.

Le dernier supplice est, en fait, celui de chaque instant. Ceux qui se détachent comme figures de suppliciés sont les bannisseurs bannis, les « vieux pères », les patriarches autrefois redoutables et désormais impuissants, contraints et forcés d'endurer humiliation, mutilation, pratiques contre-nature.

L'interrogatoire que subit Gloucester dans sa propre demeure et la violence du forcer-à-dire à laquelle il lui est impossible de se soustraire – en écho à l'acharnement moral dont Richard II est la cible après sa déposition – font surgir la métaphore du combat d'ours et de chiens : « Je suis lié au poteau, je dois subir la meute » / « I am tied to th' stake, and I must stand the course » (III, 7, 52), se dit Gloucester. Son propos se charge d'ironie dramatique car tout se passe comme si la métaphore se littéralisait : l'agression psychique trouve son point culminant dans la torture physique, dans l'acte inhumain de l'énucléation. L'ironie de l'horreur réside dans le fait qu'on lui arrache les orbites pour presque simultanément lui ouvrir les yeux : le fils qu'il appelle à l'aide, en vain, n'est autre que celui qui l'a trahi. Le père s'est trompé de fils ; il a mis hors la loi le « bon » et accordé sa confiance au « mauvais ». C'est le début de son supplice moral.

Lear suit un cheminement similaire. De son point de vue à lui, ce n'est pas tant l'épreuve physique imposée par les éléments déchaînés, et surpassant la capacité humaine à endurer, qui appelle la métaphore du supplicié que la honte cuisante de se retrouver face à Cordelia, celle qu'il a si injustement répudiée et bannie, celle qui, pourtant, l'a sauvé de sa folie avec tant d'amour :

> You do me wrong to take me out o'th' grave.
> Thou art a soul in bliss, but I am bound
> Upon a wheel of fire, that mine own tears
> Do scald like molten lead. (IV, 6, 38-41)
>
> Vous me faites du tort de m'arracher à la tombe.
> Toi tu es une âme bienheureuse, mais moi je suis attaché
> Sur une roue de feu, mes propres larmes
> Me brûlent comme du plomb fondu.

On pense au supplice éternel d'Ixion attaché dans le Tartare à « une roue enflammée et ailée, possédant quatre rayons tournant sans cesse »[57]. Pour Kent, c'est tout le parcours de Lear, depuis le traitement inhumain que lui infligent ses filles ingrates jusqu'à la douleur insoutenable que provoque la mort de Cordelia – parcours qui a aussi été le sien –, qui suscite la métaphore du supplice :

> Vex not his ghost. O, let him pass. He hates him
> That would upon the rack of this tough world
> Stretch him out longer. (V, 3, 288-290)
>
> Ne tourmentez pas son âme. Oh ! laissez-le s'en aller, c'est le haïr
> Que de vouloir sur le chevalet de tortures de cet âpre monde
> L'étirer plus longtemps.

Si pour Jaques, dans *As You Like It*, « le monde, c'est une scène » / « All the world's a stage » (II, 7, 139)[58], on pourrait dire que pour Kent « le monde, c'est un chevalet de tortures » / « all the world's a rack »[59]. Car ceux qui sont moins suppliciés que les autres sont, à leur tour, au supplice quand ils les voient endurer épreuves après épreuves. C'est le cas pour Kent, mais aussi pour Edgar qui manque d'abandonner sa *persona* en découvrant son père énucléé – « I cannot daub it further » (IV, 1, 52) / « Je ne puis feindre plus longtemps » – et pour qui la vision de Lear en pleine folie près de Douvres est un « spectacle à fendre le cœur » / « side-piercing sight! » (IV, 5, 85). La capacité de Kent et d'Edgar à se décentrer d'eux-mêmes, à s'ouvrir à l'autre et à comprendre sa souffrance de l'intérieur, semble les désigner comme de bons « tuteurs de résilience ».

---

57. Michael Grant et John Hazel, *Dictionnaire de la mythologie*, traduction française d'Étienne Leyris, Paris, Marabout, coll. « marabout université », 1975, art. « Ixion », p. 220.
58. William Shakespeare, *As You Like It* (1599), éd. Alan Brissenden, Oxford, Oxford University Press, coll. « The World's Classics, The Oxford Shakespeare », 1994 [1993]. La traduction est d'Yves Bonnefoy, William Shakespeare, *Comme il vous plaira*, édition et traduction d'Yves Bonnefoy, Paris, Le Livre de Poche, 2003.
59. « Rack, *n.* 3 » : 2. b. « An instrument of torture, usually consisting of a frame on which the victim was stretched by turning two rollers fastened at each end to the wrists and ankles » [Draft Revision Dec. 2009], *Oxford English Dictionary Online*, Oxford University Press, 2009.

c. La défaillance des « tuteurs de résilience »

Dans *Le Murmure des fantômes*, Boris Cyrulnik explique :

> Quand on a connu une situation extrême, quand on a été chassé de la normalité, plusieurs stratégies sont possibles. Quand le fracas a été trop grand, il arrive qu'on éprouve un étrange soulagement à se laisser aller vers la mort. Mais quand la blessure ne nous a pas totalement détruits et que les ressources internes imprégnées au cours de nos attachements précoces nous donnent encore la force de nous raccrocher aux autres, la réintégration dans la normalité dépend alors de l'alentour affectif, social et culturel[60].

Ces « autres » sont alors ceux qu'il appelle des « tuteurs de résilience », c'est-à-dire des personnes qui aident à surmonter un traumatisme, à « s'en sortir »[61]. Dans *King Lear*, Edgar, Cordelia et, dans une moindre mesure, Kent semblent fonctionner comme des « tuteurs de résilience » pour Gloucester et Lear. Or, on les voit défaillir, dans les deux acceptions d'origine du verbe : Cordelia meurt et Edgar commet une erreur[62].

« Je suis cet homme… » / « I am the very man – », dit Kent à Lear, « … qui, dès le début de vos revers et de votre déclin, / A suivi vos tristes pas » / « That from your first of difference and decay / Have followed your sad steps » (V, 3, 261, 263-264). La tragédie du loyal Kent, c'est peut-être de n'avoir pas réussi à devenir un « tuteur de résilience » pour son maître, en dépit de son dévouement sans failles. Quand il dévoile sa *persona* au roi à la fin de la pièce, c'est à peine si Lear, tout à

---

60. Boris Cyrulnik, *Le Murmure des fantômes* (2003), Paris, Odile Jacob, coll. « Poches », 2005, p. 135.
61. Voir à ce sujet « Comment un professionnel peut-il devenir tuteur de résilience ? », dans Boris Cyrulnik et Claude Seron (dir.), *La Résilience ou Comment renaître de sa souffrance ?*, Paris, Éditions Fabert, 2003, p. 23-42. Voir également, pour la notion de résilience, *De chair et d'âme*, *op. cit.* : « […] pour résilier un malheur passé, il faut justement avoir été vulnéré, blessé, traumatisé, effracté, déchiré, avoir subi ces mots qui traduisent le verbe grec *titrôskô* (traumatisme). On peut aussi découvrir en soi et autour de soi quelques moyens qui permettent de revenir à la vie et de reprendre un développement, tout en gardant la blessure dans sa mémoire. Là, on parlera de résilience », p. 20-21.
62. Voir Alain Rey, *Dictionnaire historique de la langue française*, *op. cit.*, art. « faillir », tome 2, p. 1389 : « mourir, disparaître », « faire défaut ; manquer à son devoir ».

sa douleur d'avoir perdu Cordelia, lui prête une oreille attentive. Pour Lear, seule Cordelia aurait pu avoir cette fonction :

> This feather stirs. She lives. If it be so,
> It is a chance which does redeem all sorrows
> That ever I have felt. (V, 3, 239-241)
>
> Cette plume bouge, elle vit ! si cela est vrai,
> C'est un bonheur qui rachète toutes les souffrances
> Que j'ai éprouvées.

Eût-elle vécu, Cordelia aurait pu être à son père ce qu'Edgar avait commencé d'être pour le sien. Elle l'a aidé à recouvrer ses esprits, en le sauvant de son errance et en lui procurant un toit pour se reposer enfin. Elle a invoqué les dieux à cet effet : « O you kind gods, / Cure this great breach in his abusèd nature » (IV, 6, 12-13) / « Ô dieux bienveillants, / Guérissez cette immense brèche dans sa nature malmenée ». Elle lui a insufflé son amour réparateur :

> O my dear father, restoration hang
> Thy medicine on my lips, and let this kiss
> Repair those violent harms that my two sisters
> Have in thy reverence made! (IV, 6, 23-26)
>
> Ô mon père chéri, que la guérison attache
> Son remède à mes lèvres, et que ce baiser
> Répare la violence que mes deux sœurs
> Ont infligée à ton âge vénérable.

Mais l'issue de la guerre et l'ordre d'Edmond de tuer Cordelia en prison sapent toute possibilité de poursuivre le travail amorcé. Lear perd celle qui aurait été son unique « tuteur de résilience » ; Lear s'abîme.

Pour Gloucester, seul Edgar pourrait être un « tuteur de résilience », « un agent de rédemption »[63] dirait Yves Bonnefoy, le déclencheur d'une renaissance qui lui rendrait *autrement* sa vue :

> O dear son Edgar,
> The food of thy abusèd father's wrath –

63. Yves Bonnefoy, *Théâtre et Poésie : Shakespeare et Yeats*, Paris, Mercure de France, 1998, p. 80.

Might I but live to see thee in my touch
I'd say I had eyes again. (IV, 1, 21-24)

Oh ! cher fils Edgar,
Aliment du courroux de ton père abusé !
Puissé-je vivre assez longtemps pour te voir par le toucher,
Et je dirai que j'ai retrouvé mes yeux.

Le simple fait de toucher de ses mains le visage de son fils serait en soi un acte de réparation, un rachat de son injustice, une manière de dire son amour, sa douceur, sa honte et sa compassion. Par contraste avec « la main qui manipule » d'Edmond (on se souvient qu'il contrefait l'écriture de son frère), celle de Gloucester serait « la main qui comprend »[64], la main qui ressent et qui « accepte d'être pour et par cette altérité qui la touche »[65]. L'intention d'Edgar est bien de venir en aide à son père et c'est ainsi qu'il justifie la mise en scène de la falaise : « Why I do trifle thus with his despair / Is done to cure it » (IV, 5, 33-34) / « Si je joue avec son désespoir / C'est pour l'en guérir ». Or, il a déjà eu l'intuition qu'il aurait peut-être mieux valu dévoiler d'emblée son identité, car c'est « [t]riste besogne que de jouer le fou devant la douleur, / Pour son irritation et celle d'autrui » / « Bad is the trade that must play fool to sorrow, / Ang'ring itself and others » (IV, 1, 39-40). Et quand il se révèle à son père, l'intensité émotionnelle est telle que le cœur de Gloucester lâche. Il se révèle trop tard, à contretemps, et prend amèrement conscience de son erreur :

[...]; [I] became his guide,
Led him, begged for him, saved him from despair;
Never – O fault! – revealed myself unto him
Until some half hour past, when I was armed. (V, 3, 181-184)

[...] ; je devins son guide,
Le conduisis, mendiai pour lui, le sauvai du désespoir,
Jamais (Oh ! quelle faute !) je ne me suis révélé à lui
Jusqu'à il y a une demi-heure, lorsque je fus en armes.

64. La distinction est d'Emmanuel Housset, *L'Intériorité d'exil. Le soi au risque de l'altérité*, *op. cit.*, p. 283.
65. *Ibid.*, p. 290-291.

Son erreur est d'avoir surestimé la capacité d'endurance de son père, de n'avoir pas su évaluer le degré de son épuisement.

2. L'épuisement : manifestations psychiques et physiques

a. « This world I do renounce » : décider d'en finir

En endurant une cruauté innommable, « cet acte horrible » / « this horrid act » (III, 7, 84), puis en apprenant la trahison contre-nature de son fils illégitime, Gloucester fait « l'épreuve d'une altérité en soi inappropriable par le sujet »[66]. Aveugle, il est condamné à l'errance dans un espace « haptique » dans lequel « [t]out est sombre et désolé » / « All [is] dark and comfortless » (III, 7, 83). Lui fait écho, à la fin de la tragédie, la réplique de Kent : « All's cheerless, dark, and deadly » (V, 3, 265) / « Tout est sans joie, sombre et funèbre ». « Monsieur, je dois bientôt partir en voyage : / Mon maître m'appelle, je ne dois pas dire non » / « I have a journey, sir, shortly to go: / My master calls me; I must not say no » (V, 3, 296-297) : si Kent décline l'offre d'Albany pour un co-gouvernement et laisse entendre que son suicide est imminent, c'est que, sans roi ni maître, le royaume n'est plus qu'un espace « lisse » dépourvu de lien et de sens. L'analyse d'Emmanuel Housset pourrait éclairer les personnages de Kent et de Gloucester à ce stade de leur développement respectif :

> Pour un sujet ainsi privé de sa transcendance, c'est-à-dire de sa liberté, la vie n'est plus qu'une nuit noire dans laquelle rien ne se passe : la vie individuelle se trouve réduite à une fatalité intérieure dans une temporalité tragique. Cet événement non appropriable n'est pas ici ce qui me fait devenir autre que ce que j'imaginais pouvoir être, mais il supprime tout pouvoir d'être et, ici, l'intériorité est exposée à la possibilité de sa propre disparition[67].

Il n'est guère étonnant que Gloucester songe à se donner la mort et s'adresse en ces termes à Edgar/Poor Tom :

---

66. *Ibid.*, p. 191.
67. *Id.*

There is a cliff whose high and bending head
Looks fearfully in the confinèd deep.
Bring me but to the very brim of it
And I'll repair the misery thou dost bear
With something rich about me. From that place
I shall no leading need. (IV, 1, 67-72)

Il y a là-bas une falaise dont la haute tête penchée
Regarde avec effroi l'abîme qu'elle enserre.
Conduis-moi seulement jusqu'à son bord extrême,
Et je réparerai la misère que tu endures
Par quelque riche objet : une fois là-bas
Je n'aurai plus besoin de guide.

Son intention de mettre fin à ses jours pourrait, certes, s'interpréter comme une résolution stoïque, comme un acte de courage, une forme supérieure d'endurance – avant l'influence du Christianisme, le suicide était considéré par les Stoïciens comme « l'acte suprême de la volonté souveraine »[68]. Or, lorsque Gloucester se tourne vers les dieux païens avant le grand saut, il dit son épuisement (« my great affliction ») et son impossibilité d'en endurer davantage (« If I could bear it longer ») :

O you mighty gods,
This world I do renounce, and in your sights
Shake patiently my great affliction off!
If I could bear it longer, and not fall
To quarrel with your great opposeless wills,
My snuff and loathèd part of nature should
Burn itself out. (IV, 5, 34-40)

Ô vous, dieux puissants !
Je renonce à ce monde, et sous vos yeux
Je dépose sans plainte ma grande affliction.
Si je pouvais la subir plus longtemps et ne pas m'abaisser
À quereller vos hautes volontés inflexibles,
La mèche de ma vie abhorrée
Brûlerait jusqu'au bout.

68. Malcolm Hebron, *Key Concepts in Renaissance Literature*, *op. cit.*, art. « stoicism », p. 110 (ma traduction).

Il semble qu'il s'agisse davantage d'une volonté de lâcher-prise, de la conséquence d'une lassitude psychique étroitement associée à un manque de clairvoyance – « I stumbled when I saw » (IV, 1, 19) / « Je trébuchais quand je voyais » –, à la crise du sens qu'il éprouve dans un royaume désormais sens dessus dessous où les fous guident les aveugles, où le libre arbitre n'est qu'illusion. La leçon désillusionnée qu'il tire de son expérience le souligne : « As flies to wanton boys are we to th' gods; / They kill us for their sport » (IV, 1, 37-38) / « Des mouches pour des enfants espiègles, voilà ce que nous sommes pour les dieux ; / Ils nous tuent pour se divertir ». Le sens s'estompe derrière des actes de cruauté gratuits et des divertissements de surface où se lisent manque de maturité et absence de profondeur. Après tout, l'homme ne serait-il pas qu'une entité négligeable dont la vie n'est pas plus lestée de sens que celle d'un insecte ? Son propos peut évoquer la perspective des Stoïciens qui « tiennent pour rien l'individualité propre de l'homme ou acceptent de la soumettre à une perspective universelle »[69]. Jean-Baptiste Gourinat ajoute : « C'est certainement la condition nécessaire pour être stoïcien : supporter les épreuves de la vie par conviction que nous sommes nous-mêmes de peu d'importance par rapport à l'univers »[70]. La décision de Gloucester de mettre fin à ses jours semble montrer les limites de cet aspect de la pensée stoïcienne.

C'est paradoxalement pour réinsuffler une attitude stoïque à Gloucester qu'Edgar inverse cette pensée en suggérant à son père de croire que les dieux se sont penchés sur lui pour lui garder la vie sauve : « Think that the clearest gods, who make them honours / Of men's impossibilities, have preserved thee » (IV, 5, 73-74) / « Pense que les dieux les plus purs, dont c'est la gloire / D'accomplir ce qui est impossible aux hommes, t'ont préservé ». Gloucester s'en trouve moralement fortifié, prêt à endurer de nouveau : « Henceforth I'll bear / Affliction till it do cry out itself / 'Enough, enough,' and die » (IV, 5, 75-77) / « Désormais je

---

69. Jean-Baptiste Gourinat, *Le Stoïcisme*, *op. cit.*, 2007.
70. *Id.*

supporterai / L'affliction jusqu'à ce qu'elle s'écrie elle-même : "Assez, assez!" et meure ». Pourtant, lorsqu'il rencontre Lear en proie au délire près de Douvres, l'expérience est pour lui si douloureuse qu'il se prend à rêver d'une nouvelle échappatoire qui serait, cette fois, non pas le suicide mais la folie :

> The King is mad. How stiff is my vile sense,
> That I stand up and have ingenuous feeling
> Of my huge sorrows! Better I were distraught,
> So should my thoughts be severed from my griefs,
> And woes by wrong imaginations lose
> The knowledge of themselves. (IV, 5, 271-276)
>
> Le roi est fou. Comme mes misérables sens tiennent bon,
> Je reste ferme, et garde une conscience aiguë
> De mes immenses peines ! Mieux vaudrait pour moi la démence,
> Alors mes pensées seraient séparées de mes peines,
> Et mes malheurs faussés par l'imagination perdraient
> La connaissance d'eux-mêmes.

La tentation de se laisser mourir le reprend peu de temps après, lorsqu'il apprend que Lear et Cordelia ont été fait prisonniers, que l'absurde et l'injuste mènent le royaume. Parce que la vie ne fait plus sens, il peut déclarer : « No further, sir. A man may rot even here » (V, 2, 8) / « Je n'irai pas plus loin, monsieur ; un homme peut pourrir ici même » . Pour Edgar, en revanche, il convient d'endurer tout notre temps existence, d'accepter de vivre, quelles qu'en soient les conditions, jusqu'à ce que mort s'ensuive :

> Men must endure
> Their going hence even as their coming hither.
> Ripeness is all. (V, 2, 9-11)
>
> Les hommes doivent souffrir
> Leur départ de ce monde, comme leur venue ici-bas :
> Le tout est d'être mûr.

C'est ce qu'il tente d'enseigner à son père. Or, celui qui donne des leçons de patience et d'endurance n'en reste pas moins celui qui conclut, à la fin de la tragédie : « The oldest hath borne most. We that are young / Shall never see so much, nor live so long » (V, 3, 300-301) / « Le plus vieux a souffert le plus ; nous, les cadets, / N'en verrons jamais tant, ni ne vivrons autant d'années ». Edgar a compris ce que signifiait atteindre le point de rupture. S'il a réussi, à force de volonté persuasive, à faire tenir moralement son père, il n'a pas su évaluer son épuisement physique ; pire, il lui a même donné, à son insu, le coup de grâce.

Quand l'intensité tue, que le cœur lâche

L'épuisement des suppliciés se manifeste à travers une syntaxe qui soudain s'enraye et à travers des images d'éclatement qui disent l'incapacité à soutenir une émotion trop intense – récurrence des verbes « crack » / « se fendre », « break » / « se briser », « burst » / « éclater ». Confronté à la mort de Cordelia qu'il espérait avoir sauvée, la syntaxe de Lear se fait répétition obsessionnelle, parataxe, cri ou bégaiement : « No, no, no life? » (V, 3, 280) / « Non, non, plus de vie ? », « Thou'lt come no more. / Never, never, never, never, never » (V, 3, 282-283) / « Tu ne reviendras plus, / Jamais, jamais, jamais, jamais, jamais ». Les ruptures de l'axe syntagmatique signalent que le sens tourne à vide, que c'est la syntaxe du monde même de Lear qui se brise, que la folie se tient là toute proche, en attente, prête à le traverser à nouveau de part en part[71]. L'intensité insoutenable de sa douleur intime s'exprime en termes de fêlure cosmique, de ce qu'Yves Bonnefoy appelle « ce craquement du cosmos »[72] :

> Howl, howl, howl, howl! O, you are men of stones.
> Had I your tongues and eyes, I'd use them so
> That heaven's vault should crack. She's gone for ever.
> I know when one is dead and when one lives.
> She's dead as earth. (V, 3, 231-235)
>
> Hurlez, hurlez, hurlez ! Oh ! vous êtes des hommes de pierre.
> Si j'avais vos langues et vos yeux, j'en userais de telle sorte

---

71. On entend « axe syntagmatique » (axe horizontal où chaque signifiant contribue à construire l'ensemble du sens) par opposition à « axe paradigmatique » (axe vertical où le signifié est interchangeable).
72. Yves Bonnefoy, *Théâtre et Poésie : Shakespeare et Yeats*, *op. cit.*, p. 83.

> Que la voûte du ciel se fendrait. Elle est partie pour toujours.
> Je sais quand on est mort et quand on vit.
> Elle est morte comme la terre.

Le cœur de Lear lâche, selon la prière de Kent pour qui ce spectacle était devenu émotionnellement insupportable – « Break, heart, I prithee break » (V, 3, 287) / « Brise-toi, cœur, je t'en prie, brise-toi ». Lear suit ainsi le chemin pris par Gloucester peu de temps auparavant. Qu'il s'agisse de perte ou de retrouvailles, ces deux extrêmes de la passion selon Edgar, l'intensité émotionnelle produit le même effet sur l'âme usée, sur le cœur las. Le stoïcisme et la maîtrise des émotions qu'Edgar préconisait ne sont plus évoqués.

La mort de Gloucester n'est pas représentée. On l'apprend indirectement par le récit qu'en fait Edgar à Albany :

> Not sure, though hoping, of this good success,
> I asked his blessing, and from first to last
> Told him our pilgrimage; but his flawed heart –
> Alack, too weak the conflict to support –
> 'Twixt two extremes of passion, joy and grief,
> Burst smilingly. (V, 3, 185-190)
>
> Incertain, malgré mon espoir, de ma victoire,
> Je lui ai demandé sa bénédiction, et de bout en bout
> Lui racontai notre pèlerinage, mais son cœur fêlé
> (Hélas ! trop faible pour supporter le choc),
> Entre ces deux extrêmes de la passion, la joie et le chagrin,
> Se brisa en souriant.

En voulant combler l'ellipse narrative de sa mise hors la loi et en se voulant exhaustif, Edgar épuise son récit et les dernières forces de son père. L'extrême tension qu'il lui inflige malgré lui fait surgir, de façon implicite, l'image du supplice de l'écartèlement. À cet instant précis de tragédie, on comprend que ce n'est pas seulement « la lettre qui tue »[73], c'est aussi le récit : celui, insoutenable, de ce que le fils a dû endurer par la faute du père et du dévouement qu'il lui a

73. L'expression est de Pierre Iselin dans « "Mend you speech" : *King Lear* et le drame de la langue », dans Pascale Drouet et Pierre Iselin (dir.), *« The true blank of thine eye ». Approches critiques de* King Lear, *op. cit.*, p. 280.

conservé envers et contre tout. Le récit du récit réactive l'intensité alors éprouvée et menace à son tour d'épuiser le narrateur : « List a brief tale, / And when 'tis told, O that my heart would burst! » (V, 3, 172-173) / « Écoutez une brève histoire ; / Et quand je l'aurai dite, oh ! que mon cœur éclate ! ». C'est la même idée qui est développée dans la version du Quarto, lorsqu'Edgar relate les retrouvailles avec Kent et le pic d'intensité quasi fatal où le mène la narration de ses mésaventures (en tant que Caius) et de celles de Lear :

> Whilst I was big in clamour came there in a man
> Who, having seen me in my worst estate,
> Shunned my abhorred society; but then, finding
> Who 'twas that so endured, with his strong arms
> He fastened on my neck and bellowed out
> As he'd burst heaven; threw him on my father,
> Told the most piteous tale of Lear and him
> That ever ear received, which in recounting
> His grief grew puissant and the strings of life
> Began to crack. (Scene 24, 204-213)
>
> Tandis que je me lamentais à voix forte survint un homme,
> Qui, m'ayant vu dans ma pire condition,
> Avait fui ma présence abhorrée ; mais qui, découvrant
> Qui était celui qui souffrait tant, de ses bras vigoureux
> Enlaça mon cou, et hurla
> À fendre le ciel, se jeta sur mon père,
> Fit sur Lear et sur lui-même le récit le plus pitoyable
> Qu'une oreille ait jamais entendu ; tandis qu'il racontait cela,
> Son chagrin devint tout-puissant, et les fibres de sa vie
> Se mirent à craquer.

Kent se découvre avec émotion un *alter ego*, un frère d'adversité qui prête l'oreille à son témoignage. En racontant son parcours, il en revit l'intensité au risque d'en mourir. Sa fin aurait pu être semblable à celle de Gloucester ; son cœur aurait pu lâcher suite au choc émotionnel. En fait, sa trajectoire se lit en miroir inversé de celle de Gloucester : Gloucester meurt d'un arrêt du cœur après avoir tenté de mettre fin à ses jours, Kent annonce son suicide après avoir été proche de l'attaque cardiaque.

L'effet d'enchaînement (la mort de Cordelia déclenchant l'attaque de Lear appelant le suicide de Kent), qui précipite la tragédie vers son terme ou qui, pour reprendre les termes de Robert Ellrodt, « aboutit à l'"entropie" sur une scène jonchée de cadavres »[74], semble suggérer que l'ancrage dont dépendent les personnages et qui donne un sens à leur existence respective n'est pas tant spatio-temporel qu'émotionnel, que s'il est un attachement de nature viscérale, c'est l'attachement à un être et non à un territoire, un être qui a le pouvoir de nous faire oblitérer l'espace-temps et la dialectique de l'inclusion et de l'exclusion. Quand la vie ne tient plus qu'à un fil, la notion d'appartenance se déplace du politique au domestique. Les phénomènes de lâcher-prise et de décrochages suggèrent que, s'il est une cartographie essentielle qui continue de faire sens quand tout autour de soi vacille, c'est celle du cœur.

III. Quand le lâcher-prise éclaire la cartographie du cœur

Le cœur a ses raisons que les affaires politiques ne connaissent pas – ou presque. La peur de la destruction, l'imminence de la disparition, le face à face avec la mort révèlent cette polarité : appartenance à un territoire géopolitique ou attachement à un être. Dans *Coriolanus*, dans *King Lear* et dans *King Richard II*, le sens de la nation se révèle parfois incompatible avec les sentiments personnels (Coriolan), est comme frappé de dérision par rapport à eux (Lear, Kent), à moins qu'au contraire il n'absorbe tout, soit par sens de l'histoire et de l'éthique (John of Gaunt), soit par intérêt personnel (Volumnia).

1. Quand le lieu précède le lien

Bien que leurs enfants en aient été bannis, la cité romaine et la terre d'Angleterre restent jusqu'à la fin, pour Volumnia et John of Gaunt respectivement, une priorité. Or, qu'on ne s'y

74. Robert Ellrodt, « Notice pour *Le Roi Lear* », dans William Shakespeare, *Tragédies, Œuvres complètes II*, *op. cit.*, p. 1364. Robert Ellrodt emprunte le mot « entropie » à James L. Calderwood dans « Creative Uncreation in *King Lear* », *Shakespeare Quarterly*, vol. 37, 1986, p. 15.

trompe pas : Volumnia et John of Gaunt n'agissent pas dans la même optique. On pourrait même suggérer que l'un est l'*alter ego* inversé de l'autre : patriotes, certes, doués d'une force rhétorique, certes, mais l'un (John of Gaunt) désintéressé et en proie à une authentique nostalgie, « pris de *pothos* »[75] pour le royaume d'avant Richard II ; l'autre (Volumnia) visant avant tout son propre intérêt, détournant le mot patrie de son sens premier pour en faire le pays de la mère et sacrifiant au passage son fils.

a. Sauver l'honneur du territoire national

À la fin du premier acte, Bushy annonce que les jours de John of Gaunt sont comptés, qu'il est « gravement malade [...] / Brutalement terrassé » / « grievous sick [...] / Suddenly taken » (I, 4, 54-55). Le malade meurt effectivement au début du deuxième acte, mais non sans avoir, au préalable, dit ce qu'il avait sur le cœur, non sans avoir parlé franc. Sa critique acerbe de la manière dont Richard II malmène la terre anglaise est mise en relief par la fibre patriotique à laquelle il a laissé libre cours, juste avant l'arrivée du roi, et qui dit son sentiment nostalgique de la grandeur passée. On a l'impression que l'exilé, c'est lui – exilé du royaume d'antan. Car le contraste entre le passé et le présent est, désormais, saisissant : « That England that was wont to conquer others / Hath made a shameful conquest of itself » (II, 1, 65-66) / « Cette Angleterre qui avait coutume de conquérir les autres, / A fait une indigne conquête d'elle-même ». Avant le règne de Richard II, l'Angleterre n'avait d'égale que la terre promise. C'était une terre matricielle, érotisable, qui donnait naissance aux plus grands. L'intime conviction de John of Gaunt apparaît clairement quand il la décrit comme « [c]ette patrie d'âmes si chères, cette chère, chère patrie » / « This land of such dear souls, this dear dear land » (II, 1, 57). Le chiasme semble suggérer que c'est la terre qui est première et qui embrasse ce petit monde, qui le porte. John of

75. James Hillman, *La Trahison et autres essais*, *op. cit.*, p. 167. L'expression « pris de *pothos* », nous dit James Hillman, viendrait d'Alexandre le Grand « pour rendre compte de son indéfinissable désir d'une chose lointaine », *id.*. Du grec πόθος, ici au sens premier de « désir d'une chose éloignée ou absente, d'où regret », M. A. Bailly, *Dictionnaire Grec-Français*, Paris, Hachette, 1967, p. 1580.

Gaunt aime son pays au point de rêver que sa mort soit un sacrifice qui lui redonne sens et honneur : « Ah, would the scandal vanish with my life, / How happy then were my ensuing death! » (II, 1, 67-68) / « Ah, si le scandale pouvait s'évanouir avec ma vie, / Quel bonheur ce serait que ma mort prochaine ! ». Jusqu'à son dernier souffle, il porte le flambeau de ce qui est pour lui une « [t]erre de majesté » / « earth of majesty » (II, 1, 41).

Dans les reproches qu'il fait à Richard II, John of Gaunt inclut, certes, la dévalorisation du territoire national, mais aussi la rupture de filiation. Le lieu ne fait sens pour celui qui l'habite que si l'on y établit des liens que l'on prend soin de ne pas rompre ; le lieu ne peut être entretenu et valorisé que s'il devient historiquement « strié » et s'inscrit dans une perspective diachronique. Or, Richard II malmène toute descendance : celle de la lignée royale comme celle de la famille de John of Gaunt. Et si John of Gaunt fait passer le territoire en premier, il n'en rappelle pas moins au roi sa responsabilité dans le fait qu'il ait dépéri si vite : c'est parce qu'il a banni son fils.

> Convey me to my bed, then to my grave.
> Love they to live that love and honour have. (II, 1, 137-138)
>
> Portez-moi dans mon lit, puis dans ma tombe...
> Que la vie soit aimable à ceux qui ont l'amour et l'honneur en partage.

Dans ce distique qui clôt les propos du mourant, on pourrait entendre la fin d'une double nostalgie, celle de la perte de l'amour (le fils banni) et celle de la perte de l'honneur (la terre saccagée) – « Que la vie soit aimable à ceux qui ont l'amour et l'honneur en partage », ce qui, sous-entendu, n'est plus mon cas. Au seuil de sa mort, John of Gaunt est « pris de *pothos* », « ce sentiment érotique de désir nostalgique »[76] dont il décline les variantes analysées par James Hillman. Dans son envolée patriotique, il manifeste un « ardent désir pour un objet éloigné », pour l'aspect édénique passé du royaume d'Angleterre ; en rappelant à Richard II que c'est la privation de son fils qui lui coûte la vie, il tait quelque

---

76. James Hillman, *La Trahison et autres essais*, *op. cit.*, p. 166.

chose qui est de l'ordre du « désir ardent de retrouver un enfant perdu ou bien-aimé » ; il ne témoigne plus, en fin de compte, que d'une « envie de dormir et de mourir »[77].

On se souvient que les dernières paroles de Bolingbroke avant l'exil sont pour le royaume d'Angleterre, sa terre nourricière : « Then England's ground, farewell! Sweet soil, adieu – / My mother and my nurse that bears me yet! » (I, 3, 306-307) / « Alors, sol d'Angleterre, adieu ; adieu, sol chéri, / Que ma mère et ma nourrice me portent encore ! ». Il partage l'éthique de son père : le lien le plus fort se ressent envers le lieu. Dans la pièce romaine, en revanche, les prises de position de la mère et du fils divergent de façon tranchée.

b. Épargner la Mère-patrie (pour la mère)

À partir du moment où il est mis au ban, Coriolan coupe tous liens avec Rome, puis, une fois allié à Aufidius, tous liens avec les siens – du moins le croit-il. Mercenaire pris dans ses « devenirs » machine, animal et divin, il n'a plus ni lien absolu, ni lieu de prédilection sinon l'espace « lisse », le territoire sans cesse mouvant du champ de bataille – le dieu guerrier est celui qui « dénoue le lien »[78]. Autrement dit, il est pris par le fantasme de la rupture radicale. Il pense pouvoir tout couper, y compris le cordon ombilical et les remous émotionnels qu'il engendre : « But, out affection! / All bond and privilege of nature break » (V, 3, 25) / « Mais dehors, affection ! / Que tous les liens et les privilèges de la nature se brisent ». Le lien biologique est nié et symboliquement dénoué. Coriolan s'imagine comme résultant d'une autoparturition, d'une ontogénèse :

> I'll never
> Be such a gosling to obey instinct, but stand
> As if a man were author of himself
> And knew no other kin. (V, 3, 34-37)

---

77. *Ibid.*, p. 166, 167.
78. Gilles Deleuze et Félix Guattari, *Mille plateaux. Capitalisme et schizophrénie 2*, *op. cit.*, p. 435.

> Jamais je ne serai
> L'oisillon qui obéit à l'instinct, mais je résisterai
> Comme un homme qui serait l'auteur de lui-même
> Et ne reconnaîtrait pas d'autre parenté.

Coriolan est ici en proie à « la tentation circulaire », aveuglé par « ce mirage d'une configuration circulaire absolue où l'essence et la forme, l'origine et le but, ne feraient plus qu'un », un mirage qui « se glose comme le fantasme d'annuler toute idée de filiation, d'héritage, fût-il familial, historique, culturel et même fictionnel »[79]. C'est précisément à ce moment-là, après avoir fermement déclaré à Aufidius qu'« [à] de nouvelles ambassades, de nouvelles requêtes, / Qu'elles viennent de l'État ou bien d'amis privés, / [Il] ne prêterai[t] plus désormais l'oreille » / « Fresh embassies and suits, / Nor from the state nor private friends, hereafter / Will [he] lend ear to » (V, 3, 17-19), que Coriolan est mis à l'épreuve. Or, la tension entre l'émotion ressentie et les apparences à sauvegarder, entre « le cœur brisé » / « cracked heart » (V, 3, 9) et « [Son] accueil acide » / « [he] showed sourly to him » (V, 3, 13), qu'avait déjà occasionnée l'ambassade de Menenius, semble d'assez mauvais augure. On doute que Coriolan résiste à la visite et à la supplique de sa mère, car on sait qu'en réalité il n'a pas, pour reprendre les termes de Michel Onfray, « une subjectivité désassujettie, souveraine, n'ayant de comptes à rendre qu'à elle-même »[80].

Que fait Volumnia ? Elle réaffirme les liens du sang et rappelle à Coriolan la dette et l'obéissance qu'il lui doit. Autrement dit, elle lui remet en mémoire la main mise qu'elle a sur lui de droit : « Thou art my warrior, / I holp to frame thee » (V, 3, 62-63) / « Tu es mon guerrier, / C'est moi qui t'ai façonné ». Elle le réveille à son devoir filial, à « l'obéissance / Due à une mère » / « the duty which / To a mother's part belongs » (V, 3, 168-169) – « duty » que Jean-Michel Déprats avait préalablement traduit

---

79. Denis Lagae-Devoldère, *The Tragedy of Coriolanus. William Shakespeare*, *op. cit.*, p. 95.
80. Michel Onfray, *Politique du rebelle. Traité de résistance et d'insoumission*, *op. cit.*, p. 186.

par « les liens du respect »[81]. Elle se livre à un chantage affectif et produit un discours culpabilisant :

> [...] if you fail in our request, the blame
> May hang upon your hardness. (V, 3, 91-92)
>
> [...] si vous rejetez ma requête, que le blâme
> En retombe sur votre dureté.

Elle renvoie l'image d'un fils indigne :

> There's no man in the world
> More bound to's mother, yet here he lets me prate
> Like one i'th' stocks. (V, 3, 159-161)
>
> Aucun autre homme au monde
> Ne doit plus à sa mère, mais il me laisse parler
> Comme une malheureuse au pilori.

Or, si Volumnia met l'accent sur le lien et joue sur la corde sensible de la filiation, ce n'est pas uniquement par amour pour son fils, c'est pour sauver un lieu, son lieu de naissance, d'appartenance, de vie : Rome – et sa propre vie par la même occasion. C'est par stratégie politique et personnelle. Naturellement, elle se dit partagée, déchirée entre le lien et le lieu :

> Alack, or we must lose
> The country, our dear nurse, or else thy person,
> Our comfort in the country. (V, 3, 110-112)
>
> Hélas ! il nous faut ou perdre
> Notre pays, notre nourrice bien-aimée, ou perdre ta personne,
> Notre réconfort dans ce pays.

Pourtant, c'est bien le lieu qu'elle privilégie et pour lequel elle lance au visage de son fils cette équation fatale : Rome, la terre natale, c'est moi. Ainsi en vient-elle à personnifier la Mère-patrie :

> [...] thou shalt no sooner
> March to assault thy country than to tread –
> Trust to't, thou shalt not – on thy mother's womb
> That brought thee to this world. (V, 3, 123-126)

---

81. William Shakespeare, *Tragédies, Œuvres complètes II*, *op. cit.*, p. 1315.

[...] sache que tu ne marcheras
Pas à l'assaut de ton pays sans fouler tout d'abord
(Tu peux en être sûr) le ventre de ta mère
Qui t'a mis au monde.

Elle confronte métaphoriquement son fils à l'inceste et au matricide. Contrairement à John of Gaunt qui dissocie nettement sphère publique et sphère privée, Volumnia « subvertit d'emblée l'opposition entre approche psychologique et approche politique » ; elle entremêle « la dimension subjective du politique et l'accent politique de toute position subjective »[82].

L'argument maternel prend Coriolan politiquement au piège. Comme l'analyse Daniel Sibony, « le malheur de Coriolan c'est de ne pouvoir trahir sa mère ; c'est d'être d'une folle fidélité à ses origines, fondu en elles, trahi par elles mais dépendant de leur trahison »[83]. Coriolan n'est plus lié à un territoire, mais il lui reste une racine hypertrophiée : sa mère. Or, la racine, précise Gaston Bachelard, est une « image dynamique » qui reçoit « les forces les plus diverses » : « Elle est à la fois force de maintien et force térébrante »[84]. En effet, en faisant céder son fils à sa demande, Volumnia creuse sa tombe. Coriolan en a conscience :

O my mother, mother, O!
You have won a happy victory to Rome;
But for your son, believe it, O believe it,
Most dangerously you have with him prevailed,
If not most mortal to him. But let it come. – (V, 3, 186-190)

Oh! Ma mère, ma mère. Oh !
Vous avez pour Rome remporté une heureuse victoire,
Mais pour votre fils, croyez-moi, oh ! croyez-moi,
Votre triomphe sur lui est dangereux,
Sinon mortel. Mais advienne que pourra.

Et il a compris que si sa mère s'est évertuée à réinstaurer du lien c'est pour mieux le sacrifier au lieu. Alors que lui, en pleurs, lui a pris la main dans un geste symbolique fort. Dans son chapitre

82. Daniel Sibony, *Avec Shakespeare. Éclats et passions en douze pièces*, *op. cit.*, p. 114.
83. *Ibid.*, p. 131.
84. Gaston Bachelard, *La Terre et les rêveries du repos*, *op. cit.*, p. 324.

sur « Emmanuel Lévinas et la patience des mains », Emmanuel Housset écrit : « La main dit l'homme tout entier en tant qu'il est un être en prise sur le monde, elle dit l'homme comme liberté dans le monde, et c'est pourquoi décrire le mode d'être de la main revient à élucider le mode de l'être au monde propre à l'homme »[85]. La main de Coriolan, à cet instant précis, révèle Coriolan dans son intimité la plus secrète ; elle nous fait comprendre qu'il échappe, en fin de compte, à « la tentation circulaire ». Sa main « manifeste la transitivité de l'existence »[86], c'est-à-dire plus précisément sa transitivité à la mère, qui est en fait son assujettissement, mais qu'il accepte au péril de sa vie. De manière assez inattendue, Coriolan rejoint ainsi des personnages comme Lear et Kent pour qui le lien importe plus que le lieu.

2. « For where thou art, there is the world itself » : tu es toute ma cartographie

Contraints de quitter leur territoire, certains personnages se prennent à dessiner une carte qui leur est propre et qui prend autrui pour support : l'autre n'est plus seulement leur point d'ancrage ou leur port d'attache, il devient toute leur cartographie. C'est à travers lui qu'ils vont continuer à voyager mentalement et trouver leur sens à vivre. Ils ont compris que « l'homme n'a son là que par la grâce d'autrui : l'autre homme, par l'amour qu'il me porte, ou tout simplement en appelant même involontairement mon amour, dessine un lieu et ouvre un présent où je peux être »[87].

a. Le monde à deux quel que soit le monde

Le dernier acte de *King Richard II* s'ouvre sur la scène d'adieu entre le roi désormais déposé, sur le point d'être emprisonné, et sa reine sommée de retourner en France – les verbes « leave » / « quitter » et « part » / « séparer » abondent. Shakespeare a créé ce personnage féminin de toutes pièces pour réintroduire du

85. Emmanuel Housset, *L'Intériorité d'exil. Le soi au risque de l'altérité*, *op. cit.*, p. 277.
86. *Ibid.*, p. 281.
87. *Ibid.*, p. 193.

pathos et trouver un contrepoint à la roue de la Fortune en imaginant une roue tournant en sens inverse, celle de la Sympathie. La reine Isabel sert donc essentiellement de ressort dramatique, mais elle dit aussi quelque chose de l'amour ouvert, dévoué, absolu. Guettant le passage de Richard sur le chemin de la prison, elle se parle à elle-même et, par sa métaphore horticole, elle exprime un véritable souci de l'autre, une compassion qui se voudrait rédemptrice :

> But soft, but see, or rather do not see
> My fair rose wither. Yet look up, behold
> That you in pity may dissolve to dew
> And wash him fresh again with true-love tears. (V, 1, 7-10)
>
> Mais doucement, voyez, ou plutôt ne voyez pas
> Ma belle rose se flétrir. Si pourtant, levez les yeux, regardez
> Afin que la pitié vous fasse fondre en rosée,
> Et que ces larmes d'amour sincères lui rendent sa fraîcheur.

Son amour pour Richard s'exprime par une multiplicité de métaphores qui révèle que le roi est son support à elle :

> Ah, thou, the model where old Troy did stand,
> Thou map of honour, thou King Richard's tomb,
> And not King Richard! Thou most beauteous inn. (V, 1, 11-13)
>
> Ô toi ! site en ruine où se dressait l'antique Troie !
> Image même de l'honneur, tombe du roi Richard
> Et non plus roi Richard ! Ô toi, somptueuse auberge.

L'axe paradigmatique qu'elle développe métaphorise son point d'ancrage et s'harmonise autour du thème de la demeure protectrice, qu'il s'agisse d'une citadelle autrefois imprenable, d'un tombeau ou d'une « somptueuse auberge ». Il est intéressant de constater que Jean-Michel Déprats traduit « the model where old Troy did stand » par « site en ruine où se dressait l'antique Troie ». Car, comme le souligne Marie-Madeleine Martinet, le thème de la ruine évoque le « contraste du présent incomplet et du passé dans son intégrité » ; il « suppos[e] le rapport du fragment et de la totalité, l'écoulement du temps ayant détruit les ensembles dont il ne subsiste que des restes, et [il] peu[t] inversement symboliser la puissance intégratrice de l'imagination et de la mémoire, qui à partir du fragment recrée un monde »[88]. On comprend que l'image de Richard II qu'Isabel garde en mémoire est intacte et qu'elle se projette avec elle dans le nouvel espace que son imaginaire déroule. À l'axe paradigmatique riche en métaphores, Richard, lui, préfère l'axe syntagmatique qui retrace son parcours – sa vie doit donner lieu à une syntaxe et non servir de support à un imaginaire qui se décline sous forme de paradigme. Parce qu'il a l'intuition que ce sont leurs adieux ultimes, il demande à sa femme qui fut reine d'être, en France, la dépositaire de sa mémoire, son fidèle biographe : « Tell thou the lamentable tale of me / And send the hearers weeping to their beds » (V, 1, 44-45) / « Raconte-leur ma pitoyable histoire, / Et envoie tes auditeurs se coucher en pleurant ».

Pour Richard, cette séparation imposée redouble sur le plan domestique l'acte politique de la déposition et relève tout autant du sacrilège :

> Doubly divorced! Bad men, you violate
> A twofold marriage, 'twixt my crown and me
> And then betwixt me and my married wife. (V, 1, 71-73)
>
> Doublement divorcé ! Cruels, vous violez
> Un double mariage – entre ma couronne et moi,
> Et puis entre moi et mon épouse.

Ce qui importe pour Isabel, c'est qu'ils ne soient pas séparés, qu'ils restent ensemble quelle que soit leur destination, la France, la Tour de Londres ou la prison de Pomfret. Aussi implore-t-elle Northumberland : « Banish us both, and send the King with me » (V, 1, 83) / « Bannissez-nous ensemble, et laissez le roi partir avec moi ». Elle insiste : « Then whither he goes, thither let me go » (V, 1, 85) / « Alors, où qu'il aille, laissez-moi le suivre ». On retrouve la même idée dans *King Lear* : pour Lear, le lieu ne fait plus sens, l'essentiel étant, à la fin de la tragédie, de ne plus être privé de Cordelia, qu'on les conduise en prison ou ailleurs.

---

88. Marie-Madeleine Martinet, *Le Voyage d'Italie dans les littératures européennes*, Paris, PUF, 1996, p. 7.

À l'issue de la guerre qui lui est défavorable, Cordelia constate avec réalisme : « For thee, oppressèd King, I am cast down, / Myself could else outfrown false fortune's frown » (V, 3, 5-6) / « C'est pour toi, roi meurtri, que je me sens abattue ; / Seule, j'affronterais les affronts de la Fortune perfide ». Son père, lui, tout à la joie d'avoir retrouvé celle qu'il avait injustement bannie, tient un discours différent qui nie la défaite et remodèle le réel à son envie. Il s'imagine la prison telle une cage à oiseaux, tel un cocon merveilleux, simplement parce que Cordelia s'y trouvera avec lui. Il fait de la captivité une intimité retrouvée où l'on peut jouir de la pleine présence de l'être aimé :

Come, let's away to prison.
We two alone will sing like birds i'th' cage.
When thou dost ask me blessing, I'll kneel down
And ask of thee forgiveness; so we'll live,
And pray, and sing, and tell old tales, and laugh
At gilded butterflies, and hear poor rogues
Talk of court news, and we'll talk with them too –
Who loses and who wins, who's in, who's out,
And take upon 's the mystery of things
As if we were God's spies; and we'll wear out
In a walled prison packs and sects of great ones
That ebb and flow by th' moon. (V, 3, 8-19)

Viens, allons en prison.
Nous deux, seuls, nous chanterons comme des oiseaux en cage.
Quand tu me demanderas ma bénédiction, je me mettrai à genoux,
Et te demanderai pardon : ainsi nous allons vivre,
Et prier, et chanter, et conter de vieux contes, et rire
Aux papillons dorés, et écouter de pauvres hères
Parler des nouvelles de la Cour, et nous aussi nous parlerons avec eux,
De qui perd et qui gagne, qui est en faveur, qui en disgrâce,
Et nous prétendrons expliquer le mystère des choses,
Comme si nous étions les espions des dieux ; et nous survivrons
Entre les murs d'une prison, aux coteries et aux factions des grands,
Qui fluent et refluent avec la lune.

Ce lieu clos permettrait une proximité et une réciprocité que Lear, en tant que roi, n'a jamais connues. Le père pourrait enfin trouver avec sa fille « un amour simple et immédiat »[89] ; il pourrait faire avec elle l'expérience de ce qu'Yves Bonnefoy appelle « une épiphanie de l'indéfait »[90] : se savoir soudain dans la lumière de la pleine présence des êtres ou des choses. Ils seraient la raison de vivre l'un de l'autre ; ils se témoigneraient quotidiennement un respect et un amour infinis qui pourraient évoquer une sorte de ferveur mystique redirigée vers l'humain. Ce que Lear exprime ici, selon les termes de Daniel Sibony, c'est le fantasme d'une « effusion parfaite », d'une « jouissance à l'état pur »[91].

Ainsi, par la force du lien, la prison devient dans l'imaginaire de Lear un lieu de vie privilégié, presqu'une tour d'ivoire, mieux, un *panopticon* : par une inversion radicale, ceux qui sont placés sous surveillance, mis en retrait de la société, soustraits à la vie politique, deviennent « les espions des Dieux ». Ce lieu, Lear envisage non seulement d'y vivre, mais d'y survivre aux grands de ce monde, prenant ainsi du recul vis-à-vis des faux-semblants et des fluctuations mondaines. Il relègue à l'arrière-plan la question jusqu'alors cruciale de « qui perd et qui gagne, qui est en faveur, qui en disgrâce ». La dialectique de l'inclusion et de l'exclusion, du centre et de la marge, donne alors lieu à une sorte de spectacle auquel on ne prête qu'une vague attention. L'essentiel est ailleurs, dans le microcosme intime dont Cordelia et lui constituent l'unique structure. Daniel Sibony en propose une glose intéressante :

> Sa rêverie : nous serons ensemble, tous les deux, à nous raconter des histoires… nous serons… « les espions de Dieu ». C'est très beau et très équivoque : couple divin guettant le monde pour le compte de Dieu, voyant les fautes cachées que Dieu seul juge. Effusion parfaite, symétrique de son couple raté avec la mauvaise mère (redoublée en deux filles, deux mégères).

89. Daniel Sibony, *Avec Shakespeare. Éclats et passions en douze pièces*, *op. cit.*, p.159.
90. Yves Bonnefoy, *L'Arrière-pays* (1972), Paris, Gallimard, coll. « Poésie », 2005, p. 35.
91. Daniel Sibony, *Avec Shakespeare. Éclats et passions en douze pièces*, *op. cit.*, p. 150.

> Mais ces deux couples, l'un idyllique et l'autre horrible, sont également mortels[92].

Le couple impossible que Lear formerait avec Cordelia rappelle celui qu'évoque Volumnia lorsqu'elle se projette dans le conditionnel : « If my son were my husband » (I, 3, 2-3) / « Si mon fils était mon mari » – il s'en faut de peu pour que l'excès de lien ne rejoigne symboliquement l'incestueux et le contre-nature. Mais là où l'un instrumentalise sa progéniture (Volumnia), l'autre aime véritablement (Lear). D'ailleurs, ce dernier ne s'en relèvera pas. L'insoutenable douleur de Lear lorsque Cordelia meurt vient aussi de ce que son rêve idyllique s'évanouit.

b. Monde sans autrui, monde « déréel »

Les propos de Lear, comme ceux d'Isabel, pourraient s'entendre en écho de la déclaration de Suffolk dans *King Henry VI, Part Two*. Après avoir assassiné Humphrey, Suffolk est banni mais ne peut se résoudre à prendre congé de la reine, son amante. Voici ce qu'il lui dit :

> 'Tis not the land I care for, wert thou thence:
> A wilderness is populous enough,
> So Suffolk had thy heavenly company.
> For where thou art, there is the world itself,
> With every several pleasure in the world;
> And where thou art not, desolation. (III, 2, 359-364)[93]
>
> Peu m'importe ce pays, sauf si tu y demeures.
> Pour Suffolk un désert serait assez peuplé
> Dès lors qu'il y aurait ta divine compagnie.
> Car c'est là où tu es qu'est pour moi tout le monde,
> Avec tous les plaisirs divers que le monde offre ;
> Et là où tu n'es pas, c'est la désolation.

---

92. *Ibid.*, p. 150-151.
93. L'édition utilisée est William Shakespeare, *King Henry VI, Part Two* (1590), éd. Ronald Knowles, London, Thomson Learning, coll. « The Arden Shakespeare », 2001 [1999]. La traduction qui suit est de Victor Bourgy dans William Shakespeare, *Œuvres complètes. Histoires II*, Paris, Robert Laffont, coll. « Bouquins », 1997, p. 327.

Le terme « desolation » est fort. Il peut s'entendre ici dans ses deux sens d'abandon de la personne – « deprivation of companionship; the condition or sense of being forsaken; solitariness, loneliness » – et de terre inhospitalière – « the condition of a place which by hostile ravaging or by natural character is unfit for habitation; waste or ruined state; dreary barrenness »[94]. L'être aimé est celui qui me tire hors de ma solitude, qui « crée du lien », qui donne un sens à ma vie et au monde que je cohabite avec lui. Quand le monde à deux s'effondre, que le lien doit se rompre, le duo brisé fait l'expérience du « monde sidéré »[95].

« Desolation », dans ce cas précis, pourrait être l'équivalent de ce que Roland Barthes appelle « la déréalité » et qu'il définit comme « sentiment d'absence, retrait de la réalité éprouvé par le sujet amoureux, face au monde »[96]. C'est alors, explique-t-il, que « tout me paraît inerte, séparé, sidéré comme un astre désert, comme une Nature que l'homme n'aurait jamais habitée »[97]. Le monde « déreel », c'est celui dont le réel a fui « en sorte que je n'ai plus aucun sens (aucun paradigme) à ma disposition »[98]. On pense, dans *King Richard II*, au domaine de Pleshy où la duchesse de Gloucester, après le meurtre de son mari, ne perçoit plus que du familier dé-familiarisé, soit « [d]es appartements vides et des murs nus, / Des offices dépeuplés, des dalles désertées » / « empty lodgings and unfurnished walls, / Unpeopled offices, untrodden stones » (I, 2, 68-69). On pense à sa résolution désespérée : « Desolate, desolate, will I hence and die! » (I, 2, 73) / « Désolée, désolée, je veux partir d'ici et mourir ». Quand rien ne fait plus sens, comment ne pas lâcher prise ? Dans *King Lear*, la mort de Cordelia abolit pour Lear l'ordonnancement du monde. Son questionnement désespéré en témoigne : « Why should a dog, a horse, a rat have life, / And thou no breath at all? » (V, 3, 281-282) / « Pourquoi un chien,

94. *Oxford English Dictionary Online*, Oxford University Press, 2009, art. « desolation, *n.* », 3., 2.
95. Roland Barthes, *Fragments d'un discours amoureux*, *op. cit.*, p. 103.
96. *Id.*
97. *Id.*
98. *Ibid.*, p. 106.

un cheval, un rat, auraient-ils la vie, / Et toi plus un souffle ? ». La perte est incommensurable parce qu'absolue : « She's gone for ever » (V, 3, 233) / « Elle est partie pour toujours ». Pour reprendre la distinction de Roland Barthes, Lear passe de l'irréel (son rêve idyllique en prison) au « déréel » (l'effondrement face à la mort) : « Dans le second cas, je perds aussi le réel, mais aucune substitution imaginaire ne vient compenser cette perte [...] ; je ne suis même plus dans l'Imaginaire. Tout est figé, pétrifié, immuable, c'est-à-dire *insubstituable* »[99].

C'est Lear qui est « insubstituable » pour Kent. Pour ce cœur loyal, Lear est cet « autre » essentiel dont parle James Hillman : « Où que nous soyons, il y a toujours un "autre" grâce auquel notre existence se réfléchit et à cause duquel nous sommes toujours "plus", "autre", "au-delà" de la personne qui se trouve ici présente »[100]. Il n'y a pas de serviteur sans maître et ce sont le service et la loyauté qui dirigent (au sens où elles lui donnent une direction) la vie de Kent ; sans Lear, plus d'architecture porteuse de sens. On comprend que pour Kent « autrui n'est ni un objet dans le champ de ma perception, ni un sujet qui me perçoit : c'est d'abord une structure du champ perceptif, sans laquelle ce champ dans son ensemble ne fonctionnerait pas comme il le fait »[101]. Lear est toute sa structure et, précise Gilles Deleuze, « autrui comme structure, c'est *l'expression d'un monde possible* »[102]. Le royaume qu'Albany lui propose de codiriger avec Edgar n'est pas seulement un « État ensanglanté » / « gored state » (V, 3, 295), c'est un monde « déréel », dans lequel « [t]out est sans joie, sombre et funèbre » / « All's cheerless, dark, and deadly » (V, 3, 265). C'est un « monde cru et noir, sans potentialités ni virtualités : c'est la catégorie du possible qui s'est effondrée »[103].

---

99. *Ibid.*, p. 107. Les italiques sont de l'auteur.
100. James Hillman, *La Trahison et autres essais*, *op. cit.*, p. 181.
101. Gilles Deleuze, *Logique du sens*, Paris, Éditions de Minuit, 1969, « Appendices. II. Michel Tournier et le monde sans autrui », p. 356-357.
102. *Ibid.*, p. 357. Les italiques sont de l'auteur.
103. *Ibid.*, p. 356.

Au bout du compte, le seul qui résiste à l'épuisement et semble pouvoir le surmonter, c'est Edgar. Or, c'est sans entrain, presque contraint, qu'il accepte de relever le royaume de sa ruine :

> The weight of this sad time we must obey,
> Speak what we feel, not what we ought to say.
> The oldest hath borne most. We that are young
> Shall never see so much, nor live so long. (V, 3, 298-301)
>
> Au chagrin de ce triste jour nous devons obéir,
> Dire ce que nous sentons, non ce que nous devrions dire.
> Le plus vieux a souffert le plus ; nous, les cadets,
> Nous n'en verrons jamais tant, ni ne vivrons autant d'années.

Et il est intéressant de rappeler que, dans la version du Quarto, ce n'est pas Edgar mais Albany qui prononce ces vers. Rien n'y est dit de la façon dont Edgar réagit à la proposition de cogouvernement – à chacun d'interpréter son silence.

Ce sont donc des images d'épuisement qui laissent leur empreinte : limites de l'échappée mentale, « non-vouloir-saisir », évocations de supplices physiques, défaillances des « tuteurs de résilience », crise du sens, tentations et tentatives de suicide, errance solitaire dans un « monde sidéré ». La mise au ban dont on ne revient pas, c'est celle qui nous prive d'autrui, de cet autre qui nous tient à cœur et dont Gilles Deleuze a analysé le rôle essentiel :

> [...] autrui assure les marges et les transitions dans le monde. Il est la douceur des contiguïtés et des ressemblances. Il règle les transformations de la forme et du fond, les variations de profondeur. Il empêche les assauts par derrière. Il peuple le monde d'une rumeur bienveillante. Il fait que les choses se penchent les unes vers les autres, et de l'une à l'autre trouvent des compléments naturels[104].

104. *Ibid.*, p. 355.

Conclusion

La mise au ban qui résulte d'un abus de pouvoir participe, en amont comme en aval, d'une dialectique de « déterritorialisation » et de « reterritorialisation », d'une dynamique dont le moteur reste la transgression : aller « à travers », « au-delà de »[1], (re)passer de l'autre côté d'une frontière ou traverser (ou être traversé par) quelque chose – un interdit, une phase, une crise. Il s'en dégage fondamentalement une idée de traversée, qu'elle soit domestique ou politique, physique ou psychique, qu'elle prenne les formes inattendues d'un aller-retour (rupture de ban) ou d'un sur-place (refus de quitter le territoire). Et toute traversée implique une prise de risque, un devenir incertain ; comme le voyage, elle « mène inexorablement vers [notre] subjectivité »[2].

En amont comme en aval. En aval, dynamique de la riposte ou création à peine retardée d'un effet « boomerang » (« reterritorialisation » par la force armée), dynamique de l'esquive ou recours à la ruse (« déterritorialisation » dans l'ici plutôt que dans l'ailleurs), dialectique de l'endurance et de l'épuisement (tentatives de « reterritorialisation » mentale et/ou affective ; « déterritorialisation » radicale dont témoigne le lâcher-prise). En amont, dysfonctionnement de la machine politique ou dérives des individus aux commandes (excès de « territorialisation » politique), qui déclenche une mise en cause, « un dire-vrai irruptif qui fait fracture, qui ouvre le risque »[3] (« déterritorialisation »

---

1. André Lalande, *Vocabulaire technique et critique de la philosophie* (1926), Paris, PUF, coll. « Quadrige », 2006, art « trans... », p. 1142.
2. Michel Onfray, *Théorie du voyage. Poétique de la géographie*, Paris, Le Livre de Poche, coll. « Biblio Essais », 2007, p. 88.
3. Michel Foucault, *Le Gouvernement de soi et des autres. Cours au Collège de France. 1982-1983*, Paris, Éditions du Seuil/Gallimard, coll. « Hautes Études », 2008, p. 61.

parrèsiastique), qui à son tour entraîne une mise au ban abusive (« déterritorialisation » par excellence).

Que dit cette dialectique (« territorialisation »/« déterritorialisation »/« reterritorialisation ») ? Elle dit, de toute évidence, le danger de l'abus de pouvoir non seulement en tant que tel, mais par l'engrenage qu'il met en place, les répercussions qu'il porte en germes, les effets talion qu'il initie. Or, par-delà l'abus de pouvoir, n'est-ce pas du pouvoir et de l'homme de pouvoir dont il s'agit essentiellement ? Entre autres diatribes, on pense à celle de Michel Onfray où est constatée, avec amertume, « l'éternelle perversion de ceux qui exercent le pouvoir, quels qu'ils soient, fussent-ils des philosophes devenus rois ou des rois piqués de philosophie »[4]. À l'origine était l'exercice du pouvoir :

> Son exercice induit une onction qui transfigure les gouvernants, droite et gauche confondues, en membres d'une caste avec ses règles, ses lois, son grégarisme entendu, et conduit à un culte envers ceux qui ont pu, un jour, pratiquer légitimement, ou non, la domination sur le plus grand nombre de leurs sujets, de leurs administrés – de leurs victimes[5].

Au-delà du poncif, et de ses innombrables variations plus ou moins véhémentes, sur la corruption qu'est susceptible d'entraîner toute position de pouvoir, c'est de la difficulté d'exercer le pouvoir dont il est question. Du risque d'en être stigmatisé, de se faire « déterritorialiser » sur les plans intellectuel et linguistique.

Les trois pièces tragiques de Shakespeare qui ont fait l'objet de cet essai pourraient être celles de tout homme de pouvoir paradoxalement mis au ban par sa propre position d'autorité (patriarcale, politique ou militaire), position qui l'interdit de rapport authentique à l'autre. Car l'autorité alliée au pouvoir se permet des décisions arbitraires (Richard II, Lear), des éclats caractériels (Lear, Coriolan), des positions intransigeantes (Coriolan, Lear, Richard II) qui la font redouter mais l'isolent aussi. Écartant le franc-parler du parrèsiaste, l'homme de pouvoir développe

---

4. Michel Onfray, *Politique du rebelle. Traité de résistance et d'insoumission*, Paris, Le Livre de Poche, coll. « Biblio Essais », 1997, p. 205.
5. *Id.*

une sensibilité à la flatterie et aux honneurs qui fait qu'« il ne s'intéresse à autrui que pour autant que celui-ci s'intéresse à lui, [qu']il est ainsi aveugle à l'être propre des autres »[6], à moins qu'il n'alimente un fantasme d'autoparturition « [c]omme un homme qui serait l'auteur de lui-même / Et ne reconnaîtrait pas d'autre parenté » / « As if man were author of himself / And knew no other kin » (*Coriolanus*, V, 3, 36-37). L'analyse que Daniel Sibony propose de Lear pourrait valoir pour tout homme de pouvoir :

> Cet homme en veut au « pouvoir » de l'avoir coupé de sa jouissance. Il transfère alors ce pouvoir à d'autres, pour tirer vengeance... de lui-même, de ce pouvoir, de cette souveraineté, qui figure ici n'importe quel emblème de réussite symbolique. C'est un *nom*. On peut être enseveli sous son nom, sous sa « réussite »[7].

« Enseveli », c'est-à-dire incapable d'être à l'écoute de l'autre comme de soi-même, incapable de questionnement qu'il vienne de soi ou de l'autre – ça ne circule plus, ça exclut. Il semble que le pouvoir engourdisse le questionnement, comme si l'habitude des énoncés performatifs étouffait l'interrogation salutaire. Or, que tente le parrèsiaste sinon un désensevelir ?

Au cœur de la dialectique de « déterritorialisation » et de « reterritorialisation » se trouve la confrontation de deux figures antithétiques : l'homme de pouvoir (qui ordonne) et le parrèsiaste (qui questionne). La mise au ban est la conséquence du franc-parler de celui qui remet en cause un choix, une attitude ou un fonctionnement dont il a l'intime conviction qu'il est injuste, abusif. Or, dans l'esprit de l'homme de pouvoir, tout se passe comme si l'abus de pouvoir politique (bannissement) répondait à un abus de pouvoir discursif (*parrêsia*) – excès de discours, exclusion du territoire. Outre son « effet injure »[8], la *parrêsia* est perçue comme une puissance « déterritorialisante » parce

6. Yves Bonnefoy, *Théâtre et Poésie : Shakespeare et Yeats*, Paris, Mercure de France, 1998, p. 81.
7. Daniel Sibony, *Avec Shakespeare. Éclats et passions en douze pièces*, Paris, Éditions du Seuil, coll. « Points Essais », 2003, p. 161-162.
8. L'expression est d'Évelyne Larguèche, *L'Effet Injure. De la pragmatique à la psychanalyse*, Paris, PUF, 1983.

qu'elle remet en jeu rien de moins que la légitimité du pouvoir et le bien-fondé de l'allégeance qui l'accompagne, qu'elle remet en question la politique qui nie l'éthique ou prend des libertés avec elle, qu'elle s'affirme comme liberté de parole sous-tendue par un *êthos* – par opposition à la flatterie qui trahit vacuité et servilité –, qu'elle enclenche la dialectique gênante du parler ou se taire, du dénoncer ou supporter, du réagir ou subir. Bannir, c'est donc essentiellement faire taire, c'est continuer de maîtriser l'ensemble du territoire linguistique. « Vous avez incarcéré ma langue dans ma bouche » / « Within my mouth you have engaoled my tongue » (I, 3, 166), dit Mowbray à son bannisseur. L'homme de pouvoir rejette l'écoute de l'autre, son conseil bienveillant ou sa critique salutaire ; il n'accepte pas qu'on tente de lui dessourdir l'oreille. Le parrèsiaste, en revanche, prend le risque de se mettre en danger face à l'autre, quel que soit le pouvoir de cet autre ; il continue de « strier » son espace éthique ; il dit ce qu'il a à dire envers et contre tout ; il ne craint pas de « se tenir au péril du monde »[9].

La question qui se pose en filigrane est donc la suivante : comment réagir face à l'altération du politique qui se ressent comme altérité en son propre territoire ? Face à une pratique politique autre (qui relève de l'injustice), d'une part, face à une exigence éthique différente (qui semble « déterritorialisante »), d'autre part ? Face à une altérité qui, par la force des choses, devient de proximité ? Il y a ceux qui la rejettent pour l'ignorer (ils bannissent), ceux qui la combattent pour la soumettre (ils rompent le ban), ceux qui tentent d'instaurer un dialogue pour l'infléchir (ils parlent franc), ceux qui l'utilisent à leurs propres fins (ils font des pactes), ceux qui la traversent par nécessité (ils se font passer pour autre), ceux qui la découvrent dans l'adversité (ils s'y sensibilisent), ceux qui s'ouvrent à sa signification essentielle (ils en font leur pièce maîtresse) – aucune catégorie n'est étanche. Ce qu'Emmanuel Housset met en lumière, certains le pressentaient, d'autres en viennent à le comprendre : « l'autre

9. Emmanuel Housset, *L'Intériorité d'exil. Le soi au risque de l'altérité*, Paris, Éditions du Cerf, coll. « La nuit surveillée », 2008, p. 313.

homme et le monde ne sont pas réductibles à moi et en cela, par leur révélation même, ils m'ouvrent à ma propre révélation. Ne se révèle que celui qui accueille le monde dans l'inquiétude de son altérité »[10]. Accepter le risque de la traversée : sortir de soi pour aller vers ce qui est autre. Accepter l'épreuve troublante de la porosité, de la réversibilité, de l'inquiétante étrangeté.

On sait que la Renaissance a connu « une affirmation renouvelée de l'homme »[11], qu'on a pris en compte la personne dans son individualité propre. L'« homme moderne » était alors considéré comme « un homme qui se faisait, qui se construisait, et qui était conscient de cette création »[12]. Il semble intéressant que les pièces tragiques de Shakespeare qui articulent mise au ban et abus de pouvoir donnent un rôle de première importance aux parrèsiastes qui se définissent par le dire-vrai qu'ils défendent et dont « le soi s'affirme au risque de l'altérité »[13]. Ces parrèsiastes ont « le courage de la vérité »[14] quand le pouvoir voudrait qu'ils se comportassent « comme un masque, comme un rôle, comme un individu qui a sa place et ses droits »[15], comme « un personnage qui tient la pose en accomplissant ce que le monde est censé attendre de lui »[16], et non qu'ils s'affirmassent en tant que personnes – c'est l'opposition que fait Emmanuel Housset entre l'« identité fermée du masque » et « l'ipséité ouverte de la personne qui est temps, chair et volonté »[17]. On pourrait suggérer que les parrèsiastes shakespeariens, tout personnages de théâtre qu'ils sont, ont valeur de « personnes » quand ce mot est lesté de sens, que leur « soi » se conçoit alors comme un devenir, que leur « ipséité [est] comprise comme un verbe, et non comme

10. *Id.*
11. Eugenio Garin (dir.), *L'Homme de la Renaissance* (1990), Paris, Éditions du Seuil, coll. « Points Histoire », 2002, p. 8.
12. *Ibid.*, p. 12.
13. Selon la formulation d'Emmanuel Housset, *L'Intériorité d'exil. Le soi au risque de l'altérité*, *op. cit.*.
14. C'est une des façons dont Michel Foucault définit l'acte parrèsiastique. Voir *Le Courage de la vérité. Le Gouvernement de soi et des autres II. Cours au Collège de France. 1984*, *op. cit.*
15. Emmanuel Housset, *L'Intériorité d'exil. Le soi au risque de l'altérité*, *op. cit.*, p. 332.
16. *Ibid.*, p. 347.
17. *Ibid.*, p. 342.

un substantif »[18] – et l'on peut ici entendre « verbe » au double sens d'action et de discours, de prise de parole et de prise de risque. « Se faire », « se construire », « être conscient de cette création », autrement dit, peut-être, oser devenir ce que l'on est, affirmer sa perception subjective et sa volonté d'éthique ou, en termes foucaldiens, établir « un lien fort, nécessaire, constitutif » entre ce que l'on dit et ce que l'on est au plus intime de soi, même si l'on « ouvre sous forme de risque le lien entre celui qui parle et celui auquel il s'adresse »[19].

Au risque d'être mis au ban, d'errer dans un espace « lisse », de faire l'expérience de l'inquiétante étrangeté, de toucher le fond de l'humanité à force d'humiliation, de se sentir comme supplicié, comme démembré, de n'avoir de liberté de mouvements que dans son espace mental, de s'épuiser jusqu'à lâcher prise : « *opposer un caractère et un tempérament droit à tout ce qui vise la soumission de l'individu* »[20], préférer le questionnement risqué à l'obéissance muette, être un verbe plutôt qu'un substantif, refuser de cautionner l'abus de pouvoir qui menace l'innocence, l'intégrité, la justice, mais aussi, et plus fondamentalement, le sens : « répondre de soi » mais aussi « répondre du sens du monde »[21]. D'autant que ces risques qu'encourt le parrèsiaste dans l'instant même qui suit sa prise de parole, l'homme de pouvoir n'en est pas exempt sur le long terme, ces pièces tragiques le montrent : contre toute attente, les parcours respectifs du bannisseur et du banni finissent par se rejoindre – dans l'illusion d'une justice poétique. Variations sur la « déterritorialisation », l'épreuve de la rupture, le sentiment de perte. Le parrèsiaste serait verbalement au Pouvoir ce que le crâne est visuellement aux Vanités : un rappel non à l'ordre, mais au questionnement.

---

18. *Ibid.*, p. 333.
19. Michel Foucault, *Le Courage de la vérité. Le gouvernement de soi et des autres II. Cours au Collège de France. 1984*, *op. cit.*, p. 55.
20. Michel Onfray, *Politique du rebelle. Traité de résistance et d'insoumission*, *op. cit.*, p. 313. Les italiques sont de l'auteur.
21. Emmanuel Housset, *L'Intériorité d'exil. Le soi au risque de l'altérité*, *op. cit.*, p. 342.

Bibliographie sélective

I. Sources primaires

1. Œuvres de Shakespeare

En langue originale

SHAKESPEARE William, *As You Like It* (1599), éd. Alan Brissenden, Oxford, Oxford University Press, coll. « The World's Classics, The Oxford Shakespeare », 1994 [1993].

—, *Coriolanus* (1608), éd. R. B. Parker, Oxford, Oxford University Press, coll. « The World's Classics, The Oxford Shakespeare », 1994.

—, *Hamlet* (1600), éd. G. R. Hibbard, Oxford, Oxford University Press, coll. « The World's Classics, The Oxford Shakespeare », 1994 [1987].

—, *King Henry IV, Part One* (1597), éd. A. R. Humphreys, London, Routledge, coll. « The Arden Shakespeare », 1992 [1960].

—, *King Henry VI, Part Two* (1590), éd. Ronald Knowles, London, Thomson Learning, coll. « The Arden Shakespeare », 2001 [1999].

—, *King Richard II* (1595), éd. Charles R. Forker, London, Thomson, coll. « The Arden Shakespeare », 2002.

—, *Much Ado About Nothing* (1598), éd. A. R. Humphreys, London, Routledge, coll. « The Arden Shakespeare », 1994 [1981].

—, *Romeo and Juliet* (1595), éd. Brian Gibbons, London, Routledge, coll. « The Arden Shakespeare », 1994 [1980].

—, *Shakespeare's Sonnets* (1609), éd. Katherine Duncan-Jones, London, Thomson, coll. « The Arden Shakespeare », 2005 [1997].

—, *The Tempest* (1611), éd. Virginia Mason Vaughan et Alden T. Vaughen, London, Thomson, coll. « The Arden Shakespeare », 2003 [1999].

—, *The Tragedy of King Lear* (1605), dans *The Norton Shakespeare, Based on the Oxford Edition, Tragedies*, seconde édition, éd. Stephen Greenblatt, Walter Cohen, Jean E. Howard et Katharine Eisaman Maus, New York, London, Norton & Company, 2008.

—, *Timon of Athens* (1605), éd. H. J. Oliver, London, Thomson, coll. « The Arden Shakespeare », 2006 [1959].

En traduction française

Shakespeare William, *Beaucoup de bruit pour rien*, traduction de François-Victor Hugo, dans William Shakespeare, *Théâtre Complet, Tome II*, Paris, Garnier Frères, 1961, p. 361-447.

—, *Comme il vous plaira*, édition et traduction d'Yves Bonnefoy, Paris, Le Livre de Poche, 2003.

—, *Hamlet*, traduction de Jean-Michel Déprats, dans William Shakespeare, *Tragédies I (Œuvres complètes, I)*, Paris, Gallimard, coll. « Bibliothèque de La Pléiade », 2002, p. 671-991.

—, *Henry IV, Première Partie*, présentation et traduction par Michel Grivelet, Paris, Aubier, coll. « Bilingue », 1983.

—, *La Tempête*, préface et traduction d'Yves Bonnefoy, édition bilingue, Paris, Gallimard, coll. « Folio Théâtre », 1997.

—, *La Tragédie de Coriolan*, traduction par Jean-Michel Déprats, dans William Shakespeare, *Tragédies II (Œuvres complètes, II)*, Paris, Gallimard, coll. « Bibliothèque de La Pléiade », 2002, p. 1037-1347.

—, *La Tragédie du Roi Lear*, traduction par Jean-Michel Déprats, dans William Shakespeare, *Tragédies II (Œuvres complètes, II)*, Paris, Gallimard, coll. « Bibliothèque de La Pléiade », 2002, p. 1-297.

—, *Les Sonnets*, précédés de *Vénus et Adonis* et du *Viol de Lucrèce*, présentation et traduction d'Yves Bonnefoy, Paris, Gallimard, coll. « Poésie », 2007.

—, *Richard II*, traduction nouvelle de Jean-Michel Déprats, édition bilingue présentée par Margaret Jones-Davies, Paris, Gallimard, coll. « Folio Théâtre », 1998.

—, *Roméo et Juliette*, traduction par Jean-Michel Déprats, dans William Shakespeare, *Tragédies I (Œuvres complètes, I)*, Paris, Gallimard, coll. « Bibliothèque de la Pléiade », 2002, p. 198-451.

—, *Tragédies I (Œuvres complètes, I)*, Paris, Gallimard, coll. « Bibliothèque de La Pléiade », 2002.

—, *Tragédies II (Œuvres complètes, II)*, Paris, Gallimard, coll. « Bibliothèque de La Pléiade », 2002.

—, *2 Henri VI*, présenté et traduit par Victor Bourgy, dans William Shakespeare, *Œuvres complètes. Histoires II*, Paris, Robert Laffont, coll. « Bouquins », 1997, p. 201-393.

2. Autres sources primaires

AWDELEY John, *The Fraternity of Vagabonds* (1561), dans A. V. Judges (éd.), *The Elizabethan Underworld*, London, Routledge and Kegan Paul, 1965 [1930], p. 51-60.

BACON Francis, *Essais* [*Essays*, 1597], traduits, avec une introduction, par Maurice Castellain, Paris, Aubier, coll. « Bilingue des classiques étrangers », 1948.

BULLOUGH Geoffrey (éd.), *Narrative and Dramatic Sources of Shakespeare*, tome III, *Earlier English History Plays: Henry VI, Richard III, Richard II*, London, Routledge and Kegan Paul, 1960.

DEKKER Thomas, *The Honest Whore, Part the First* (1604), dans Ernest Rhys (éd.), *Thomas Dekker*, London, T. Fisher Unwin, coll. « The Mermaid Series », non daté.

—, *O per se O* (1612), dans A. V. Judges (éd.), *The Elizabethan Underworld*, London, Routledge and Kegan Paul, 1965 [1930], p. 366-382.

HARMAN Thomas, *A Caveat or Warning for Common Cursitors, Vulgarly Called Vagabonds* (1566), dans A. V. Judges (éd.), *The Elizabethan Underworld*, London, Routledge and Kegan Paul, 1965 [1930], p. 61-118.

Holinshed Raphael, *The Third Volume of Chronicles*, dans Geoffrey Bullough (éd.), *Narrative and Dramatic Sources of Shakespeare*, tome III, *Earlier English History Plays: Henry VI, Richard III, Richard II*, London, Routledge and Kegan Paul, 1960, p. 387-415.

Judges A. V. (éd.), *The Elizabethan Underworld: A collection of Tudor and early Stuart tracts and ballads telling the lives and misdoings of vagabonds, thieves, rogues, cozeners, and giving some account of the operation of criminal law* (1930), London, Routledge and Kegan Paul, 1965.

King James VI and I, *Political Writings*, éd. Johann P. Sommerville, Cambridge, Cambridge University Press, 2006.

Machiavel, *Le Prince* suivi de *Choix de lettres* [*Il Principe*, 1513], Préface de Raymond Aron, traduction, commentaires et notes de Jean Anglade, Paris, Le Livre de Poche, 1983.

Manning John J. (éd.), *The First and Second Parts of John Hayward's The Life and Raigne of King Henrie IIII*, London, Royal Historical Society, 1992.

Stubbes Philip, *Anatomie of Abuses* (1583), Amsterdam/New York, De Capo Press, 1972.

Tawney R. H. et Power Eileen (éd.), *Tudor Economic Documents: Being Select Documents Illustrating the Economic and Social History of Tudor England*, In three volumes, tome I, « Commerce, Finance and the Poor Law », London, Longmans, Green and Co., 1924.

Webster John, *La Duchesse d'Amalfi* [*The Duchess of Malfi*, 1614], introduction, traduction et notes de Gisèle Venet, Paris, Les Belles Lettres, coll. « Théâtre anglais de la Renaissance », 1992.

—, *The Duchess of Malfi* (1614), éd. John Russell Brown, Manchester, Manchester University Press, coll. « The Revels Plays », 1996 [1974].

II. Sources secondaires

1. Sur le théâtre de Shakespeare

Barish Jonas A. et Waingrow Marshall, « Service in *King Lear* », *Shakespeare Quarterly*, vol. 9, n° 3 (été 1958), p. 347-355.

BELSEY Catherine, *Shakespeare in Theory and Practice* (2008), Edinburgh, Edinburgh University Press, 2010.

BONNEFOY Yves, *Théâtre et Poésie : Shakespeare et Yeats*, Paris, Mercure de France, 1998.

—, « Une journée dans la vie de Prospéro », dans William Shakespeare, *La Tempête*, Préface, traduction nouvelle et notes d'Yves Bonnefoy, édition bilingue, Paris, Gallimard, coll. « Folio Théâtre », 1997, p. 7-77.

CALDERWOOD James L., « Creative Uncreation in *King Lear* », *Shakespeare Quarterly*, vol. 37, 1986, p. 5-19.

COFFIN Charlotte, « *Richard II* and Speech Act Theory: Performatives in Performance », dans Gilles Bertheau et Laetitia Coussement-Boillot (dir.), *Lectures d'une œuvre* : Richard II, William Shakespeare, Nantes, Éditions du Temps, 2004, p. 121-137.

COLIE Rosalie L., « The Energies of Endurance: Biblical Echo in *King Lear* », dans Rosalie C. Colie et F. T. Flahiff (dir.), *Some Facets of King Lear: Essays in Prismatic Criticism*, Toronto and Buffalo, University of Toronto Press, 1975 [1974], p. 117-144.

COUSSEMENT-BOILLOT Laetitia, *Copia et Cornucopia : la poétique shakespearienne de l'abondance*, Bern, Peter Lang, 2008.

DODD William, « Impossible Worlds: What happens in *King Lear*, Act I, Scene 1 », *Shakespeare Quarterly*, vol. 50, n° 4, hiver 1999, p. 477-507.

DROUET Pascale et ISELIN Pierre (dir.), « *The true blank of thine eye ». Approches critiques de* King Lear, Paris, PUPS, 2009.

ELLRODT Robert, « Notice pour *Le Roi Lear* », dans William Shakespeare, *Tragédies, Œuvres complètes II*, édition publiée sous la direction de Jean-Michel Déprats avec le concours de Gisèle Venet, Paris, Gallimard, coll. « Bibliothèque de La Pléiade », 2002, p. 1351-1390.

GILMAN Ernest B., « *Richard II*: Perspectives of History », *Renaissance Drama*, New Series VII, « Drama and the Other Arts », dir. Joel H. Kaplan, Evanston, Northwestern University Press, 1976, p. 85-115.

HILLMAN Richard (dir.), Coriolan *de William Shakespeare. Langages, Interprétations, Politique(s)*, Tours, Presses universitaires François-Rabelais, 2007.

ISELIN Pierre, « "Mend you speech" : *King Lear* et le drame de la langue », dans Pascale Drouet et Pierre Iselin (dir.), *« The true blank of thine eye ». Approches critiques de* King Lear, Paris, PUPS, 2009, p. 279-288.

JACKSON Ken, « "I know not / Where I did lodge last night?": *King Lear* and the Search for Bethlem (Bedlam) Hospital », *English Literary Renaissance*, vol. 30, printemps 2000, n° 2 « Re-contextualizing Shakespeare », p. 213-240.

KASTAN David Scott, « "To Set a Form upon that Indigest": Shakespeare's Fictions of History », dans Stephen Orgel et Sean Keilen (dir.), *Shakespeare and History*, New York, Garland, 1999, p. 1-17.

KINGSLEY-SMITH Jane, *Shakespeare's Drama of Exile*, Basingstoke/New York, Palgrave Macmillan, coll. « Palgrave Shakespeare Studies », 2003.

KIRSCH Arthur, « The Emotional Landscape of *King Lear* », *Shakespeare Quarterly*, vol. 39, n° 2, été 1988, p. 154-170.

LAGAE-DEVOLDÈRE, *The Tragedy of Coriolanus. William Shakespeare*, Armand Colin-CNED, 2006.

LAROQUE François, « *King Lear*, le cercle vicieux », dans Pascale Drouet et Pierre Iselin (dir.), *« The true blank of thine eye ». Approches critiques de* King Lear, Paris, PUPS, 2009, p. 247-262.

—, « *Richard II* : le corps et la carte », dans Henri Suhamy (dir.), *Richard II. William Shakespeare*, Paris, Ellipses, 2004, p. 71-81.

—, « Temps et contretemps dans *Richard II* », dans Guillaume Winter (dir.), *Autour de* Richard II *de William Shakespeare*, Arras, Artois Presses Université, 2005, p. 27-41.

LEGOUIS Pierre, « Shakespeare et la féodalité », *Études Anglaises*, « Shakespeare, 1564-1964 », n°4, oct.-déc. 1964, p. 464-481.

LEVIN Harry, « Sitting upon the Ground (*Richard II*, IV, i) », dans John M. Mucciolo (dir.), *Shakespeare's Universe: Renaissance*

Ideas and Conventions. Essays in honour of W.R. Elton, Hants, Scolar Press, 1996, p. 3-20.

MARTINET Marie-Madeleine, « Optique de *Richard II*, du regard au virtuel », dans Pascale Drouet (dir.), *Shakespeare au XXe siècle : Mises en scène, mises en perspective de* King Richard II, Rennes, PUR, 2007, p. 141-149.

MARX Steven, *Shakespeare and the Bible*, Oxford, Oxford University Press, 2000.

MIOLA Robert S., « Shakespeare's ancient Rome: difference and identity », dans Michael Hattaway (dir.), *The Cambridge Companion to Shakespeare's History Plays* (2002), Cambridge University Press, 2004, p. 193-213.

MUCCIOLO John M. (dir.), *Shakespeare's Universe: Renaissance Ideas and Conventions. Essays in honour of W.R. Elton*, Hants, Scolar Press, 1996.

NORBROOK David, « "A Liberal Tongue": Language and Rebellion in *Richard II* », dans John M. Mucciolo (dir.), *Shakespeare's Universe: Renaissance Ideas and Conventions. Essays in honour of W.R. Elton*, Hants, Scolar Press, 1996, p. 37-51.

RISS Arthur, « The Belly Politic: *Coriolanus* and the Revolt of Language », *ELH*, vol. 59, n° 1 (printemps 1992), The Johns Hopkins University Press, p. 53-75.

RYAN Kiernan, « *King Lear* », dans Richard Dutton et Jean E. Howard (dir.), *A Companion to Shakespeare's Works, The Tragedies*, tome I, Oxford, Blackwell Publishing, 2006, p. 375-392.

—, « 'King Lear': The Subversive Imagination », dans Kiernan Ryan (dir.), *King Lear*, Basingstoke, Palgrave, coll. « New Casebooks », 1993, p. 73-83.

SUHAMY Henri, « La dialectique de l'honneur », dans Michel Bitot (dir.), *Shakespeare, Julius Caesar : Texte et représentation*, actes du colloque de Tours, Tours, Université François Rabelais, 1995, p. 153-165.

TAYLOR Gary, « The War in *King Lear* », *Shakespeare Survey*, 33, 1980, p. 27-34.

Tennenhouse Leonard, « The Theatre of Punishment », dans Kiernan Ryan (dir.), *King Lear*, Basingstoke/New York, Palgrave, coll. « New Casebooks », 1993, p. 60-72.

Thouret Clotilde, « Le trompe-l'œil du monologue de la prison, ou le reflet du miroir brisé », dans Pascale Drouet (dir.), *Shakespeare au* XX*e siècle : Mises en scène, mises en perspective de* King Richard II, Rennes, PUR, 2007, p. 127-140.

Tison John L., « Shakespeare's *Consolatio* for Exile », *Modern Language Quarterly*, vol. 21, n° 2, juin 1960, p. 141-157.

Vienne-Guerrin Nathalie, « *Coriolanus*, or "The Arraignment of an Unruly Tongue" », dans Richard Hillman (dir.), Coriolan *de William Shakespeare. Langages, Interprétations, Politique(s)*, Tours, Presses Universitaires François-Rabelais, 2007, p. 133-153.

—, « "'tis worse than murder" (II, 2, 213) : *King Lear* ou les derniers outrages », dans Pascale Drouet et Pierre Iselin (dir.), *« The true blank of thine eye ». Approches critiques de* King Lear, Paris, PUPS, 2009, p. 265-278.

Willems Michèle, « "Women and horses and power and war": Worship of Mars from *1 Henry IV* to *Coriolanus* », dans Jean-Marie Maguin et Michèle Willems (dir.), *French Essays on Shakespeare and His Contemporaries: « What would France with us? »*, London, Associated University Press, 1995, p. 189-212.

2. Sur la Renaissance et son contexte

Baldwin Frances Elizabeth, *Sumptuary Legislation and Personal Regulation in England*, Baltimore, The John Hopkins Press, coll. « Johns Hopkins University Studies in Historical and Political Science », 1926.

Beier A. L., *Masterless Men: The Vagrancy Problem in England, 1560-1640*, London, Methuen, 1987.

Bellamy John, *The Law of Treason in England in the Later Middle Ages*, Cambridge, Cambridge University Press, 1970.

Burgess Glenn, *Absolute Monarchy and the Stuart Constitution*, New Haven, Yale University Press, 1996.

Camporesi Piero, *Le Pain sauvage. L'imaginaire de la faim de la Renaissance au xviii*e *siècle* [*Il Pane Selvaggio*, 1980], traduit de l'italien par Monique Aymard, Paris, Éditions Le Chemin vert, 1981.

Carroll William C., *Fat King, Lean Beggar: Representations of Poverty in the Age of Shakespeare*, Ithaca/London, Cornell University Press, 1996.

—, « Theories of Kingship in Shakespeare's England », dans Richard Dutton et Jean E. Howard (dir.), *A Companion to Shakespeare's Works* (2003), tome II, *The Histories*, Oxford, Blackwell Publishing, 2006, p. 125-145.

Cunningham Karen, *Imaginary Betrayals: Subjectivity and the Discourses of Treason in Early Modern England*, Philadelphia, University of Pennsylvania Press, 2002.

Drouet Pascale, *Le Vagabond dans l'Angleterre de Shakespeare, ou l'Art de contrefaire à la ville et à la scène*, Paris, L'Harmattan, coll. « L'Aire anglophone », 2003.

Ducros David, « "Mapping the kingdom" : les cartographes élisabéthains et l'image de la nation », dans *Cartes, Paysages, Territoires*, dir. Ronald Shustermen, Pessac, Presses Universitaires de Bordeaux, 2000, p. 129-143.

Flori Jean, *La Guerre sainte. La formation de l'idée de croisade dans l'Occident chrétien*, Paris, Aubier, « Collection historique », 2001.

—, *La Première croisade. L'Occident chrétien contre l'Islam (Aux origines des idéologies occidentales)*, Bruxelles, Éditions Complexe, 1997.

Garin Eugenio (dir.), *L'Homme de la Renaissance* (1990), Paris, Éditions du Seuil, coll. « Points Histoire », 2002.

Greenblatt Stephen, *Shakespearean Negotiations: The Circulation of Social Energy in Renaissance England* (1988), Oxford, Clarendon Press, 1997.

HADFIELD Andrew, « Treason and Rebellion », dans Donna B. Hamilton (dir.), *A Concise Companion to English Renaissance Literature*, Oxford, Blackwell, 2006, p. 180-199.

HALPERN Richard, *The Poetics of Primitive Accumulation: English Renaissance Culture and the Genealogy of Capital*, New York, Cornell University Press, 1991.

JACKSON Ken, *Separate Theaters: Bethlem ("Bedlam") Hospital and the Shakespearean Stage*, Newark, University of Delaware Press, 2005.

JEANNERET Michel, *Des Mets et des Mots. Banquets et propos de table à la Renaissance*, Paris, José Corti, 1987.

KANTOROWICZ Ernst H., *The King's Two Bodies: A Study in Medieval Political Theology*, Princeton, Princeton University Press, 1957.

KEEN Maurice, *Chivalry*, New Haven/London, Yale University Press, 1984.

LAROQUE François, *Shakespeare et la fête. Essai d'archéologie du spectacle dans l'Angleterre élisabéthaine*, Paris, PUF, 1988.

MARCUS Leah S., *Puzzling Shakespeare: Local Reading and Its Discontent*, Berkeley, University of California Press, 1988.

MARIENSTRAS Richard, *Le Proche et le Lointain. Sur Shakespeare, le drame élisabéthain et l'idéologie anglaise aux XVIe et XVIIe siècles*, Paris, Éditions de Minuit, 1981.

MARTINET Marie-Madeleine, *Le Miroir de l'esprit dans le théâtre élisabéthain*, Paris, Didier, coll. « Études Anglaises », 1981.

—, *Le Voyage d'Italie dans les littératures européennes*, Paris, PUF, 1996.

PATTERSON Annabel, *Shakespeare and the Popular Voice*, Oxford, Basil Blackwell, 1989.

Shakespeare's England: An Account of the Life & Manners of his Age (1916), 2 vol., Oxford, Clarendon Press, 1950.

SOMMERVILLE Johann P., *Politics and Ideology in England, 1603-164*, London, Longman, 1986.

STRICKLAND Matthew, *War and Chivalry: The Conduct and Perception of War in England and Normandy, 1066-1217*, Cambridge, Cambridge University Press, 1996.

TILLYARD E. M. W., *The Elizabethan World Picture: A study of the idea of order in the age of Shakespeare, Donne and Milton*, New York, Random House, coll. « Modern Library Paperbacks », 1959.

WIND Edgar, *Pagan Mysteries in the Renaissance*, London, Faber and Faber, 1958.

III. Essais et études théoriques ne concernant pas spécifiquement Shakespeare et la Renaissance

AUSTIN J. L., *Quand dire, c'est faire*, introduction, traduction et commentaire par Gilles Lane, postface de François Récanati, Paris, Éditions du Seuil, coll. « Points Essais », 1970.

BACHELARD Gaston, *La Poétique de l'espace* (1957), Paris, PUF, coll. « Quadrige », 1994.

—, *La Terre et les rêveries de la volonté. Essai sur l'imagination de la matière* (1948), Paris, Corti, coll. « Les Massicotés », 2004.

—, *La Terre et les rêveries du repos*, Paris, Corti, coll. « Les Massicotés », 1948.

BAKHTINE Mikhaïl, *L'Œuvre de François Rabelais et la culture populaire au Moyen Age et sous la Renaissance* (1965), traduit du russe par Andrée Robel, Paris, Gallimard, Collection « Tel », 1970.

BALANDIER Georges, *Le Détour. Pouvoir et modernité*, Paris, Fayard, coll. « L'espace du politique », 1985.

—, « Ruse et politique », dans Cause Commune, *La Ruse*, Paris, Union générale d'Éditions, 1977, p. 21-31.

BARTHES Roland, *Barthes*, textes choisis et présentés par Claude Coste, Paris, Éditions Points, coll. « Points Essais » série « Bibliothèque », 2010.

—, *Écrits sur le théâtre*, textes réunis et présentés par Jean-Loup Rivière, Paris, Éditions du Seuil, 2002.

—, *Fragments d'un discours amoureux*, Paris, Éditions du Seuil, coll. « Tel quel », 1977.

—, *Sur Racine*, Paris, Éditions du Seuil, coll. « Points Essais », 1979.

Bonhomme Marc, *Le Discours métonymique*, Berne, Peter Lang, coll. « Sciences pour la communication », 2006.

Bonnefoy Yves, *L'Arrière-pays* (1972), Paris, Gallimard, coll. « Poésie », 2005.

—, « Roland, mais aussi bien Angélique », préface à L'Arioste, *Roland furieux* I, traduction de Francisque Reynard, Paris, Gallimard, coll. « Folio classique », 2003, p. 9-59.

Canetti Elias, *Crowds and Power* [*Masse und Macht*, 1960], traduit de l'allemand par Carol Stewart, New York, Farrar, Straus and Giroux Editions, 1984.

Cépède Michel et Gounelle Hugues, *La Faim*, Paris, PUF, coll. « Que sais-je ? », 1970.

Cyrulnik Boris, « Comment un professionnel peut-il devenir tuteur de résilience ? », dans Boris Cyrulnik et Claude Seron (dir.), *La Résilience ou Comment renaître de sa souffrance ?*, Paris, Éditions Fabert, 2003, p. 23-42.

—, *De chair et d'âme* (2006), Paris, Odile Jacob, coll. « Poches », 2008.

—, *Le Murmure des fantômes* (2003), Paris, Odile Jacob, coll. « Poches », 2005.

De Dainteville François, *Le Langage des géographes. Termes, signes, couleurs des cartes anciennes, 1500-1800*, Paris, Éditions A. et J. Picard, 2002.

Deleuze Gilles, *Foucault* (1986), Paris, Les Éditions de Minuit, 2004.

—, *L'Île déserte et autres textes. Textes et entretiens 1953-1974*, édition préparée par David Lapoujade, Paris, Éditions de Minuit, coll. « Paradoxe », 2002.

—, *Logique du sens*, Paris, Éditions de Minuit, 1969.

Deleuze Gilles et Guattari Félix, *Mille plateaux. Capitalisme et schizophrénie 2*, Paris, Éditions de Minuit, 1980.

DELEUZE Gilles et PARNET Claire, *Dialogues* (1977), Paris, Flammarion, coll. « Champs », 1996.

DÈTIENNE Marcel et VERNANT Jean-Pierre, *Les Ruses de l'intelligence. La mètis des Grecs*, Paris, Flammarion, coll. « Champs », 1974.

DEVAUX Jean-David, *Les Espaces de la folie*, Paris, L'Harmattan, 1996.

DUVIGNAUD Jean, « Pourquoi *La Ruse* ? », dans Cause Commune, *La Ruse*, Paris, Union générale d'Éditions, 1977, p. 11-17.

FISCHLER Claude, *L'Homnivore. Le goût, la cuisine, le corps*, Paris, Odile Jacob, 2001.

FOUCAULT Michel, *Dits et Écrits, 1954-1988*, t. II, *1970-1975*, Paris, Gallimard, coll. « Bibliothèque des sciences humaines », 1994.

—, *Fearless Speech*, éd. Joseph Pearson, Los Angeles, Semiotex(e), 2001.

—, *Histoire de la folie à l'âge classique*, Paris, Gallimard, coll. « Tel », 1972.

—, *Le Courage de la vérité. Le gouvernement de soi et des autres II. Cours au Collège de France. 1984*, Paris, Éditions du Seuil/Gallimard, coll. « Hautes Études », 2009.

—, *Le Gouvernement de soi et des autres. Cours au Collège de France. 1982-1983*, Paris, Éditions du Seuil/Gallimard, coll. « Hautes Études », 2008.

—, *Surveiller et Punir. Naissance de la prison*, Paris, Gallimard, coll. « Tel », 1975.

FREUD Sigmund, *L'Inquiétante étrangeté et autres essais* [*Das Unheimliche*, 1919], traduit de l'allemand par Bertrand Féron, Paris, Gallimard, coll. « folio essais », 1985.

GENETTE Gérard, *Palimpsestes. La littérature au second degré*, Paris, Éditions du Seuil, coll. « Points Essais », 1982.

GOURINAT Jean-Baptiste, *Le Stoïcisme*, Paris, PUF, coll. « Que sais-je », 2007.

GROSOS Philippe, *L'Inquiète Patience. Essai sur le temps requis*, Chatou, Éditions de la Transparence, 2004.

Hadot Pierre, *Le Voile d'Isis. Essai sur l'histoire de l'idée de nature*, Paris, Gallimard, 2004.

Hillman James, *La Trahison et autres essais* [*Betrayal*, 1975, *Senex and puer: an aspect of the historical and psychological present, Peaks and vales, Pothos: the nostalgia of the puer eternus*, 1975], Traduit de l'anglais (États-Unis) par Élise Argaud, Paris, Éditions Payot & Rivages, 2004.

Housset Emmanuel, *Husserl et l'Énigme du monde*, Paris, Éditions du Seuil, coll. « Points Essais », 2000.

—, *L'Intelligence de la pitié. Phénoménologie de la communauté*, Paris, Éditions du Cerf, coll. « La nuit surveillée », 2003.

—, *L'Intériorité d'exil. Le soi au risque de l'altérité*, Paris, Éditions du Cerf, coll. « La nuit surveillée », 2008.

Larguèche Évelyne, *Espèce de… ! Les lois de l'effet injure*, Chambéry, Laboratoire Langages Littératures Sociétés, coll. « Langages », n° 6, 2009.

—, *L'Effet Injure. De la pragmatique à la psychanalyse*, Paris, PUF, 1983.

Lévinas Emmanuel, *Éthique et Infini. Dialogues avec Philippe Nemo*, Paris, Le Livre de Poche, coll. « Biblio Essais », 1982.

Mathieu-castellani Gisèle, *La Rhétorique des passions*, Paris, PUF, coll. « Écritures », 2000.

Noël Bernard, *L'Espace du poème. Entretiens avec Dominique Sampiero*, Paris, P.O.L, 1998.

Onfray Michel, *Politique du rebelle. Traité de résistance et d'insoumission*, Paris, Le Livre de Poche, coll. « Biblio Essais », 1997.

—, *Théorie du voyage. Poétique de la géographie*, Paris, Le Livre de Poche, coll. « Biblio Essais », 2007.

Said Edward W., *Réflexions sur l'exil, et autres essais* [*Reflections on Exile*, 2000], traduit de l'américain par Charlotte Woillez, Arles, Actes Sud, 2008.

Shusterman Ronald (dir.), *Cartes, Paysages, Territoires*, Pessac, Presses universitaires de Bordeaux, 2000.

SIBONY Daniel, *Avec Shakespeare. Éclats et passions en douze pièces*, Paris, Éditions du Seuil, coll. « Points Essais », 2003.

WEBER Max, *Le Savant et le Politique* [*Wissenschaft als Beruf, Politik als Beruf*, 1919], traduit de l'allemand par Julien Freund, révisé par E. Fleischmann et Eric de Dampierre, préface de Raymond Aron, Éditions 10/18, 1963 [1959].

IV. Outils critiques et ouvrages de référence

ABRAMS M. H., *A Glossary of Literary Terms* (1971), 5e édition, New York, Holt, Rinehart and Winston, Inc., 1988.

BAILLY, M. Anatole, *Dictionnaire Grec-Français*, Paris, Hachette, 1967.

BRAUNMULLER Denis et HATTAWAY Michael (dir.), *The Cambridge Companion to English Renaissance Drama*, Cambridge, Cambridge University Press, 1990.

DROUET Dominique, « Index des références littéraires dans l'œuvre de Gilles Deleuze », dans Bruno Gelas et Hervé Micolet (dir.), *Deleuze et les Écrivains. Littérature et philosophie*, Nantes, Éditions Cécile Defaut, 2007, p. 551-581.

GRANT Michael et HAZEL John, *Dictionnaire de la mythologie*, Traduction française d'Étienne Leyris, Paris, Marabout, coll. « marabout université », 1975.

HAMILTON Donna B. (dir.), *A Concise Companion to English Renaissance Literature*, Oxford, Blackwell Publishing, 2006.

HEBRON Malcolm, *Key Concepts in Renaissance Literature*, Basingstoke, Palgrave Macmillan, 2008.

LALANDE André, *Vocabulaire technique et critique de la philosophie* (1926), Paris, PUF, coll. « Quadrige », 2006.

LEBECQ Stéphane, BENSIMON Fabrice, LACHAUD Frédérique, RUGGIU François-Joseph, *Histoire des îles Britanniques*, Paris, PUF, coll. « Quadrige Manuels », 2007.

LOTRINGER Sylvère et COHEN Sande (dir.), *French Theory in America*, London/New York, Routledge, 2001.

Oxford English Dictionary Online, Oxford University Press, 2009, <http://ressources.univ-poitiers.fr:2185/entrance.dtl>.

Revel Judith, *Le Vocabulaire de Foucault*, Paris, Ellipses, coll. « Vocabulaire de... », 2009.

Rey Alain, *Dictionnaire historique de la langue française* (1992), 3 tomes, Paris, Dictionnaires Le Robert, 1998.

Zourabichvili François, *Le Vocabulaire de Deleuze*, Paris, Ellipses, coll. « Vocabulaire de... », 2003.

Index des noms propres

T

V

W

Z

Table des matières

Achevé d'imprimer en octobre 2012
par la Sté ACORT Europe
www.cogetefi.com

Dépôt légal à parution

Imprimé en France